Adalet Ağaoğlu

DAMLA DAMLA
günler
I

(1969-1977)

alkım

Damla Damla *Günler* / Adalet Ağaoğlu

ALKIM / 73 • Edebiyat - 31 • Günce - 3

Kitap Editörü: Demet Elkâtip • Genel Yayın Yönetmeni: Korkut Tankuter
Yayın Koordinatörü: Ebru Bayülken • Kapak ve İç Tasarım: Hülya Aktaş

ISBN: 975-6363-72-X

Alkım Yayınları'nda Birinci Baskı: Ekim 2004

Baskı: Semih Ofset, Tel: 0 312 341 40 75

Alkım Yayınevi
Mühürdar Cad No 60 Kadıköy - İstanbul • Tel (0216) 449 10 60 (Pbx)
Faks (0216) 449 10 64 • e-mail: alkim@alkim.com.tr • http//:www.alkim.com.tr

"Günler birer damlaya dönüştü. Her gün tek damla gibi; hiçbir şey birikmiyor. Bir yıl ancak bir bardak ediyor."

Elias Canetti, 1977

"Günler birer damlaya dönüştü. Her gün tek damla gibi; hiçbir şey birikmiyor. Bir yıl ancak bir bardak ediyor."

Elias Canetti, 1977

1969
Ocak - Aralık

Karar Zamanı

Ankara, 29 Ocak 1969

(...)

Geçen yazın sonunda başladığım elyazması roman sayfalarına bakıyorum. Öğrencilik yıllarımdan buyana, nerdeyse yirmi beş yıl sonra bir roman yazma isteği... İlk sayfalar: Geçmişle şimdinin seyredeni kesilmiş şu kadın. Hareketsiz. Put gibi oturuyor. Karşısında durmadan kendi düşüncelerinden söz açan, fikirlerini anlatan bir adam. Kadının iç gezisinden habersiz. Zaten bunu merak etmek gibi bir eğilimi yok. (...) Elle yazdığım sayfalar böyle durum sergilemesi gibi bir şey. Sonra 50 sayfa kadar yazı makinesinde yazmış, bırakmışım. Hem TRT'deki işlerim zaman bırakmadığı için, hem de herhalde bir romanın –bence– çok gerekli çokboyutluluğuna dalmaya yüreklenemediğim için. Kaç sahne oyunundan sonra bu heves. Son yıllarda romanlarımız birbirini tekrarlıyor. Anlatım biçimleri de sıkmakta beni. Bugünün romanı alışılmışın dışında bir şey olmalı. Cumhuriyet'in ilk, ikinci kuşakları, bir ideolojinin emirerleri... Anlatı türleri... Hepsi bir arada... Güç iş.

Elli sayfayı katlayıp eski büyük bir zarfa tıktım bugün. Tasarımla ilgili bir yığın notu da kâğıt sepetime attım. Geçen yıllar tuttuğum "Dert Dökme Defterleri"me burun kıvırdım. Günlük tutma mı, dert dökme mi, anı mı bunlar? (Bazı sayfalarını ayırdım.) Lise Defteri denen defterleri hep böyle boş yere kullandım durdum. Yırtmaya hazırlandığım birinin son sayfalarına şöyle bir not yazmışım:

"İnsanlık sürecekse ben yine geleceğim. İnsansızlık ve vurdumduymazlık sürecekse ben yine böyle öleceğim; silinip gideceğim."

İğrendirdi bu satırlarım beni. İşimden, iş çevremden soğumuşum. Bir mide bulantısı... Hiç memur olamadım ki... Kurallarını öğrenemedim; çünkü öğrenme isteğim olamadı. 1951'den beri inişli çıkışlı yayın hayatı. Ayrılmalıyım oradan, buradan ya da her şeyden... Yine d.d.d.'lere başladım; çok kötü. Çok açık. Romanı unut: O kadar patırtı arasında yazdığın *Sınırlarda Aşk-Kış-Barış* oyununu da...

2 Şubat

Kırk derece ateş. Bel ve sırt ağrıları. Yatıp kaldım. Halim Chicago'daki Karayolları Makineleri Fuarı'na, bu Expo'ya çağrılmış, ne yanıt vereceğini bilememekte. Bu yeni yılda kısmetimiz açıldı sanki. Beni de Fransız Kültür Ataşeliği Paris'e çağırmıştı. Kültür ataşesi Le Bihan'a: "Bu çağrınız benim TRT'deki görevimle ilgili ise, lütfen çağrınızı geri alınız" diye bir şeyler gevelemiştim. "Çünkü artık bu kurumda kalmak düşüncesinde değilim, ayrılabilirim." Le Bihan, kendisi de oyun yazarı imiş. "Biz sizi bürokrat olarak değil, yazar kimliğinizle çağırıyoruz" demesin mi? Ah tabii canım, öyle ya, ülkesinin oyun yazarlarından Armand Salacrou'nun *Durand Bulvarı*'nı çevirmiştim, AST'da da mükemmel oynandı ya? Tevekkeli Le Bihan habire provalara gelip oturuyordu... Oyunun büyük yankısı oldu. Doğrusu Güner ve Asaf da çok iyi yönettiler; iyi oynandı. Geçen yılı da Anayasa yürüyüşü ve benzeri muhalif hareketlerle pek ateşli geçirdik, hâlâ öyle. Ya Paris'te olanlar? *Durand Bulvarı* gibi işçi hakları üstüne bir oyun tam da zamanında sahnelendi bizde. Asaf aklıyla bin yaşasın. O istemişti oyunu çevirmemi... Kültürlerine hassas Fransa'nın Elçiliği de, yazarlarını bu kadar olumlu sergileyen bizlere bir 'teşekkür borcu' duyuyor herhalde...

(...)

TRT özerkliği elden gitmekte. İktidar bir yanda, biz bir yanda; boğuşup duruyoruz. Ateşim düşmüyor. Bazı arkadaşlarım telefonda 'cunta'nın yeni bazı oyunlarından söz ettiler. Biz, hazırlattığımız programlarda doğruluğu kontrol etme ve kalite düzeyini gözetme yerine 'polis denetimi' yani sansür mekanizmasını işletmemizi isteyenlere 'cunta' adını taktık da...

4 Şubat

Ateşim düşmüyor. Yine de Paris çağrısını kabul etmeye karar verdim. 'Yeni hayatıma' adım atmadan önce, bir geçiş talimi olsun bari. Halim de Expo'ya gidecek. (...) *Sartre Küba'yı Anlatıyor* kitabının 'Kitap Saati'nde tanıtımına izin verdim diye, TRT ve savcı elele-kolkola beni mahkemeye sevk etmişlerdi. Bunda birinin aracılığı, ne bileyim işte 'cunta' ahlâkı şart. Avukatım Halit Çelenk. Aylar sonra mahkeme, programda konuşanlarla benim 'suçsuzluğumuza' karar vermiş olmasına rağmen, TRT bana peşinen verdiği 'unvan indirimi' cezasını geri almıyor. Yargı üstü yargı, yasalar üstü yasa... Velhasıl TRT yargı organının da üstünde bir kurum olup çıktı. Faşizmin pis kokusu. Ne kokusu, ta kendisi... Mahkeme sürerken "Yayından tek başına ben sorumluysam, buna eşit yetkim nerde? Yapılan bir program tek başına benim rızamla mı yayınlanıyor?" diyorum; bu sefer de TRT'nin "Hukuk İşleri" odasına gönderiliyorum ve o odadaki avukatlar (müşavir) bana: "Programın yayınına dikkatsizlikle izin vermişim deyin, böyle yazıp şurayı imzalayın; kapatalım bu işi" öğüdünde bulunuyorlar. Kanım donuyor. Böyle yaparsam üstümdekiler temize çıkacaklar, ama altımdaki gencecik programı yapma sorumlusu tek başına mahkemeye gidecek. Beynim öfke köpükleriyle dolup taştı. Hâlâ öyle. Programların yayını benim iki kademe üstümde iki imza ile mümkün. Radyo Dairesi Başkanı ve Genel Müdür. TRT 'avukatları' bu iki 'olur'u nasılsa ortadan kaldırmış bulunuyorlar. Esrarengiz bir durum.

8 Şubat

Romana "Ders Notları" adını vermek ve yepyeni bir biçimle yeniden başlamak istiyorum. 'Tarihi yapan el'e bugün, farklı bir gözlükle, başka bir açıdan bakmak gerek. Kahramanın ya da kişilerin iç gezintilerini gerekli belgeler kılavuzluğunda yaptırmalıyım. (...) Kendimi büyük bir temizliğin arifesinde, cesaret işi bir değişimin eşiğinde hissediyorum.

Hükümet 359 sayılı TRT yasasını değiştirme sevdasında. "Ben çelişkiler yazarıyım. İnsanın kurdu, en irisinden kendi kurdudur" deyip, *Bir Kahramanın Ölümü* namında tek perdelik bir oyun yazmıştım. Ortaya çıkarmaya hiç hevesim yok. Kurumdan ayrılırsam radyoya verebilirim, ama biliyorum ki bazı mevziler bertaraf edilmeden asla ve kat'a yayınlamazlar.

10 Şubat

Yayıncılık işinden ayrılacağım. Artık salt kendim için yazacağım. Topluma ses dalgalarıyla uzanmakmış, insanımızı eğitmek, toplum bilincini yükseltmekmiş, yok o öyle değil de böyleymiş... Kalsın. Kalemimin ucundan kendi iç sesimle ne dökülüyorsa olmalı. Özgür kalem... Tamam da, ya üretken olamazsam? 'Ev kadını' olup çıkarsam ya? (...) Verili değerlerden doğma şu kaygıya bak sen!

14 Şubat-12 Mart 1969 arası Chicago-New York-Paris'teyim. ABD'deki iki yıllık 'hiçkimse'liğimizden, böylece de dünyanın ilk hippilerinden ikisi oluşumuzdan 1959'da çıkmamış mıydık? Tam on yıl geçmiş! Zaman. Nekadar hızlı, nasıl da yavaş. Yavaş...

Paris'e varınca Hubert'le '68 olaylarını konuşmalıyım. ORTF'de üst kademelerde bir yerlere gelmişti; onun da yazar kimliği isyandaydı. Maddy de gerginmiş. Karısı. O curcuna, olayların ânında canlı yayını... Hubert'in neler çektiğini tahmin edebiliyorum, Bizde de '6. Filo mitingleri' var.

10 Şubat, Pazartesi

Önceki gün kalktım ama, ayakta sallanıyorum.

Bu sabah TRT'de, bizim odaya gittim. Arkadaşlarla dayanışmamız bir sonuç vermemiş. Uzman arkadaşlarda umutsuzluk hali... Erkekten maskotumuz, yeni gelecek yönetim kurulunun her şeyi düzelteceğini söylemekte; biz 'dişiler'in yüz anlamı ise, maskotumuzun özel bir oda, ortası yeşil deri kaplı bir masa, üstünde sumen, yanında özel telefonla zil, basınca da kapısında belirecek bir sekretere nihayet kavuşacağı umudunu taşıdığı doğrultusunda... Bana nasılsa *Ankara*'nın Selma'sını çağrıştıran, bozkırda hayatına bir anlam kazandıracağı umuduyla buralara gönül indirip gelmiş arkadaş ise, Başkent İttihatçılarına katlansa mı, onların yazar çizerlerini ehveni şerden mi saysa ikilemleri içinde, bunalımda.

Başkanımıza bir aylık yıllık iznimi kullanacağımı 'resmen' söyledimse de, son beş yıldır üst üste on günlük izin kullanmadığımı çok iyi biliyor ve 'resmen' bilmezden geliyor. 14 yıldır bütün bir aylık izin hiç yapmadım.

11, Salı, sabaha doğru

İzin kâğıdını Genel Müdüre imzalatmam gerekiyormuş.

Halim de koşturup duruyor. İki gün sonra yola çıkıyoruz. Arkadaşlarım bana vuran bu gezi piyangosunun aralarına dönüşsüz bir gidiş olduğunu seziyorlar. Sabah 'kızağa çekilmişler' denilen odamıza yeniden girdiğimde küt diye indi kafama: Herbirimiz durmadan yakınan küçük memurlarız; tozlu birer dosyaya döneceğiz. Ola ola olunacak şey bu. Kafka'yı en çok bugün düşündüm. Dehşete düştüm.

Yazacaklarımı yazamadan, bağrında birkaç dilekçe, iki üç rapor, iki bordro falan saklayan tozlu bir dosya olmak; böcek olmaktan beter. *Dava*'nın suçunu bilmeyen suçlusu olmak... Der demez, zaman ansızın öyle hızlı akmaya başladı ki...

12 Şubat, Perşembe

Yine oraya gittim... Oda arkadaşlarıma, kattakilere "Hoşça kalın" demek istedim.

Üniversiteyi bitirdiğimden beri hem çalışıp, hem eve

köye sahip çıkıp, hem eş dost ayarlayıp, bu arada da habire bir şeyler yazıp duran ben, şu kırılmış kanatlarla ne tarafa doğru nasıl uçacağım ki?

Halim yazarlığıma güveniyor, ama ben yazarlık adına bütün birikimimi vatan millet uğruna TRT'ye verip tükettiğimi öyle iyi hissediyorum ki.

Akşamüstü Turgut'a uğradım. Onunla çalışmak, beş yıl süren kötü bir evlilik oldu. Eski yazar dostumu, asıl yazar meslektaşımı kaybettim. "Git dinlen, aklını başına topla gel" diyor bana. Erkek milleti değil mi, makam sahibi olmadan olamıyorlar. Aklımı başıma toplamamın kendisiyle çalışmamak olacağını bilmiyor mu sanki? Yoksa buna inanamıyor mu? "Ne güzel oyun yazarı arkadaşımdın sen benim / oyunbazlığı oyunlarını ezip gitmiş Başkan!"

3 Nisan, Perşembe

Chicago-New York-Paris turu notlarım, yırtık pırtık kâğıtlarda. New York'taki otelde ve Paris'te biraz da banda konuştum, şimdi buradayım işte. Yine, beni bekleyip durmuş d.d.d'min başında...

Chicago. Yol-Köprü yapım makine fabrikaları ve mezbahalar kenti. Orada beş gün kalındı. Dünyada 'Kadın Günü'nü kayda geçirten işçi kadınlarımızdan hiçbirini göremedim; özel arabalarıyla gelip gittikleri fabrikalarını gördüm. Arada Columbus'a, bizim aç-bilâç sokaklarında, ırmak kıyılarında, Üniversite kampüsünde dolandığımız kentle anılarımız yadedildi. Ukrayna göçmeni babası biz öğrenciyken hastalanıp ölmüş olan can arkadaşım Vera ile buluştum. Hâlâ, bizden öğrendiği, bizim de oradaki 'eski' Türklerin tarifiyle öğrendiğimiz yoğurt mayasıyla aynı yoğurdu yapıyor. Vera, müthiş bir incelikle arada bir, fırsat icat eder, karnımızı doyururdu. İki gün önce Chicago'da, Türkiye'de karayolu inşaatını kışkırtan fabrikatörlerin verdikleri, 'iş yemeği'nde önümüze konan 'yaslaç' büyüklüğündeki bifteklerden sözettik. (Vera, 'yaslaç' gibi 'tekne' ve 'torba' sözcüklerini anadilinden bilmekte.) Bol bulamaç patates, yanlarında şu bu ve hele o kocaman etler! İnsan nasıl yiyebilir bunca şeyi? Vera: "Çok açlık var ve fazla tokluk, değil mi?" deyip güldü. Hiç unutamam Vera'nın o güzelim acı tebessümünü...

Kopuk kopuk babasının Ukrayna'dan 'yeni dünyaya' kaçışını anlattı. Hem açlık, kimliksizlik hem de, elinde avucundaki bütün varlığı kızının geleceği, onu bu umudun peşine düşmeye sürüklemiş. Bizim köylüden bozma işçi çaresizlerimizin Almanya'ya gitmeleriyle onun sosyalizmden 'uzaklaşması' aynı şey değil tabii.

Yokedilişe karşı varolma yollarını arayışlar. *Kapital'i* üç kez devirsem, insan hakkının nasıl başlayıp nerede bitirildiğini bu kadar derinden sorgulayamazdım Ey hayat! Sen ne büyük okulsun. Her yere dalıp çıkmak gerek. Gözünü kafanı her şeye açık tut sen, ağzını değil. İyi ama, yazmak ağızı açmak değil mi? Yaratının nüvesi karşı duruş, muhalefet değil mi?

23 Şubat Pazar gecesi Chicago üstünden New York'a uçarken Vera bize bir ses alma cihazı ile "Bu müzikal bu mevsim çok tuttu, New York'taki günlerinizde bilet bulamayabilirsiniz; onun için ben önceden buraya getirttim" diyerek *The Hair* müzikaline iki bilet verdi. (Deftere Vera diye yazıp duruyorum ama, bu Vera Nâzım Hikmet'imizin Vera'sı değil tabii. Bu bizim Vera'mız: Benimle Halim'in. Eşi Paul elektronik öğrenmekte, öğretmekte.

Gezimizden edindiğim en önemli bilgilerden biri, müzikalin sahne tekniği. Sahne tekniklerinde teknolojinin ulaşabildiği yer. Teknolojinin geleceğimizi tehdidi aynı zamanda. Elde edilmiş bu imkânlardan öyle uzağız ki. Yaya kalmış gibiyiz.

Nisan'ın Paris'i

Hubert ve Maddy ile buluştuk. Aralarında bir tuhaflık var. Hubert bana içini açtı: Maddy'nin önlenemez kıskançlıklarıymış. "ORTF'deki işim çok ağır" dedi yazar arkadaşım. "Hele geçen yıl, '68'de, sabahlara kadar çalışmam gerekti ama karım bizim 'officiel' toplantımızı bile bastı, orda mıyım, metresim var da onunla mıyım, diye. Bir yıldır bu böyle. Bilsen nasıl çaresizim..." Ah, *Hotel Continentale* (Dünya Oteli) benzeri radyo oyunları, *Tek Sınır İçin Pasaport:* Kan-revan, *Gölgenin Ucu* diye çevirebileceğim şiir kitaplarıyla Hubert Dumas, yazar dostum benim!

O Fransa'nın orta taşrasından, Maddy güneyden; ailesi bir göbek öncesiyle Fas ya da Cezayir'den gelmeymiş galiba.

Bence ikisi köküne kadar Fransız. Hubert'den kendi kulturleri üstüne çok şey öğrendim. Birlikte yine tiyatrolara, konserlere gittik. Çıkışlarda mükemmel 'supe'ler yaptık. Malmaison'a gittik; sadece tarihlerinde değil, edebiyatlarında da yeri var. Cocteau'nun kırdaki evine de gittik, baldıran otu yetiştirdiği bahçesindeki bitkilere dokuna dokuna "Acaba bunları sevgilisi yakışıklı sanatçı Jean Marais'yi zehirlemek için mi yetiştiriyordu?" diye gülüşmekten geri kalmadık.

Kafamda hep Güner'le birlikte yaşadığımız 1963 yılının Paris günleri var. Rue Delambre'da oturan, bursla kursa gönderilmiş Ziraat Fakültesi'nden öğretmen halli kadın. Daha sonra odasında ölü bulunmuş. İntihar. Sanki yazmak istediğim romanda bu kadının da bendeki etkisi söz konusu. Tek başına bir kahveye bile çıkamazdı. Konya'danmış. Yabancılığın verdiği yalnızlık bitiriyordu onu. Ölümünü bir gazete haberinden öğrendim. Paris'in Montparnasse'ında bir sokak adı. Otel odası. Fransızca öğrenmek için zorunlu gittiği L'Allience Française'in 'être' 'avoir', 'aller' 'venir' çekimleri, cezve ve ispirto ocağı. O'dur O! Başkası olamaz.

(...)

Bize rue Rivoli'de ayrılmış otelde Armand Salacrou'nun 'onuruma' evinde vereceği yemek davetiyesi beni bekliyordu. Oyununun AST'daki galasında buluşup tanışmıştık ama, yazarın Fransız Yazarlar Birliği Başkanı olduğunu Paris'te öğreniyorum. Tarihi bir apartmanın L'Etoile'e bakan dairesinde uzun bir öğle yemeği yenildi. Bizim başkanımız kim olur acaba, diye düşündüm doğrusu. Melih Cevdet mi, Necati Cumalı mı, Sait Faik mi, Orhan Kemal, Yaşar Kemal mi yoksa?

Herkes elbirliğiyle Yaşar Kemal'i ister herhalde. Onun gibi 'en popüler', en girişken, en köyden, dağdan bayırdan en insan içre bir yazar başüstünde tutulmayacak da ne olacak? Hangisi olursa olsun, hiçbirinin Salacrou'nın duvarları değerli tablolarla kaplı mükellef evi, sofrasının başında hizmete hazır elleri beyaz eldivenli, smokinli uşakları olmayacaktır. Sofrada günün en 'dobra' tiyatro, edebiyat eleştirmenleri, en titiz sanat incelemecileri de vardı. Kimse kimsenin üstüne atlayıp gözünü oymadı. Şarap bardağı deviren olmadı.

Hubert bir akşamüstü beni genç yazarlardan Robert Pinget ile buluşturdu. 'Yeni akım' yazarlarından. Onunla '62'de üç beş dakikalık bir tanışmamız olmuştu. Bana bir radyo oyununu verdiydi: Beckett'in önsözüyle yayınlanmış olan *La Manivelle*. Farklı bir anlayış. Romanları da varmış. Bu seferki buluşmamızda, artık Godot'yla (bundan daha önce burada görmüştüm) ve kurgudaki bu farkla dostluk kurmuş biri olarak yeni akım üstüne Hubert'le anlattıklarında pek yabancılık çekmedim. Radyo oyunu yedi yıl önceki bir gençlik arayışı imiş, ama asıl 'yeni roman'a bağlılığı Alain Robbe-Grillet'nin bu yeni akım üstüne yazdığı kuramsal kitabıyla pekişmiş galiba. Kavramlar da yeni. Bunların yabancısıyım. Pinget ve Hubert tartışırlarken, kim kime ne dedi, birbirine karıştırıp durdum. Dil mi? Dil? Bu, birlikte soluk alıp verme durumudur. Otele dönünce, küçük not defterime bunu ve buna dair bir şeyler döktüreyim, demiştim ama... Kafama yazılı kalan bu tek cümle dışında, gezi boyunca orasına burasına bir şeyler karaladığım döküntü kâğıtlar nerde şimdi?

7 Nisan

(...) Hala kızağa çekildiğimiz TRT odasındayım. Halim'in de Boğaz köprüsünü uygun bulmadığı ve yapımına "Hayır" dediği için çektikleri kızaktan dolayı –askerden emeklileri topladıkları danışmanlar kısmı uygun görülmüş ona– Karayolları'na elveda demesine bekler gibiyim. (...) Annemle babam, gemiyle Akdeniz gezisine çıktılar. Böyle bir şey yapmalarına çok sevindim. Bal gibi hakları. Sabah erken onları İstanbul'a yolcu ettik.

Gece

Güner geldi. AST İzmir turnesindeydi. Dönmüşler. Yemeği birlikte yedik. Dertleştik. Halim: "Ben teknokratım; müşavir odalarında pinekleyemem" diyor. Köye gideceğiz. Güner'in de şu sıralar yardıma çok ihtiyacı var. Alanya'nın oralardaki yarım yırtık deniz kıyısı evine mi kaçsak, ne yapsak? Kardeşimi çok yorgun, bezgin görüyorum. Asaf'ın ölümünden sonra her şey onun başına kaldı; yetmedi, "en devrimci biziz!" diyenlerin gericinin gericisi saldırıları. Halim'de ise geçim sıkıntısını nasıl karşılayacağı sıkıntısı. Sanki bunu tek başına yüklenmek onun sorunuymuş gibi... Aman, damarlarında 'ev erkeği olma namusu' dolaşan 'ezik erkek' takımı! Şu erkekler 'askerî savunu' hastalığını bir yenseler!

Her şey üstüste geldi.

Dün sevişenler bugün düşman oldu. Gerginlik... Üçümüz bir güzel içtik. –Roman mı? İşte Cumhuriyet'in ilk ve ikinci kuşaklarının, hiç uyuşturucu verilmeksizin ameliyat masasında kesip biçmeye yatırılmalarını kurgulasana.– Karar zamanın bu Adalet. Dalganın kırıldığı zaman...

9 Nisan Çarşamba

İstifamı büroya bıraktığımı Turgut'a söyledim. Oyun yazarlığından ve yakın arkadaşım Sevim San kocalığından beri dostum, TRT kurulalı beri de Radyo Dairesi Başkanı'mız: "Kabul etmem ki.." dedi. Çok mu şaşırdı, çok mu sevindi; gözlerini kaçırınca ne olduğunu anlamak güç. Anlamadım. İstifam üç maddelik. Yani tek başına 'sağlık nedeniyle' değil. Şimdi müthiş bir özgürlük duygusu içindeyim. Ama 'özgürlük' bedava değil. Hayatın en pahalı şeyi. Pahası oranında da değerli.

13 Nisan

Koridorda genç programcılarımızdan birine rastladım. Gerçeği bildiği halde sus pus kalışını açıklamasın mı? "Ah Adalet Hanım, işte ben bin liralık bir devrimciymişim!" Maaşı o kadarmış da... Cancağızım ben senden, sizlerden bir şey beklemiş değilim ki. Kendine bu itirafı yapma dürüstlüğün yetti de arttı bile. Metin'e sarılıp öptüm.

(...) Şimdi artık bir ân önce Ankara'dan uzaklaşılmalı. Dizi radyo oyunları falan yazarak 'yazarlığımla' geçim mücadelesine omuz verebileceğimi hayalliyorum. Ankara Radyosu günlerimde *Devamı Yarın Akşam* adıyla başlatıp sonraları *Arkası Yarın diye* vaftiz eylediğimiz program. Dinleyiciyi alıştırmak için merak unsuru kuvvetli polisiyelerle girişilmişti. Nekadar sevilip tutulduğunu bir gece o akşamın bandı ortadan kayboluverince radyoevi telefonunun 'kitlenmesi'nden anlamıştık. '60'lar, 27 Mayıs darbesine kadar nasıl da yeniliklerle dolu bir döneme imza atmıştık Mahmut Öngören'le... O da şimdi TRT TV'sinin kuruluş hazırlıklarına katkı peşinde, fakat engelleniyor.

18 Nisan

Halim' i çok az görüyorum. Karayolları Bölge Müdürlükleri'nden arkadaşları gelmiş; onlarla çıkıyor. AST'a Güner'in provasına gittim. *Eskici ve Oğulları*'nı çalıştırıyor. İçmediği zaman istese de övünemez. İçtiği zamanlar, o da yalnız bana, şişinir de şişinir. Gülmekle öfke arasında kalırım. Daralırım. Yaşamayı da sanattan sayan Güner için zor günler. Bu sefer gün batmadan, yani içmeden önce, utana sıkıla: "Anacığım, Orhan Kemal bana dedi ki: Siz olmasanız ben ne *72. Koğuş*'tan bir tiyatro oyunu çıkarabilir, ne de onu sahneye koyacak birini ayarlayabilirdim..." Sonra da bunu naklettiğine bin pişman, bir şeyler homurdandı. Galiba kendine söylendi. Onun böyle ânlarında içimi derin bir hüzün kaplar. Orhan Kemal, bir genel provadan birlikte çıkışımızda Güner için bana daha güzelini söylemişti:

"Romanımdan iyi bir tiyatroda oyun çıkaran iyi bir oyun yazarıyla iyi bir yönetmenin ısrarlı çalışmalarına tanık olmam benim için büyük şans!" Nekadar ince, nasıl alçakgönüllü imiş Orhan Kemal. Kardeşimle övünmeme vesile oldu üstelik. Provalardan sonra Güner'le Barıkan'a gittik. Birer kadeh bir şey içtik; sonra bize geldik. Ayhan da geldi. Güner'e biraz öğüt vermeye kalkıştık; yine başaramadık. Bizim serseriliklerimiz: Ânlık coşkularımız. Sonra da utanıp birbirimizden saklanmalarımız. Üçümüzün ortak yanı bu galiba. Bu halimiz en çok Güner'i keyiflendirir. Yine öyle oldu; höh höh höh güle güle: "Benim gibi yaşamaya can atıyorsunuz yaaa!" der demez, pat. Sessizlik ve: "Yok canım, yok. Doğru değil. Ben kendimi kendim nekadar yaşıyorum sanki!"

....

Ayrıldığım yerden kitaplarımı almaya gittim. Arkadaşların hemen hepsi: "Gitme kal" diyor. Adet böyle. Gidenlere 'gitme kal' denir.

22 Nisan

Gorki'nin *Ana*'sını okuyorum. Geçen yıl bütün oyunlarını yeniden okumuştum. *Benim Üniversitelerim*'ini de. *Durand Bulvarı* başarısından ötürü Güner'in armağanı. *Ana*, sevdiklerim arasında sayılmaz. Romanı da, oyunu da. Popülist yaklaşımlar pek bana göre değil. Yine de Gorki'nin burdan fırlama şu sözünü unutmadım: "Suçsuz ölenleri gerçeğin yüzü diriltir." Çevremde ne çok Pavel, ne çok Ribim var. Gerçeğin yüzünü ve sözünü bulmalıyım. Yazmalıyım. Yazdığım şu bölümü de hadi bakalım yine çöpe... Unut gitsin.

Kendi kuşağımın tarihini yazmalıyım. Romanlık tarihini. 'Hayatım roman'cılardan farklı biçimde 'romanım hayat'a doğru yürümeliyim. Verilmişe sırt dönerek.

(...) *Madame Bovary*'yi düşünüyorum. Fransızcası elimde. Çevire çevire, tadını tuzunu bozmadan 12 bölümlük sürekli radyo oyunu yapamaz mıyım acaba? Edebiyat değeri yüksek eserleri uygulama zamanı çoktan geldi. TRT program uzmanı payesi verileli oyun bölümü başındaki 'mediocrite'ye râm olup kaldık. Hani sanki en tepedeki sansür ocağı burası; meçhul bir gücün emireri midir nedir? Arkadaşların da çözmediği bir sorun. Fakir Baykurt romanından N. Meriç tarafından uyarlanmış oyunu sayın Başkan dahi kabul ettiremedi gizli iktidara. Ettirmek mi istemedi yoksa? Meçhulde...

Karar verildi. Bitti bu dönem. Şimdi birkaç ay Flaubert'le içli dışlı yaşamak güzel olurdu. Emma ile, düz okurluğun ötesinde tanışmak bayağı çekici. Alanya, Yeşilköy'de. 'Köy' der demez, Gorki'nin Plake'sinden şu söz: "Okumuş kibarlardan bize hayır gelmez!" Peki, sizlerden okumuş kibarlara ne zaman, nasıl bir hayır gelecek acaba? Plake köye gidiyormuş. Halka gerçeği kendisi anlatacakmış. Kıs kıs gülüyorum: Ben de köylüye (halka?) ses dalgalarıyla olamadı diye, fiilen gerçeği anlatmaya mı gidiyorum? TİP kuruldu, TBMM'de bir ses olmayı başardı ya, 1965 aylarında böyle bir hevese kapılmıştım.

Kolumun altında bir yığın kitap, köy kahvesine dalmıştım. Tarladan dönen çok terli, güneş yanığı adamlara: "Acaba bölge radyonuzda yeni yeni yayınladığımız tarım saati programını dinliyor musunuz?" diye sormaya kalkmış, pürtüklü pürtüklü çıkan sesimden utanıp, bu sorunun tınısıyla başbaşa kalakalmıştım. Çünkü adamlar iskemlelerini öte yana çekerek bana sırt dönmüşlerdi. Karı-kız haliyle benim oraya yakışmadığımı usullerince belli ettiler. Kucağımda kitaplarla kalakaldım ya... Şimdi de, olsun, ben de köy kadınlarına okuma günleri yapayım bari, diye geçmekte içimden. Hay allah, geçen gidişimde döşemesi mis gibi ahşap kaplı yere, çişi gelen çocuklarının donunu indirip işetivermeleri yokmuş gibi, oturup Madam Bovari mi dinleteceğim onlara? Emma'nın yapma şıklıklarını? Ne işlesem Yeşilköy'de? Ne olursa olsun, şu ân Plake'den daha bilinçliyim ya? Köyden çıkıp, okuyup yazıp köye öğretmenlik edenlerin halkı gerçekle buluşturmak üzere kendilerinden birkaç seviye aşağı inmek durumunda oluşlarını bal gibi görmekteyim pekâlâ... Kendime gülüyorum.

Yazmaya öyle açım ki! Herhalde dert dökme defterleri haline gelmiş günlüklerime böyle, el alıştırması yapar gibi bir şeyler çırpıştırıp durmaktayım. Piyano temrinleri...

Aa, Bay Bosc'tan mektup geldi. Roland Dubillard'ın *Jardin aux Betteraves*'ını gönderdiğini bildiriyor. Gatti'nin *Deux Chaises Electriques*'ini Güner'e verdim. Önümüzdeki tiyatro mevsim repertuvarı için yeni oyunlar arıyor. Okuyorum. Seveceği ve nicedir çekişmelere batmış kadrosuna uygun bir oyun bulsam da, çevirsem. Elim boş kalmasın.

İlbank bloklarında hemen bütün ışıklar söndü. Herkes yattı. Kuğulu Park'ta ölgün birkaç ışık ve ... büyük gerginlik.

23 Nisan

Alanya'nın Yeşilköy'üne ancak 10 Mayıs'ta gidebiliyoruz. 'Köylü gibi' yaşamaya. Bu, benzese benzese üstümüzdeki ceketi tersyüz etmeye benzer. Üstelik biz de bize hiç benzemeyiz. Kendine yabancı. Her şeye karşın Fransız Yazarlar Sendikası'ndaki sekreter Matmazel Jeanne'ı görür gibi oluyorum. Gece, yorgun argın ıssız evine döndüğünde önündeki kahve fincanına nazik nazik "evet efendim" demektedir gibime geliyor. Fransa'da yazar haklarına ve Fransız yazarlara toz konmasın diye kendisini yok saymaya öylesine koşullanmış. Dur canım, sakın Başkan Salacrou tarafından uyarılmış da salt sana karşı o kadar 'emir kulu' bir davranış sergilemiş olmasın? Salacrou'yu elin Türkiye'sinde meşhur etmiş Adalet! Baksana, Julien Bertheau geliyormuş. Müsteşar Claude Mantel'ler elçilikte onuruna yemek verecekmiş; biz de gidelim istiyorlar. Bertheau da yönetimle uyumlu bir sanatçı galiba. Sağ yanımda bir De Gaulle'cü oturuyor olmasın? Adı yaygın bir tiyatro yönetmeni Le Bihan'ın bir oyununu sergileyecekmiş. Le Bihan heyecanlı. Dışişlerindeki yerinden ayrılıp yalnız öğretmenlik ve yazarlık yapmak istiyormuş. 1968 ruhu hepimizin içine sızdı. Herbirimize böyle 'yerimizi sorgulayıcı', kimliğiyle hesaplaşan iyinin iyisi bir haller oldu işte.

26 Nisan, Cumartesi

Hiçbir şey yapmaksızın ölesiye yorgunum. Akşamüstü kendimi dışarı attım; Yürüdüm durdum. Türkkaya'ya, Orhan Duru'ya rastladım. Tedirginlik. Dev-Sol; Kültür işleri: Dev-gençler. Baskı yoğunlaşıyor. Çevremde herkes, benim gibi, "umut yitirmeme" temrini içinde . Herkes tek başına kendi temrininde... Bizim kuşak bana hüzün veriyor. Kendi kazdığı kuyuya kendisi düşmüş gibi...

Pazar: Gece

Ayhan, Serpil ve Fuat'ı da alıp bize geldi. Yemeği birlikte yedik. Söyleştik. Fuat bizde kaldı. Oynadık. Zekice maskaralıklarına güldük. 'Mını-mınası'nın, 'bıdı-bıdası'nın (Büyükannesi-büyükbabası) halleri... Şimdi içerde uyuyor. Fuat 9 yaşında. Dünyanın en şeker çocuğu; Sümer ailesinin en en küçüğü. Bizim sevgilimiz o. Daha küçükken balkonlarında hayvanat bahçesi de vardı: Kuşu, tavşanı falan ve akvaryumu tabii. Bu akşam gelirken bana balon bardaktan yapılma minicik kırmızı balıklarıyla bir akvaryum getirmiş. Yem de.

30 Nisan

Üstüste iki yıl İstanbul Şehir Tiyatroları'nda, ardından Devlet Tiyatrosu'nda oynanan iki oyunumun telif hakkıyla 'kurduğumuz' deniz kıyısı evinde yaşamaya hazırlanıyoruz. Göçmen köylerinden biri, İncekum yakınlarındaki Yeşilköy'ün birkaç çam ağacıyla kayalık, çorak kurak sahili. Su yok, elektrik yok, ama evin önündeki küçük koy pırıl pırıl. Soğuk su karışıyor, demişlerdi ama, kuyu kazdırdık, tuzlu su çıktıydı. Yukardan bizim 'gizli koy'da kol kol yüzen, süzülen balıklar bile görünür. Annem: "Köy halkına yapılabilecek en güzel şey su getirmek, okul yaptırmaktır" demişti. Okulu var. Öğretmeni Nuri Bey de. Eh hadi bakalım, deyip annemin desteğiyle dağdan buraya su getirme kararı alındı. (Nuri Bey, diyorum ama, Alanya'ya indikçe getirdiğimiz gazeteleri, özellikle de Cumhuriyet ve Akşam'ı ona köylüden gizli vermemiz gerekiyor(muş.)

Yeşilköy'ün eski adı Marazlı imiş. Hastalıklı demek. Manavgat, Side, Alanya arasında; Alanya'ya 32 km. uzaklıkta. Köyün yol üstünde, önündeki alaylı bir heykeltraşın elinde çıkma Atatürk büstüyle bir ilkokulu, bir bakkalı, ilerde bir de benzin istasyonu var. Bakkalda 'içkidir' diye bira dahi satılmaz. Köylünün Süleymancı olduğu söyleniyor. Tarikatları buymuş. Bakkalın yanıbaşında susuz, sabunsuz bir şoför oteli, altında da erkeklerin hep burun karıştırdığı bir de kara şalvarlarının önüyle oynayıp durdukları bir kahve var. Geçen gün buraya 'özgür Cumhuriyet kadını' olarak nasıl dalıverdiğimi ve boyumun ölçüsünü nasıl aldığımı hatırlamıştım.

İnsanların denizle ilgileri sıfır. Tek ilgi, yine kara şalvarlı delikanlıların kayalıklardan denize dinamit fırlatmaları. Bu gidişle yukardan, evden pırıl pırıl görünen koydaki balıklar biter, tükenir. Köyde narenciye, muz yetiştiriliyor. Muz çok yeni 'bir gelir kaynağı.' Bizim üstünde bulunduğumuz küçük yarımadanın sahibi (!) Ali Baysal (o da burun karıştıran çalışkanlardan) kendine mahsus muz bahçeleri nedeniyle çok zenginmiş. Dedesi kâğıt paralarını yastıkların yorganların içinde saklaya saklaya unufak etmiş. Evet, dağ insanı bunlar, göçerler. Kıyıya inişleri daha çok yeni. Karılarının, gelinlerinin ağızları toptan altın diş. Zenginliklerinin belirtisiymiş bu. Zenginler ama, tüpgaz almaya paraları yok. Eğreti bir ahşap ev. Altında keçi ve çocuklarının pisliği ile bol gübreli yerde ilkel bir ocak yakıyorlar. Hamur da orda yoğrulmakta, yufka da o gübrelikte açılmakta... Yaşama biçimleri ilkellik tütüyor. Bir zamanlar ben, çikolataları hep şehir çocukları mı yiyecek, yoksul köy çocukları hiç yemiyecekler mi, diye diye, bayram tatillerinde falan onlara kutu kutu madlenler getirip durmuştum. Dedeleri Ali Baysal, aylık gelirimizin kaç para olduğunu sorunca fena halde gözlerinden düştük. (Hoş bu sefer o aylıklar da olmayacak. Aman duymasınlar!) TRT'deki son maaşım 600 TL. idi, Halim'inki de galiba 800. Toplam: Yılda 15-20 bin arası. Ali Baysal'ın sadece evinin önündeki küçücük bahçesindeki muzlardan yıllık geliri 30 bin imiş. Orası ne ki? Damaktan tükürülmeye aday yemek artığı. Ama o kadarcık bile 'yaşanmıyor'. Fırından ekmek almak 'haram'. "Hem, ekmeği hazır alacaksın da kızlar gelinler ne yapacak? Oynaşacaklar mı? Onların elini boş komayacaksın..." fetvasında bulunmuştu.

Bizim 'ev kurduğumuz' yere de hiç mi hiç el değmemiş. Doğası bakir. Yılan, 'büyü' dedikleri zehirli örümcekler, akrepler ve tabii yazları hiç susmayan ağustos böcekleri ve tabii sağda solda patlayan dinamitler... 'Gizli koyumuz' üstünde bunlarla elele kolkola yaşamaya gidiyoruz.. Yine denizin Ester Williams'ı olacaksın, daha ne? Suda taklalar atacak, valsler edeceksin. Ev, çepeçevre sediriyle bir oturma odası, bir yatak odasından ibaret. Mutfaktan çıkılan teras çok geniş. Babamla annem yaz sonlarında oraya giderler. Güz mevsimini orda geçirmeyi çok severler. Biz de tabii, fırsat bu fırsat; ev açık, yemek içmek hazır, tek geceliğine bile koşup yanlarına gideriz... Geceleri denizin uğultusunu dinlemek çok hoştur. Gaz lambasıyla oturulmakta hâlâ. Suyumuz bidonlarla uzaktan getiriliyor. Babamla annem uğraştılar; yukarılardan bir yerden su geliyormuş. Eli kulağında. Bakalım ne olacak.

1 Mayıs 1969, Perşembe

Yargıtay başkanı, ilericiliğini solun sevdiği İmran Öktem öldü.

3 Mayıs

Öktem'in cenazesinde olaylar çıkmasından korkan hükümet cenaze namazının Hacıbayram Camisi'nde kılınması yerine, Maltepe Camisi'nde, öğle yerine öğleden sonra yapılması kararı aldı.

Olaylar var. Yargı adamları, profesörler, birçok aydın camideki olayları protesto edecek. Hükümetin sola yapılan saldırılara göz yumma tutumuna karşı yürünecek. Ben de yürürüm.

6 Mayıs

Yürüyüşten önce tiyatroya gittim. Sen ne gülüyorsun böyle acı acı? Ne olur ne olmaz, belki artık tiyatroya falan gidemem sanmış olmalıyım: Tarık Leventoğlu'nun sahneye koyduğu *Akvaryum*'u gördüm. Etkileyici. Güner gibi Halim de etkilendi. İnsanları oltayla, fileyle, dinamitle avlanan balık yerine koyup bir akvaryuma hapsetmek istiyorlar: 'Ben varım!' diyenleri ite kaka evcilleştirmek. Oyundan sonra Güner'le Tarık içmeye gittiler; biz tıpış tıpış akvaryumumuza döndük... Bizimkiler sabahın köründe kahvaltıya çıkageldiler; akvaryumumuzda birlikte yüzdük. İçkinin başkaldırılarımızı rendeleyip ortak aşka dönüştürmesinden doğma neş'e...

7 Mayıs

Yüründü. Anıt Kabir'e doğru: Laik Türkiye Cumhuriyeti'ni(!) savunuyoruz. (...) Söylemem akıllılık mı, aptallık mı? İşte söylüyorum. Başımız sıkışınca Atatürk. Atatürk yetiş! Bu kısır döngü, içine sıkışıp kaldığımız bu akvaryum ne zaman aşılacak? Bir yandan onun açtığı kapıdan geçmeye kalkıyor, daha geçerken iki çelme üç namluyla geri püskürtülüyoruz: Atatürk yetiş!.. Beri yanda: "İşçiler nerdesiniz, koş gel!"ler... Taban nerde? Orada ne var? İşçileşememiş köylü. Sivil ve özellikle askerden üretimsiz bürokrat. Halim yanımda yürürken: "Kendimi vitrine konmuş gibi hissediyorum" dedi durdu. İki yanlı kaldırımlarda 'halk' bizi seyrediyor. Onlar tarafından yürüyüşe katılım, yok denecek kadar azdı. Peki yürüyüşü dışardan izleyenler alkışlarıyla aramıza katılmış olmuyorlar mıydı? Hattâ içlerinden biri: "Atatürk geliyor!" diye bağırdı. (Böylece kendi üstüne mim konulmayacağını biliyor muydu ne?) Ankara Palas'ta ilk baloma götürüldüğüm akşam bütün kederiyle canlandı içimde ve gözümde. Cumhuriyet baloları... Dönüşüme inanmışların acemi dansları, valsleri; annelerimizin çeyiz sandıklarından çıkarılma ipek bürümcüklerden yapılma tuvaletlerimiz ve neşve-rüba hallerimizle objektife acemi tebessümlerimiz. *Cumhuriyet'in Hayatı: Roman!* İkide bir içimi dürtükleyen bu romanı yazmalıyım. Yürüyüş boyunca roman yazdım sanki. (Yürüyüşten sonra, TRT Genel Müdürü Adnan Öztrak'ın odasındayım. Çağrılmışım. Meğer hâlâ daha memur sayılıyormuşum. İstifam henüz kabul edilmemiş; izinsiz yürüyüşe katılmak olamazmış. Hiç değilse Fransız şarkılarına yakınlığımız gibi bir ortaklığımızın bulunduğu ortaya çıktığından beri, tekdirleri öyle zarif ki. Ama haksız yere mahkemelere gönderilip haksız yere ücretimde ve rütbemde indirim yapılmasına karşı öfkem hâlâ şuramda. Onun o nazik: "İstifanızı kabul etmiş değilim ki" deyişine kupkuru: "Ama burada benim hakkım yendi. Henüz ayrılmış sayılmıyorsam bile, yine yürürüm" dedim ben de. Sanki Adnan Bey beni zincirleyip yukarıdaki odama kitleyiverecekmiş gibi

Git-Gel

Alanya (Yeşilköy), l0 Mayıs

Köye akşamüstü geldik. Bu sabah 3'lerde uyumuştuk. Arkadaşlarla bir çeşit veda yemeği.

Ev, yerli taştan duvarlarıyla burnun ucunda durup duruyor. Bizi karşılayan ilk şey denizin yüzüne düşmekte olan erguvan renk oldu. Kayaların havuzcukları dolu. Demek deniz yüksek. Şimdi gaz lambasının ışığında yazmaktayım. Evin açıldığı böyle anlaşılacaktır. Köylüler çoluk çocuk, hemen 'hoşgeldiniz' akınına başlarlar.

Hep gözetlenmekteyizdir. Biliriz. Gecelerde ise, bu gözgözü görmez aydınlıkta uzun iç hesaplaşmaları olur. Yıllarca yazarlıkla 'idealizm' çelişkisini yaşadım. Acaba şimdi artık yaratıcılığı evcilleştiren zincirleri kırıp atmış mı oldum?

12 Mayıs, Pazartesi

Sabah Alanya'ya gidip geldik. Gerekli öteberiyi aldık. Yoldan geçen kamyonların sayısı artmış. Fakat hiçbir şey, önümüzde uzanıp giden ıssız ince kumsalla çevresinin güzelliğini bozamıyor. Dün gece köy öğretmenimiz gelmişti. Her zamanki gibi, armağanlarıyla: Biraz muz, salatalık, kabak. Mevsimine göre, neyi varsa... Bizden Türk bayrağı istemişti. Biz de onu verdik. "Ah bir Atatürk büstü olsa!" diyor, ama verdiğimiz Cumhuriyet gazetesini köyden gizliyor. Gece otururken, ansızın: "Kafam bozuldu. Bu böyle olmayacak. Köylüye, en iyisi siz MHP'yi tutun, dedim" demesin mi? Eşekten düşmüş karpuza döndük. Halim, doğru dürüst bir şeyler anlatmaya çalıştıysa da sonunda biz öğretmenin 'taktiğini' anladık. Bu köyü AP'den dördürmenin başka yolu yokmuş. Türkeş mürkeş derken belki ikiye, üçe bölünürler de, önümüzdeki seçimlerde AP oyları da bölünür, iktidar olamazmış. Sağdan soldan buraların tarikatçı, Süleymancı falan gibi bir 'şeyden' olduklarını da işitiyorum. Öğretmenin planına benim pek aklım yatmadı ama, bura insanını en iyi o biliyordur, deyip sustuk.

Akşam giderken bize şunu da hissettirdi: Bize gelip gitmesi de ayrı bir dedikodu konusuymuş. Dedi ki: "Ali Baysal'lar, oğulları falan ellerini kollarını sallayarak size gelirler. Bir iş olursa başkalarına gitmesin, diye. Karılarını kızlarını da gönderirler, çünkü kendilerince bu yer, bu ev hep kendilerinin." Haklı çıktı. Bugün içlerinden en asık suratlısı Memet bile çıktı geldi. Karısı da geldi. Muz, salatalık, kabak getirmiş. Sonra öteki gelin geldi: Muz, salatalık, kabak getirmiş. İki sevimli çocuğunu da. Birinin çişi geldi, diye tutup –neyse ki bu sefer dışardayız– terasın betonuna işetti. Çaylar içildi, bisküvi, şeker yenildi.

Onlar gittiler gitmediler, Ali Ağa'nın öteki oğlu, en bıçkınları Süleyman geldi: Muz, salatalık, kabak getirmiş. Yarın sabah da Hasan gelir. Yandaki çadırdan Kara Mustafa'nın kızı küçük Cemile de gelir. Yalnızca kendileri gelse, yeter.

14 Mayıs

Eve yerleşmeye çalışırken başlayan yağmur hâlâ sürüyor. Denizin yüzü esmerleşti; ara ara köpürüyor. Ilık bir yağmur. Altında durmak hoş. İçerde duvarlarda nemden dökülen kireç badana üstüne gelirken getirdiğimiz duvar kâğıtlarını kaplıyoruz. Derken... Ansızın, şimdi, nefis bir güneş! (...)

İsmet İnönü, bir iki gündür, 'ikili' mi desem, 'ikircikli mi'; tuhaf bir tutum içinde. 27 Mayıs'ta siyasi hakları ellerinden alınanlara bu hakların geri verilmesini savunuyor. Şey... Ne bileyim, bu benim aklıma hep: "İyi de biz bu herzeyi niye yedik John?" fıkrasını getiriyor.

17 Mayıs

Bu sabah, bir de baktık, Öğretmen yanına 63 öğrencisini, kendi çocuklarını da almış, çıkageldi. Çocukları bizim 'taşlı tarla'dan bahçeye saldı. Okullar tatile giriyor; çocuklar da son derslerini arazide tatbiki yapacaklarmış. Onlara, henüz hiç ekilip biçilmemiş toprağın taşlarını ayıklattı. Her şey çok şenlikli geçti. –Artık bahçemiz olacak, burayı ekip biçeceğiz, ekmeğimizi taştan çıkaracağız ya?– Dört bir yanda sebzeleri sulama kanalları bile açıldı. Köyün tek topraksız adamı Kara Mustafa da, ayrıca gözeler bile açtı, toprağa gübre attı; karşıki dağdan indirilmiş incecik su, neye yetecek ki, gibilerden şöyle bir bakındı. Katırtırnakları(mız) çiçekler açıyor.

21 Mayıs

İnönü'nün Sunay'a mektubu. Siyasi hakların iadesiyle ilgili. Anayasa'da yapılmasını ısrarla istediği değişiklik. Tasarı Meclis'ten geçmiş, senatoya gelmiş. "Memlekete huzur getireceğim" derken sakın yeni bir asker darbesi gelmesin! Beri yandan, Cumhuriyet'in eksiğini tamamlamak, demokratik kılmak onun tarihi kişiliğine düşmüyor mu? Dönüşüm sarsıntıları ortasında yılların yorgunluğu altından nasıl kalkabiliyorlar acaba?

Halim dışarda, ben içerde; ağır işçi olarak hâlâ çalışmaktayız. "Sabah kepenkleri boyadın, şu kadar para kazandık" demişti de Halim, fazla mesai yapmaktayız. Bu arada yakın yerlerden gelip gidenler: "Burada cin başınıza sıkılmıyor musunuz?" diyorlar. Kentli kadınların asıl derdi, korkup korkmadığımız...

Yazmaya zaman kalmıyor. Kırk yılda bir otursam, Ali Baysal'ın dişi kabilesinden yoklama fasılları oluyor. Onlara, "Ah özür dilerim, çalışıyordum" desem, ortalıkta çalıştığıma dair bir şey görmüyorlar. Zaten kendileri için ekmek yapmak, hamur açmak, kazan kaynatmak da 'çalışmak' değil; çalışmak demek, toprak kazmak, kaya kırmak, ekmek biçmek.

Bütün bu gel-gitler arısında, sürekli radyo oyunu yapmayı düşündüğüm *Madame Bovary* ile *Thérèse Desqueyroux*'yu yeniden ancak okuyabildim. Halim'in 'yardımcısı' Kara Mustafa ile sohbet, küçük oğluyla şakalaşmak, doğa, deniz, ormanlar, İncekum; hepsi ayartıcı. İçeri giriyorum, dışarsı kaçıyor; dışarı çıkıyorum: Eyvaah, güneşte ısınmış suya çamaşırları ıslatacağım leğene su doldurmayı unuttum! Bak bu sefer de suya toz sabun koymayı unuttum! Hay allah, terasa da on kadar burunlarını karıştıran sümüklü çocuk toplanmış. Ne yapsam, onlara ne versem şimdi? Hadi gidin bakalım, diye kovalasam mı?

Bir içeri, bir dışarı; açgözlü bir koşuşturmadır gidiyor. (...) Aaa, kumsaldan doğru esintinin bize kadar sürükleyip getirdiği nefis bir trompet sesi! Kim çalıyor?

İçimde usul usul, şimdiye kadar hiç düşünmediğim, değişik; bildiklerimden epey farklı bir roman dünyası diriliyor sanki...

Kumlardan esip gelen trompet sesi bir çağrı olmasın? Belki bir yanılsama...

25 Mayıs
(Gece: Bütangaz ışığı)

Bu sabah Elâ, Sevgi, Ümit çıkageldiler. Büyük sürpriz, büyük sevinç! 27 Mayıs tatili ya, üstelik Ümit, İncekum orman tesislerindeki ahşap evlerden birini ayarlamış(!) Elâ Güntekinciğim, Sevgi Sabuncu'm, Ümit Zileliciğim benim. (Yahu oğlum, ne oluyor sizin bu kırmızı-beyaz halleriniz?)

2 Haziran

TRT'den ve yazarlıktan arkadaşlarım iki gün kalıp gittiler. 27 Mayıs'ı gayet acıklı biçimde birlikte kutladık. Gözler sulana sulana marşlar söylendi. Side'de kuzu kadar bir girida tava yedik, beyaz şaraplar içtik. Biz Cumhuriyet kuşağı ve uşağı, hep ilerde, daha ilerde bir şeyler arayıp da bulamamanın kırıklığı içinde. Romanım... Yazılmış ilk elli sayfayı unutup gittim; aradığım kurguyu bulamıyorum.

(...) Sevgi, Elâ ve Ümit'le Ankara'nın bizde açtığı yaraları sarmaya çalışıp duruk. TRT'den sözaçtılar. Pek dinleyemedim.

Hiçbir şeyde 'ikisinin ortası'nı sevemedim. Bizim Robinson hayatı da öyle: Ne kentteyiz ne köyde.

İlk ürünümüzü 'topladık.' Tek bir sivri biber. Minicik. Şimdi güzel bir çoban salatası yapıyoruz. Biberi de buna katacağız tabii...

(...) *Thérèse Desqueyroux* iyi gidiyor. Hava korkunç sıcak. Alanya'ya indik. Gazete aldık. İstanbul Üniversitesi yine süresiz kapatılmış. Öğrenciler Rektör Egeli'nin arabasını taşlamışlar. Meclis sözde reform tasarısı çıkaracaktı. Çıkarılmadan tatile girdi. (Sana ne be kızım? Sen şimdi denize karşı şarabını yudumlamayacak mısın yani?) Yoran, tüketen bir sıcak. Çamlarda hiç susmayan cırcır böcekleri; kanatlarını birbirine sürtüp duruyorlar. Birleşme zamanları mı, doğum sancıları mı? Doğanın dilini bilmiyoruz. Nasıl anlaşacağız?

5 Haziran

Önceki gece sıcaktan uyuyamadık. Başucumuzdaki bütangaz lambası daha beter ısıtıyor. Mauriac'ın *Un Adolescent d'Autrefois*'sını okuyordum, duvarda bir kımıltı; Baktım, buralarda 'kuyruklu' dedikleri, sokunca zehirleyen yaratıklardan. Halim'i uyandırdım. Uzun bir müzakereden sonra bunu nasıl haklayacağımıza karar verdik: Terliğin tersiyle şöyle birden 'pat' diye duvarda eziverdik! Bana göre terlik de bitti, duvar da. Yok, bitmedi: Ezilenin hemen ardından iki 'kuyruklu' daha sökün edip duvara dizildi. Taa yüksekteler. Oralara nasıl yetişeceğiz? Pompayı börtü böcek öldürecek zehirli sıvıyla doldurup yukarılara pompaladık. Sabaha kadar kıvrılıp ölmelerini bekledik; böyle bir şey olmadı. Kendilerinden geçmiş gibiler, ama hâlâ hayattalar. Derken 'tık', ikisi de yatakların arasına düşmesin mi? Eğilip alamıyoruz, yatamıyoruz da. Elele verip yatakları tek tek odanın ortasına çektik. Yerde debenenenlerin üstüne ilaç püskürttük. İlaç püskürttük... Başuçlarına oturup nefeslerinin son damlasına kadar kesilmesini bekledik. Ya şimdi de, en canlısından dördü birden sökün ederse?..

Bu sabah başka bir ölüm-kalım savaşı daha: Yorgun

argın köy bakkalına kadar gittik. 'Kuyruklu'larla nasıl dost olacağız diye anlamaya çalıştık ama, mukavva kutudan kasasının başındaki ak sakallı, sakalanı sıvazlayarak iki cılız omzunu silkelemekle yetindi. Süklüm püklüm alacaklarımızı alıp kan ter içinde eve geldik; ötebeeri torbasını mutfak tezgâhının üstüne bırakıp sedire uzandım. Halim terasa çıkmış, ordan da denize inmişti. Kalkıp masanın başına geçtim; şu sürekli oyunu çalışmaya koyuldum: Hava kararmaya başladı. Demek yemek zamanı! Ne yenecek? Az önce oluyor bunlar. Terasa açılan kapıdan başka dışarı açılan kapısı bulunmayan mutfağa geçtim. Öyle ya, ne yesek, ne yesek? Dünden kalan haşlanmış pirinçle güzel bir pirinç salatası yapabilirim belki. Acaba bir kutu da konserve ton mu açsam? Salatanın üstünü bununla ve birkaç zeytinle süsleyebilirim... Tam o sırada tezgahın üstünde yengeç gibi bir şey görmeyeyim mi? İstakoza benzer bir deniz mahsulü! Bu güzel işte. Hemen haşlarım, konserve ton da ne demekmiş; istakoz ya yengeç haşlayıp ayıkladım mı, yaz salatamız üçüncü sınıftan birinci sınıfa terfi eder. Halim'e seslendim: "Haliiim, bu istakoz yavrusunu denizden sen mi getirdin? Sağol valla!" Elimi tam tezgahın üstündekine uzatmıştım ki, az önce yani, Halim fırlayıp geldi. Kötü olan ne varsa, aklıma en son gelenin bu olacağı bilgisiyle avaz avaz: "Ne istakozu, ne yavrusu, tutma sakın, sakın tutma! Çek elini!"diye bağırarak elime bir şaplak attı. Meğer tezgâhta duran koskocaman bir akrepmiş. Halim, daha güçlü bir saldırıyla da onu yere attı, Üstüne ocak küreğini vurdu: Mutfağın orta yerine kara-boz bir pıhtı yayılıp kaldı. İyice bozgunuz. Hani birimizden birimiz: "Hadi dönüp gidelim. Bu börtü böcekler bize göre değil" dese pılıyı pırtıyı toplayıp doğru Ankara'ya. İkimizden de ses çıkmadı; bozgunluğumuzu içimize atmış olduk. Az önce yani.

6 Haziran

Bahçe(miz)den dört sivri biber daha topladık. Mestiz. Ankara mankara adı geçmiyor artık.

Muhsin Ertuğrul Bey'den mektup geldi. İstanbul'dan buraya 12 günde varabilmiş bir mektup. Çok sayın, sevgili Muhsin Hoca! Oyun yazarlığımı sürdürebilmeyi bütünüyle onun biz gençlere gösterdiği özene borçluyum. Mektuplarında İTİ'deki çalışmalarım için bana 'sağolasın' diyorlar; oysa ben Hocamız'ın heyecan dolu çalışmalarına uzaktan bakıp durmanın utancından kurtulabilirim umuduyla yapmışımdır İTİ (Uluslararası Tiyatro Enstitüsü) Milli Merkezi'nde yapılması gerekenleri. Muhsin Bey, ayrıca da bürokrasi çarkından sıyrılıp böyle kıyılara çekilişimizden ötürü bizi nerdeyse kutluyorlar.

Pazar günü annem, babam yanlarında Fuat'la gelecekler. Belki Güner de...

11 Haziran

(...) Annemler geldiler. Akşam biraz geç bir saatte, ama geldiler. Fuat da. Ama Güner ortalarda yok. Annem kulağıma bugünlerde yine baba-oğul aralarının pek parlak olmadığını fısıldadı.

Radyo akşam haberlerinde TRT yeni Yönetim Kurulu'na Emil'in de üye seçildiğini söyledi, canım Emil'im benim. TRT Dış İlişkiler Dairesi Başkanı. Çok güzel işler yapıyor. Yanında pırıl pırıl gençler yetişiyor. Emil beni geri çağıracak. Sevgi'lerin gelişinden belliydi. Korkunç tedirginim. Emil'i nasıl kırarım...

23 Haziran, Pazartesi

Bir patırtı, bir gürültü. Evle Alanya, Alâaddin Motel arasında mekik dokuduk. Feydeau oyunlarına taş çıkartacak oyunlar oynandı. Güner çıkagelmiş. Beni köyün bakkalındaki telefona çağırdılar. Arayan Güner. Sevgilisiyle Alâaddin'e gelmiş. Orda kalıyorlarmış. "Aman babam duymasın" demez mi bir yandan da. Biz keh keh keh, kıh kıh kıh... İyi. Lâkin, akşama doğru Halim'in annesiyle babası da, yanlarında bir koyunla çıkıp geldiler. Müjgan Hanım'ın müvekillerinden biri teşekkür namına vermiş bu koyunu da, hazır Mustabey'le İsmet Hanım bizimle birlikteyken, koyunun burada kesilmesi iyi olur, demişler. Hayatımda bir kere bile kesileceğini önden bildiğim, hele akan kanını gördüğüm bir hayvanın değil etini ağzıma almak, çevremde meleyerek dolanmasına bile dayananam ben. Annem hemen anladı tabii; koyunun köye bağışlanmasına karar verildi. Halim'in babası Nafi Bey de bütün zerafetiyle dedi ki: "Burda hepimiz için yatacak yer olmadığını biliyoruz. –Avukat eşine doğru hafif göz kırpışı– koyun meselesini en güzel yoldan hallettiğimize göre, Halim ve Adalet'le birlikte Alâaddin'e gidip bize orda yatacak bir oda tutabiliriz. Zaten bu düşünceyle geldik. Yemek içmek ve denize girmeklerde hep birlikteyiz tabii." Durum barış ve neşe içinde aydınlanmışken Nili Tlabar'la Aydın'ın arabası görünüverdi tarla yolunun ucundan. Arkalarında onların konukları. Yanımızdaki arsayı Nili'ler almışlardı.

Çabucak bir ev yaptılardı: Eksik gedik, oraya bakmaya gelmişler ama, Emil Galip'ten bana "TRT'ye dönmeni istiyoruz" mesajıyla gelmişler. Ah benim sevgili Emil'im; beni bana karşı getirme ne olur! Bundan böyle sadece yazmak istiyorum. (...)

Nili'leri yerlerinde bırakıp bizimkilerle hep birlikte hem akşam yemeği –Nafi Bey'in buz gibi rakısı– yiyip hem oda ayırtmak üzere Alâaddin Motel'e gidildi. Babam da yanımızda. Annem ve Halim'le fısıldaşıp duruyoruz. Güner'le sevgilisi aynı yerde! Ne olacak şimdi vb... Halim, arabayı motelin az yakınında durdurdu: "Siz henüz çıkmayın, oturun; hele biz Adalet'le bir koşu gidip bakalım, lokanta küçük, hem bir masa ayırtalım, hem iyi bir oda bakalım, bulur da beğenirsek gelip sizi alırız" gibi, beyaz yalanlarla ileri atıldık, Güner'leri de sanki bizi karşılamaya çıkmışlar gibi ilk adımda bulduk. Bu sefer de ona: Fıs fıs fıs... "Yok yahu!" "Valla! Hadi Güner, siz odanıza! Biz babamızı alıp gidince çıkarsınız ortalığa... Keh keh keh... Kın kıh kıh..." Nail Bey'lere el birliğiyle oda tutuldu. Lokantada mehtaba karşı akşam yemeği yenildi; rakılar, şaraplar içildi. Ağzına bira bile koymayan babacığımı sofrada öyle bir yere oturttuk ki, lokantanın öteki ucuna kim girip çıkmakta, görmesin. Onun dışında, Nafi Bey başta, hepimiz Güner'lerin sessizce gelip çılbır ısmarlayarak yiyip içtiklerini ve gittiklerini GÖRDÜK. Halim 'tuvalete' bahanesiyle kalkıp peşlerinden gitti. Güner: "E tabii Nafi Bey'le Müjgân Hanım'a 'Oo Günaydın, hoşgeldiniz', diyeceğim, yarın sabah. Birlikte kahvaltı yaparız, denize gireriz. Siz gelip alıncaya kadar bakımları benden, merak etmeyin. Babamın buraya gelmesi artık sözkonusu olmadığına göre..." demiş. Hani önden babasına: "Ben sizinle Alanya'ya gelemiyorum yazık ki" dememiş olsa, sorun değil de... Hepimiz arasında yapılmış rol bölümüyle nefis bir vodvil. (...)

Elayak çekildikten sonra *Thérèse Desqueyroux*'yu bitirdim. Yarın Alanya'dan İstanbul Radyosu'na postalayacağım.

Edebiyatımızda roman daha çok olay aktarmacılığı biçiminde gidiyor. Tek çizgi. Çok boyutluluk gerek. Toplum-birey içiçeliği, etki-tepki bütünlüğü düz çizgide sağlanamaz ki. Roman zaman içinde oynamalar, birbirini yankılayan kanallarla kurgulanmalı. Alışılagelmiş biçimi tersyüz etmeliyim. Derinlik boyutunu gözden kaçırmamalıyım.

29 Haziran

İşte, eşsiz güzellikte bir doğanın ortasındayım. Fakat bir türlü buranın bir parçası olamıyorum. Kitaplarla aramda daha sahici bir kandolaşımı bulunduğunu hissediyorum. Diri bir doğa benim için ölüyken, bir nesne, işte şu sayfalar, birbirini izleyen kelimeler, şu kitap capcanlı. Sanki soluk alıp verişim, kitap sayfalarını çevirip durmama, okumama bağlı. (...)

Rady Fish'in *Nâzım'ın Çilesi*'ni bitirdim. Gençliğimizde bize adının anılması bile yasaklanmış şairimiz üstüne yepyeni şeyler öğrendim. Meselâ Nâzım Hikmet'in anlattığı, Tibetli iki arkadaşının trajikomik öyküsü: Bunlar memleketlerinde güneşin dünya etrafında değil de, dünyanın güneş etrafında donduğunu ıspata (!) kalkışmışlar. Gericiler ayaklanmış. Tibetli bu iki gence inananlarla bunlara karşı olanlar arasında içsavaş patlak vermiş; kan gövdeyi götürmüş. İki arkadaş Rusya'ya kaçmışlar. Orada öğreniyorlar ki, Kopernik sistemi bulunalı tam 400 yıl olmuş. Kitapta Nâzım'ın 1951'de İstanbul'dan kaçışının da ayrıntıları var. (Rady Fish'in yazdıklarında her şey gerçek mi acaba?)

Kitabı kapatırken bir kez daha kendi değerlerine sahip çıkamamış, onları horlamış, kaçmaya zorlamış bir ülkenin çocuğu olmanın acısını, utancını yaşadım. İsyan duydum.

1 Temmuz

Haziran da bitti. Çalışmalarım hiç yeterli değil. Alanya'da Ergin Orbey'le Gönül'e rastladık. Bize gelindi. Yenildi içildi. Onları otellerine götürürken girişteki bir bara uğradık. Baktık, Tunç Yalman da orda! Alâaddin'in dekorasyonunu yapan Aysel'le birlikte. Tunç, *Evcilik Oyunu'nu* ilk defa 1963'te Şehir Tiyatrosu'nda sahneye koşmuştu. Muhsin Bey Tunç'u sever. Muhsin Ertuğrul oyun yazarı olarak beni desteklemeseydi, bugün ben oyun yazarı değildim. Tunç üç yıldır ABD'de. Tatile gelmiş. Aysel onu bizim eve getireceğini söyledi. Doğrusu buradaki hayatım Ankara'dakinden çok daha renkli. Orda, şehre kuşbakışı bakan çalışma odamda ıssızdım. İyi çalışırdım. *Karabataklar* diye bir radyo oyunu yazıyordum. Yarım kaldı. Şimdi onu çıkardım. Bitireceğim. Proje.. proje... Bundan önceki tek perdelik sahne oyunu *Bir Kahramanın Ölümü'nde* kişilik bölünmesini anlatmak istemiştim. Toplumun 'kahraman' yerine koyduğu bir adamın iç hesaplaşması: 'Kahramanlık' yükünü taşımaya hazır mısın ey insanoğlu!

Metin And'ın bir buluşu: *Nasreddin Hocanın Mansıbı* ilk Türk oyunuymuş. İlginç. Kara Mustafa'nın kızı Cemile kaç gündür uğramadı. Sakın hasta olmasın? Cemile, öğretmen ve çocukları dışında, buralarda güzel bir ilişki kurabildiğim tek kimse. Bir çocuk. O benimle konuşur. Sorularımı yanıtlar. Ötekiler öylece durur, sümüklerini çeke çeke bakarlar.

Gece

Cemile hasta değilmiş. Köylerine gitmişler. Bu akşamüstü çıkageldi. (...) Ah! Bir saniyenin romanı, oyunu. Bir an'ın romanı. Bu yazılabilmeli ki, 'yazdım' denilebilsin.

9 Temmuz

Yarın Ankara'ya gidiyoruz. Halim'e bir 'Tokat' işi çıktı. Bilirkişilik gibi bir şey galiba. Oraya gitmeliymiş. Beni de Emil Galip Sandalcı muhakkak görmek istiyor. Çaresizim. Ağlamak geliyor içimden. Ama TRT özerkliğinin savunulması işinin de yapılması gerekiyor. Emil, Sunuhi, Muammer Sun öyle çabalıyorlar ki.

Ankara, 12 Temmuz

Geldik. Daha eve girmeden doğru Ayhan'a koştum. Özlemişim. Ankara yaz aylarında her zamanki gibi. Bomboş. Issız, sessiz. İyi bir çalışma odası. Halim yarın bir iki gün için Tokat'a gidiyor. Bu iş gezisi çalışmalarım açısından benim için de iyi bir fırsat mı desem?

16 Temmuz

Yeni bir çağın başlangıcı. Bugüne zamanın dönüm noktası mı demeli acaba? Türkiye saatiyle 15.32'de ABD, Apollo 11 adını taşıyan uzay füzesini aya fırlatıyor. Araçta üç astronot: Neil Armstrong, Edwin Aldrin, Michael Collins. İlk ikisi Ay'a çıkacakmış, Collins de ana kabinde oturup ötekilerin dönüşünü bekleyecekmiş. Astronotlar Ay'dan 40 kg. kadar toprak ve maden külçeleri getirecekler. (Ne madeni? Nerden, nasıl biliniyor?) Biliniyor, biliniyor. Bir de biz Şubat'da 6. Filo'yu denizlerimizden kovalayarak soğuk savaşın canına okuduk sanıyoruz

Saat 13.00: Ankara Radyosu'ndan arkadaşım Güntekin Orkut, Cape Kennedy'deki stüdyodan konuştu. Astronotlar Apollo 11'e yerleşmektelermiş. Yolculuk 8 gün, 3 saat sürecek, diyor. Naklen canlı yayın. Birkaç yıl önce Radyoevi'nin burnunun dibindeki Devlet Operası'ndan yarım saatlik bir naklen yayın gerçekleştirdim diye, ortalıkta burnum havada dolaşıp durduğum günleri düşünüyorum da. Annemin deyişiyle 'gökgörmediklik' bu işte. Dünya gökgörmüş olanların –Ay'a ayak basanların– olacak herhalde... Başkan Kennedy 25 Mayıs 1961'de hedeflerinin Ay olduğunu boşu boşuna ilân etmemiş işte! O günden bugüne uzay programına harcanan para 23 milyar dolar'mış. Bu 230 milyon TL. mi eder, ne eder? Buna Satürn 5 roketlerinin monte edileceği yapıya 117 milyon dolar gittiğini, bu işte 140.000 kişinin görev yaptığını, herbir satürn roketinin fiyatının 183 milyon dolar olduğunu da eklemek gerekir ve daha kimbilir ne harcamalar... Bu parayla dünyanın bütün açları tıkabasa doyardı. Şimdi şu girişim ilimin-bilimin, teknolojinin zaferini Ay'a bayrak dikerek kutlamak anlamına mı geliyor, bir gücün başka bir güce karşı daha güçlü silahlanması anlamına mı? Duruma 'hümanist' anlamlar da yüklenebilir tabii: Artan dünya nüfusunu açlıktan kurtaracak 'yeni dünyaların ürünlerini bulup 'ele geçirmek'.

Güntekin naklen yayınını sürdürüyor.

17 Temmuz, saat 19.00

Apollo şimdi dünyadan 200.000 km. uzaklıkta. Ay'a varış bizim saatle 22.00-22.50'lerde olacakmış.

20 Temmuz, saat 22.16

Örümcek Ay'a indi. Huston uzay merkezi ile Ay modülü arasında konuşma var. Tamam. Ay modülü ayda. Armstrong: "Her şey yolunda gitti" demiş. Güntekin anlatıyor: "Araçta bir mavi ışık yandı. Armstrong uzay merkezine teşekkür etti. Merkezde büyük sevinç. Mavi ışık, Ay'a indik, demek. Uzaklık 340.000 km. Armstrong: 'Fantastik' diyor. Tahminen 10 saat sonra ayın yüzeyine ayak basacaklar. Yarın saat 8.15'te Ay'dan TV yayını yapılacak."

21 Temmuz

Astronotlar Ay'a ayak basma saatini dört saat öne almışlar.

Bu sabah saat 4.15'te Neil Armstrong Ay modülünün kapağını açtı; merdivenlerini inerek tam 4.17'de Ay'a ayak bastı. İlk adım. Oradan hemen TV yayını başladı. Güntekin yayına devam ediyor.

Saat 23.26: Ay modülü (Kartal) 'Örümcek' ana kabin Columbia ile kenetlendi. (...)

22 Temmuz

Halim'in doğum günü. "Kutlarım"lara yanıt: "Dünyaya geldim diye sankı suç işlemiş gibi hissediyorum kendimi."

Bir baraj yapımıyla ilgili olarak kendisine bilirkişi üyelik işi verilmiş. Evi büro haline getirdik. İkimiz de ayrı köşelerde çalışmaktayız. İlbank kooperatif evlerindeki dairemiz kullanışlı. Her yere yakın. Çevresinde elçilik parkları, bahçeleri... Başkentte yalnız bu köşelerde görülebilen bol yeşillik. Polonya ve Çek elçiliklerinin bahçeleri sulanırken balkondaysam ıslak toprak kokusunu duyabiliyorum. Burası başımıza sıkıntı çıkarmıyor. Bir odası daha olabilseydi adına Halim'in çalışma odası, denilirdi. Ama onun aklı hep Alanya, İncekum'da.

31 Temmuz

Fransız elçilik müsteşarı Claude Mantel, hazır biz Ankara'dayken, deniz evi boşken acaba çoluk çocuk oraya bir haftalığına gidip gidemeyeceklerini soruyor. Seve seve kabul, dedim. Biz ordayken bir ara geçmişlerdi; evin nasıl kullanılacağını çok iyi biliyorlar. "Orada kalmanız bizi de fazlasıyla memnun eder Claude" dedim. Yeşilköy'e 15 Ağustos'tan önce gidemeyecek gibiyiz. Oysa 16-17 günlerinden birinde Muhsin Bey'le Handan (Uran) gelecekler bize. Handan DT'da sahnelenen ilk oyunum Bir Piyes Yazalım'da oynamıştı. 1952-'53 tiyatro mevsimi. İlk gençlik yıllarımız aynı mahallede geçti. Tâ o zamanlardan beri yakın arkadaşız. Muhsin hocamıza bir dayanak olması büsbütün sevindirici. (...)

2 Ağustos

Halim'in bilirkişilik raporu bitti. İşsizlikten dehşetli sıkılıyor. Yine de bir türlü gidemiyoruz Yeşilköy, İncekum'a. Hele Mantel'ler dönsünler bakalım. Pierette Mantel'in telefonda söylediğine göre, Cameroun'da çalışmakta olan erkek kardeşi de çıkıp gelmiş. Onu da götüreceklerdi. Pierette bana: "Sakın onu nerde yatıracaksınız, diye sorma. Terasta, hani üstünde güneşlenilen şezlong var ya; orda yatar o. Haşarata alışıktır. Açıkta yatmaya da bayılır" demişti. Önümüzdeki Pazar döneceklermiş. Claude'un elçilikteki görevi onu bekliyor.

Yeşilköy, 13 Ağustos '69, Çarşamba

Cumartesi geldik. Konya-Akseki yolu üstünden. Akseki'den geçerken, burası 'aydınlar kulübü'ymüş gibi bir koku çalınır burnuma. Sevdiğim bir yer. Ama daha tanışıp tokalaşmadan Halim arabasını 'vızzzt' diye sürer geçer. Ben de sızıldanırım. Bir başka sefer dönüşü burdan yaparmış; Akseki'yi istediğim kadar dolaşırmışım. "Ama hava kararmadan evi açmak gerekir"miş. Öyle yaptık.

Bahçe(miz)deki karpuzlarla salatalıkların içi geçmiş. Bitmiş. Ama bir yığın domatesle biber var. Pıtrak gibi. Nuri öğretmenle Kara Mustafa'nın üretimleri. Onlar olmasa dalından kopma domatesi zor yerdik. Halim'in neşesi yerine geldi. Pazar günü temizlik için getirdiğimiz Ulviye'yi, tâ ilerdeki benzin istasyonuna geri götürdük. 16-17 yaşlarında. (...) Ahh Ulviyeciğim, külotlu korsenin hiçbir şey demeye gelmediğini sana nasıl anlatmalı? Buyur işte Adalet, Ulviye derken, Emma'yla karşılaştırmaya bir çağrı. (...) Emma Bovary üstünde çalışıyorum. Yatmadan. Uyumadan. Sınırlarını zorlayarak üst sınıfa atlamaya çalışan, inceliklere, bir kimlik sahibi olmaya özenen Emma'cık. (Ulviye, henüz köy doktoru tarafından istenmeden önceki Emma değil mi? –Değişim dönemlerinin öznesi–?) Banyoda gördüğü paçalı korseni bu sıcakta bacaklarına geçirip gitmesinin anlamı bu değil mi? Fakat, kitap okumayı da seven sevgili Ulviye, hiçbir zaman Fransız Emma'nın hayallerindeki yükseklik esaretini gösteremeyecek. Keşke Alanya'daki nekes, meymenetsiz kumaşçıya gidip, oğlunun motorsikleti arkasına atlayıverseydi! Kollarını sımsıkı beline dolamayı da unutmasaydı.

15 Ağustos

Emma Bovary ile Hedda Gabler birbirlerine çok uzak, çok farklı dünyaların insanları oldukları halde, ikisi arasında ortak bir yan buldum. Hayır, hayır... Aynı cinsten olmanın getirdiği bir yakınlık değil bu! Hiç değinilmemiş bir ortaklık: İkisi de iktidar istiyor, ama Emma'cık merdivenin henüz alttaki basamaklarındadır. Hedda'nın soyluluk 'silahı' yoktur onda. İktidar isteyen bu kadınları, Amerika'dan aktarma "kadın barışsever"; barış ideolojisine bağlı kolaycı ya da 'ezik kadın' ticaretine başsallayıcı feministlere nasıl anlatmalı? İktidar isteği ile kurtuluş özleminin birbirini ortadan kaldıracağını onlara nasıl anlatmalı? Bir İbsen'in *Bebek Evi* (*Nora*)'sına bakalım, bir de Emma ile Hedda'ya... Onlar kayıp ev kadınıyla benzeşmezler, ama iktidar hırsları nedeniyle birbirlerinin gözünü oyabileceklerdir. Uşağa teslim olmuşlarsa Hedda gibi silahlarını beyinlerine doğrultup ateş edecek, Rouen'a gidip gelen 'yakışıklı'nın Emma için oynadığı sefil aşk oyunu onu, yükseliş yerine bulunduğu yerden daha da alçalmaya lâyık görmüşse, Emma da üçkâğıtçı eczacıdan alınma zehirle intiharı seçip soylu ölüm iktidarını elegeçirmiş olacaktır. İkisi de ölümün 'muktedir'i. Hiç de öyle ikinci sınıf falan değiller. (...)

Halim, yeniden Ankara'ya gidip gelecek. En çabuk biçimde. Nafiz Yürekli şirketinden iş teklifi varmış galiba. İkimiz de 'işsiz' yani ücretsiz kalınca, geçim derdi aklına bir girdi, bir türlü çıkıp gitmiyor. Onunki de 'erkeklik' seviyesinden bir kayba uğramama gayreti herhalde. Yoksa işte ne iyi: İkimiz de eşitin eşitiyiz.

17 Ağustos

Halim gidince ben de üç günlüğüne motele göçtüm. Issızlıktaki evde tek başıma kalmama rıza gösterilmedi. Öyle korkma huyum falan yoktur, fakat Halim merak edermiş. Moteldeyim işte. Hâlâ Flaubert'den de sürekli bir oyun çıkarmaya çalışıyorum. Bir yanımda romanın Fransızcası, bir yanımda ilk müsveddeler, yazı makinesi. Bölüm başlarını taşıyan birtakım sayfalar. Dizi 12 bölüm olacak; bölümler biraz uzun kaçıyor. Herbiri 20 dakikayı geçmemeli. Romanın tek satırına kıyamıyorum. Emma kadar Charles'ın da durumunu önemsiyor, ille de vurguluyorum bunu: Kendi küçük dünyasında uyum içinde bir köy, taşra hekiminin köyden köye gidip gelen tekdüze hayatı karşısında Emma, değişmek ve değiştirmek tutkusuyla dopdolu. Hırs deniyor buna. 'İktidar'daki erkeklerin güçlerine hayatıyla yatırım yaparak iktidarlarını eline geçirme tutkusunun adı 'başkaldırı' değil de 'hırs' ise, öyle olsun; fakat iktidar özleminin temelinde sinsi sinsi beslenmiş başkaldırı var. Verili olanları alaşağı edebilecek dinamizm. Hem de alayla.

20 Ağustos

Halim döndü. Şirketin iş teklifi üstüne pek kararlı değil. Düşünceli. Öyle ya, bir deniz adamı değil ki balıkçılık etsin. Oltayı denize sarkıtıp beklemenin çok sıkıcı bir şey olduğunu söylüyor. Oysa geçen yıl, tâ Tokyo'lardan omuzuna tüfek gibi astığı bir oltayla dönmüştü. Burda kayalıkların ordan bir kere denedi. Sıkılıp bıraktı. Önümüz deniz, ama biz balığı 30 km. uzaktaki Alanya'dan alıp geliyoruz ya da aynı uzaklıktaki Side'ye gidip balıkçı lokantasına kuruluyoruz. Haa sahi, Haziran başlarında

Halim 10 cm. uzunluğunda bir kayabalığı tutmuştu da, dünyalar bizim olmuştu! (...)

Denizin çağırışı. Önümüzdeki küçük koyun pırıltılı sularıyla bedenlerimizi kucaklayışı. Bu şefkatli kucakta yan gelip yatma korkusu. Çünkü Emma... Günler akıp gidiyor. Pusu her gün biraz daha artan, nemini biriktiren gökyüzü. Geceleri denizin derinden derine uğultusu. Seziyorum; bu böyle süremeyecek. Doğanın anlayamadığımız dilinden uzaklaşacağız. 'Köycülüğümüz' içimin uğultusu eşliğinde eriyip bitecek. Dalgaların sesi bakiriyetini kaybetmiş; eski düşsel saflık yok bu seslerde. Ya trompet? Nerenin, kimin kumsala armağan ettiği o ses nerde?

30 Ağustos

Dün gece, Halim'in Maraş şantiyesinden arkadaşı Y. Müh. Nafiz çıkıp geldi. Artık bir inşaat şirketi varmış. Halim'i ne olursa olsun birlikte çalışmaya çağırıyor. Onu 'ücretli tutmak' istiyormuş. Nafiz'i bilirim. Zeki ve karınca gibi çalışkandır. Yemekten sonra onları terasta başbaşa bıraktım. Galiba sabaha kadar konuştular. Halim bir özel şirket için çalışmasa, diye düşünmekteyim de. Peki devlet? O neyin devleti? Bizi kapıdışarı atması, kendisine karşı en küçük ses bile istememesi değil mi? Bırakayım geçimi, Halim çok sevdiği mesleğini yapamasın mı? Şantiyelerde çalışa çalışa edindiği onca deney, bilgi birikimi hiç işe yaramasın mı? Demirel hükümeti Halim'i müşavir kisvesi altında emeklilikten danışman kadronun yanına gönderiverdi; ne tuhaf. Şimdi de, yine aynı üniversiteden Nafiz Yürekli. Bu da hoş bir gariplik. Diyalektik... Toplumun hizmetinde olmayan devletle toplumu uysal köleler gibi kendi hizmetine sokan devlet sınırları arasında sıkışıp kalmış Cumhuriyet'in ilk ve ikinci kuşakları...

Darlık. Sınırlılık. Dar yer ve dar zamanlar arasında kısa adımlarla volta ata ata Git-git'ler – Gel-gel'ler. Git gel-Gel-git... Gel git-Git gel... Belirsizlik.

Var'lar - Yok'lar

3 Eylül

Şu Dert Dökme Defterleri'mi unutup gitmişim. Günler çok hızlı akıyor. Hiç değilse bu arada Madame Bovary oyunu bitti. Fransızcası üç kere hatmedildi, yine de 'serbest çeviri'den olma bir çalışma bu. Bölümler ikişer defa yazıldı. Hem de bütan gaz ışığında. Bu gece son bölümü yazmaktayım. Zevkli bir yorgunluk duymaktayım. Bunu da Ankara Radyosu'na göndereceğim.

7 Eylül

Erkenden köyün manyetolu telefonuna gittik. Babamın 'babalar günü'nü kutlayacaktık sözde; sesler birbirine karıştı. Babama ulaşamadık.

Türkiye'nin Düzeni'ni okumaya çalışıyorum. (...) Halim'den beni İşçi-Köylü gazetesine mektup gönderen Gazipaşalı kimsenin yanına götürmesini istedim. "Kır gerillasıyla kurtuluruz" demeye getiren kimse(ler) nasıl insanlarmış, merak ediyordum. Bula bula kendimi bir deve güreşi ortasında buldum. (...) Banyoda delinen su borusunu onartmak için nerdeyse yalvar yakar, yaka paça bir adam getirebildik ve bizim tâ İstanbul'lardan getirtilmiş tek ayak üstüne mavi fayans eviyemizi ikiye böldü 'onarımcı'. Bir boru lehimlenmesi bize kaça patladı be! Üstelik eviyesiz kaldık.

Dün annemden mektup geldi. *Karabataklar* radyoda

oynanmış; beğenmiş. Bu yayından bizim hiç haberimiz olmadı. Ben ayrılalı, programların yazarına haber verme usulü de ortadan kalktı demek.

Doğan Avcıoğlu, *Türkiye'nin Düzeni*'ndeki düşüncesini Henri Duverger'nin şu yargısına bağlamış: "Batı demokrasisi ve bu demokrasinin kurumları ancak kalkınması tamamlanmış uygar ülkeler için geçerlidir. (...)" Bizler de, Nâzım'ın tanıdığı o iki Tibetliyiz demek ki.

15 Eylül

Çok sıkılıyorum. Cansıkıntısı değil. 'Marazlı' köyündeki hayattan sıkılmak değil. Tiyatrodan, sinemadan, konserler ve kitapçılardan yoksun kalma sıkıntısı da değil. Paris'te de sıkılıyordum. Bu, kendimi her yere taşımamın kaçınılamaz sıkıntısı. Yazmaktan da kaçmaya başladım. Kazancakis'in *Toda Raba*'sındaki Amita'nın kendi içine doğru bağırması gibi birşey: "Utanmıyor musun sözleri yazıp peşpeşe sıralamaktan?" Utanıyorum ama, yapabileceğim daha iyi bir şey yok. (...)

Haftaya –ister istemez (?) –Ankara'da olacağız. Halim yeni işine başlayacak –ister istemez(?) –Varoluşumuza bir sebep yakıştıracağız ister istemez. İşte güz. Burda bile geceler dışarda oturulamayacak kadar serinledi. Sabahları gökyüzü çok puslu. Domatesler(imiz) tükenmek üzere. Ev erkeğinin kaçak sevgililer gibi, kocaman çukurlar açtırıp diktirdiği üç muz fidanı kocaman ağaçlar oldu, ama henüz hiçbiri doğurmadı. Muz ağacında hevenk belirmesine 'doğurdu' deniyor burda: Gidişat iyi, doğum olacak. Bu yıl yanıp gittiler; doğuramayacaklar.

Burada yazboyu romanın değişimi üstüne bol bol düşünme fırsatım oldu. Şu kitabı bu kitapla kurguları yönünden karşılaştırıp durdum. Yaratıcılık namına ise benden yana bir şey yok. Romanın çatısını çatarken eldeki malzemenin hepsi yerli yerinde neden kullanılmasın sanki? Yani anlatı türlerinin hepsi, hani sanki yankılanma gibi birbirini çağırırsa bir ânın çokboyutlu anlatımı sağlanamaz mı? (Elektrik olsaydı geceleri fırlar, defterime düşüncelerimin dökümünü yapabilirdim...)

Ankara Radyosu'ndan resmi bir mektup. *Madame Bovary* 12 bölüm halinde yayınlanacakmış. *Thérèse Desqueyroux*'yu da İstanbul'a göndermiştim. Hani artık 'profesyonel yazar'lık edecek, yazılarımla geçinecektim ya?

Radyo Dairesi Başkanı 72 günlük izin almış. Yeni Yönetim Kurulu tarafından istifası istenmiş. Sahi, bazı memurlar bukadar uzun süreli izin yapabilmeyi nasıl sağlayabiliyorlar? Biz istifa etmeden önce birer aylık izinlerimizi bile kullanmayı akıl edemedik. İki maaş iki maaştır, gibi filan fıstık aklımıza bile gelmedi.

20 Eylül

Evi topladık; kapattık. Ömrümün en aktif, en dayanıklı ve pek çalışkan en uzun tatiline, kayalıklardan topladığım iki içi boş deniz kestanesi kabuğuyla bir avuç tesbih böceğini çantama yerleştirdikten sonra 'elveda' dedim. Silifke üstünden Ankara'nın yolunu tuttuk. Dönmek...

Yolda Boğsak motelinde kalıyoruz. Bunları şimdi burda yazmaktayım. Bol bol sivrisinek. Kollarıma bacaklarıma çat pat vurup durmaktayım. Bu çok sık geçmediğimiz bir yol. Denize inen dik yarların üstündeki asfaltta sık dönemeçler. Ardarda dönemeç. Halim'den sürücümüz hep dikkat içinde. İlk Roma yolu. Teraslanmış, muz ve narenciye ekilmiş tepeler; tapınak, han, hamam kalıntıları. Selçuklu tacirlerin kervansarayları. Baharat yolu. Kendimi üstüste binmiş farklı kültürlerin kucağındaymışım gibi hissetmekteyim. Sanki, nerdeyse hemen şimdi geri dönmekteyim. Beni Romalı at arabalarından birinin içine atmışlar da Kleopatra'nın köle seçimini yaptığı yere götürülmekteyim. Onun gazabından kurtulup köleleri balık kılçığı gibi denize fırlatı fırlatıverdiği infaz beldesinden aşağı atılmamışım ama, tacirler bu sefer de beni alıp esir pazarı Side'ye ucuzundan satmaya götürmekteler. Kalyonlar yeni mallar bekliyormuş. Derken derken...

Yine eski yöndeyim: Kaldıran-Erdemli-Gilindira-Boğsak. Kara tarafı. Her yıl gittikçe artan muzluklar. Sağ altımız deniz. Şu melez güzeli Akdeniz! Sivrisinekli Boğsak'tan kurtulmanın hoşnutluğu içinde yola devam. Durgun bir deniz kıyısı... Durmuşuz. Günbatımı. Bir lokma bir şey yemek. Olamaz. Her yanımı sinekler dalıyor. Köle tacirlerinin kanını emip emip bana yapışıyorlar sanki. (İşte yine hayat kazanmakta; biz kaybetmekteyiz.)Yarın Mut-Karaman-Konya ve Ankara... İçimde tuhaf, kekre bir acılık. Bence bu, doğal hayat adına bozum olmuşluğumuzun acısı. Doğanın Tarzanı, hayalden yaratının tarzanı. (...) Karaman'ın oralarda araba su kaynattı. Latif Usta adında bir tamirci bulduk. Latif Usta sevilmeyecek gibi değil. Yardımcıları da ateş gibi. Hepsi işinin ehli. Yarım saat sonra tamamız. Haydi yola.

Konya: Teksas Pavyon'lu olmuş bir Konya bu. Seçim afişlerinden biri de şöyle: *Yoksulluk ve komünizmle imanlı mücadele.*

Bu neyin işareti?

Göreceksiniz gününüzü mü?..

Valiliğin önü, vali ve üst makam görevlilerin son model, fabrikadan yeni çıkma arabalarıyla dolu.

Vuslatın Halleri

Ankara, 24 Eylül, Çarşamba

Cumartesi akşamından beri burdayız.

TRT yeni Yönetim Kurulu üyeleri eski Başkanımız Turgut'un yerine beni aday göstermek istiyorlar. Bense bürokrasiye dönmek istemiyorum. Hele gittikçe artan sağ baskı altında. Dahası, eski yazar dostum Turgut beni sekreteri, kendinden çok daha önceden dostum olan karısı ve İstanbul'dan çıkma bir başka cinsi latif arasında nasıl o kadar kurnazca kullanabildi acaba?

Kurumda apoletli bir ahlâkın yaygınlaşmasının nedeni nedir acaba? "Ordu-gençlik elele" demelerimizin meyvesi, on yıllık sabırdan sonra işte böyle toplanacak, demeye mi gelmekte bu yoksa? Karışık. Sözde ben de artık yazarlığımla barışıp buluşmak istiyordum. Fakat Emil'e nasıl boşverebilirim ki? Üstelik, buraya kadar onlar gibi haksızlıklarla savaşan, kurumun özerkliğini sürekli savunan sen değil miydin? Güç durumdayım. '68 kuşağının uyanıklığı aydın kimliklerinden sorumluluk beklemiyor mu? İyi de onlar niye parça parça olmakta; bölünmekte?

Dün Sevgi, yani Nutku'dan sonra Sabuncu da bana, eve geldi. "Hemen TRT'ye dönmelisin" diyor. Bütün şekerliği ile: "Adalet, mücadeleyi terketmek sana yakışmaz" diyor. Her şey biryana, istifamdan önce, 'uzmanlık' ettiğimiz Radyo Dairesi'ndeki yüzlerden birçoğunun yüz arkasını öyle iyi gördüm ki Sevgi...

Tam da bir kuşağın, Cumhuriyet'in ilk kuşakları'nın, hepimizin romanını yazmaya sıvanmışken Sevgiciğim. İç bölümleri çok severek yazıyordum. Romanın içeriğine uygun biçimi, bunun etkilediği içeriği elele yürütebilmenin yolunu bulmuş gibiydim. Anlatının bütün türleri neden bir romanın inşasında kullanılmasın ki... Bırakın, unutayım şu TRT meselesini.

Sevgi de bana *Yürümek*'ini anlatıyor. Başar ve Halim'le birlikte çekip Kuşadası'na gittiğimiz günleri hasretle anıyoruz. TRT'yi bu sefer yanyana, kolkola tümden unutmuş gibiyiz.

Tabii Sevgi 'uzman' arkadaşlarımızın erkeğini bana anlatana kadar. O bizim maskotumuz. Ona kızarız, onu severiz, ona güleriz. Bizi öfkelendirmesi özellikle gereklidir bizim gibi dişisinden üç uzmana. Erkeğimize özel masa, telefon ve SUMEN gereklidir.

(...) Dönmem için baskı sürüyor. Eve garip telefonlar geliyor. Meselâ, acı ama, askerlikten, idamlık hapisten dönme, üniformalısından suçluların affa uğraması sonucu kurumda görevi verilmişlerden biri: "Geri dönmenizi istiyoruz. Yoksa biz hepimiz ayrılırız" diyor.

"Biz mi? Siz kimsiniz?" diye sormayı akıl ediyorum. "Devrimciler!" diyor son kerte kesin bir tonla.

Emil, Muammer ve Sunuhi ile toplanıldı. Konuştuk. Olanı biteni anlattım. Telefonları. Eve gelen mektupları... Kimisi orak çekiç damgalı, kimisi beyaz saray, hepsine geliyormuş: Tam da bu nedenle dayanışmalıyız. Bazı şartları tek tek yazarak, üç aylık bir süre için "Evet" demek zorunda kaldım. Yönetim Kurulu, görev ve yetki dağılımını hakka hukuka uygun biçimde düzenleyecek. Yayınlanacak programların uzmanlar tarafından denetlenmesinden sadece kalite denetimi beklenecek. İçeriklerine, diline, konularına 'dışardan' gelen müdahaleler kabul görmeyecek. Devletin TRT'yi kontrolü yalnız bütçe konusuyla sınırlı kalacak. Yayınlardan önce el altından Genel Müdür'e gammazlanan program bandının bu işle 'görevlisi' derinden çıkarılacak. 1970'e yaklaşırken özerk kurum olmanın sistemi hâlâ kurulabilmiş değil. Yönetim Kurulu bu yönde çalışabilecekse, sabrımın son damlasına kadar kendileriyle birlikte olacağımı söyledim. Ancak, Yönetim Kurulu'nun öteki üyeleri, yakında kurula sunacağım raporu tartışmaya açmalılar. Kurumda 'gizli denetim' son bulmalı. Raporun anlamı onaylanırsa, üç aydan sonra devam ederim; olamıyorsa "bana izin" dememin şimdiden bilinmesini dilerim. Geri dönüşümün bir şey yapabilmiş, başarabilmiş gibi bir anlamı olmalı. (...) Bu kadar gerginlik ortasında Devlet Tiyatrosu'ndan Lütfi Ay Bey telefon etmesin mi? *Tombala* Oda Tiyatrosu'nda sahneleniyormuş. Hoppala! Nerden çıktı şimdi bu? 1963'te yazdığım tek perdelik bu oyunumu DT'ye göndereli beş yıldan fazla bir zaman olmuş. Bu arada ses soluk çıkmamış. Ne evet, ne hayır!

Lütfi Bey, DT'nin mevsim başı dergisi için acele bir yazı istiyor. Ben bunca zamandır nerelerdeymişim ki? Dergi daha fazla bekleyemezmiş. *Tombala* hakkında acele yazı... "Oyunumun yıllar sonra sahneleneceğini nerden, nasıl bilebilirim ki Lütfi Bey. Üstelik oyunumla birlikte adresim de bildirilmiştir. Bu oyuna neden muhtaç kalındığını bilmek, kimin sahneleyip oynayacağını bilmek istiyorum." "Canım oyununuz oynanacak işte, daha ne istiyorsunuz?" demesin mi? "Yazara saygı istiyorum efendim, böyle kapıkulu gibi davranılmasını istemiyorum!" der demez telefonu kapatıvermiyeyim mi? Ohh, iyi oldu. İlle yalakalık bekliyorlar. Buyrun işte size teşekkür... Bu sefer de araya Tarık Leventoğlu girdi. Gel de ona ters çık. Memur olamamış, hiç de olamayacak olan sanatçımız Tarık Leventoğlu imiş oyunumu sahneye koyan. Dekor da kendisine ait. Sevgili Tarık, sevindim sevinmesine ama baksana her yerde, her ân kıstırılıyoruz. Hani sanki memlekette CHP aradan çıksa, ortada kala kala akla kara, sağla sol kalsa bulanıklıklar açılabilir, çaresizliğin yeri çare olur çıkar gibilerden, salakça konformist bir düşünce geçiverdi aklımdan. Neyse ki huzura vuslat telgrafı böylece geldi ve gitti... Haa sahi, Alanya'dan döndüğümüz gün, Bulvar'ın orasında burasındaki reklam kulelerinde DT'nin yeni mevsim afişlerini görmüştüm. *Tombala* diye bir şeyin ortaya çıkacağından o kadar umutsuz ve habersizim ki, afişlere alıcı gözle bakmamışım demek? Oysa varmış.

25 Eylül

TRT yeni yönetim kurulu üyelerinden Uğur Alacakaptan'ın karşısına görücüye çıkarıldım. Tanıştık. El sıkıştık. Prensipte anlaştık gibi. Emil'lerin ve benim görüşlerimizi destekleyecekmiş havasını sezdim. Ah canım Emilciğim ah! Yazarlığımı geri itişim hep senin bu dürüst çabaların yüzünden.

30 Eylül '69

Çarçabuk İstanbul'a gidip döndüm. Güner orada. AST içindeki büyük çalkantılardan ötürü çok sıkıntı içinde idi. Morali biraz düzelmiş buldum. *Durand Bulvarı,* AST salonuyla karşılaştırıldığında geniş, koskocaman Dormen Tiyatrosu'nda –Eski Ses Sineması– hıncahınç dolu oynuyor. Gişe önündeki seyirci kuyruğu nerdeyse tâ Galatasaray'a kadar uzanmış durumda. Ama sanatçıların 'İdarî Müdür'leri hâlâ hep parasızlıktan yakınmakta. Çeviri hakkımdan daha tek kuruş alabilmiş değilim. Güner'de cep tamtakır. Bülent'in karısı ve kızı iki aydır İtalya'da imiş. Söylentiler bize göre değilse de, aileyi yaz tatili yapmak üzere Alanya Alâaddin Motel'e yerleşmiş görünce bütçesini düzelttiğini, bizim de cepteki son maaşların suyu çektiğini düşünmüş, *Durand Bulvarı*'nın çok sevildiğinden bahsedilirken: "Benim çeviri hakkımdan bir 500 TL. versen iyi olur" diyebilmiştim. "Yok ki" yanıtı aldım. Karısı da o sırada Halim'e bir araba almak istediklerini, hangi markadan almalarının iyi olacağını sormasın mı? Değerli Aziz Nesin'in *Vatan Sağolsun*'una havale... Ve elbette *Yaşasın Memleket.*

Güner'le bir kahvede oturup konuştuk. Anladığım kadarıyla bu sadece AST'daki para meselesi değil. Tiyatro içinde bir politik fraksiyon uçvermesi sonucu, salonun kiracısı gibi görünen Müdür (!) gelecekten kuşkuya düşüp parayı bir yerlerde kendi adına güvence altına almış olabilir. Güner Sümer'e bu sezgimi belirttim. Bezginlikle baktı: "Off Adalet! Ben ne tüccarım ne de politikacı. Bu işlerden anlasaydım babamızı bana küstürmezdim. Ben sanatçıyım. Gerisine aklım ermiyor benim" dedi. Sonra toparlanıp: "Bize ücret diye bana tutturan çocuklara da söylüyorum: İyi ya, ortada bir dolap varsa, gelin dayanışalım, bunu birlikte ortaya çıkaralım. Hayır! En büyük bahaneleri de: Tam şu sırada bir de sevgilin var. Demek ki sen burjuvasın!" Gözlerimiz birlikte, aynı an'da bulandı valla. "Onlar akıllarını aşksız-ekmeksiz 'patronu' alaşağı ederek Türkiye sömürü sistemini yıkmaya takmışlar. Gizlice içebilir, sevişebilirsin; fakat yönettiğin oyuna davet ettiğin kadın için ayrılmış koltuğa bir tek gül koyamazsın. Suçlusun. Bu anlamda öyle bir isteriye doğru yol almaktadırlar ki, nerdeyse, benim gişe hasılatını Bülent'den patronla paylaştığıma bile inanacaklar" diyor. Soluk, kederli bir gülüşü oldu. "Bunlar bugünkü Türkiye sol'unun çocuk hastalıkları, geçecek" deyip yanağıma şıp şıp vurdu. Böyle zamanlarda hep içine içine gülmeye sığınmışızdır: Höh höh...

Güner Sümer... Hele AST'ın yaz turnesi sırasında geçirdikleri trafik kazasında Asaf öleli, onca yükü tek başına yüklenerek dramaturgluk, yönetmenlik, oyunculuk etmiş, tiyatronun bir dergisi bulunmasına önayak olmuş, 5-6 yıl içinde gencecik oyunculardan tek tek ad sahibi başarılı bir AST sanatçı kadrosu yetiştirmiş... Dahası, kısacık sürede sorunlu bir evlilik ve boşanma geçirmiş Güner'i bir umutsuzluğun, küskünlüğün eşiğinde gördüm. Ceplerinin tamtakır olduğunu zaten biliyorum. Ama asıl altının çizilmesi gereken şu: Değişime inanmış, TİP üyesi Güner Sümer'in son yıllarda sahneye koyduğu oyunlar, 'gişe' yapsın yapmasın nekadar başarılı oldu. Sloganlardan kaçarak, sanatın estetiğinden taviz vermeden ve insani boyutları öne çıkarıp göze ve akıllara sokarak. İşini iyi güzel yapmak Türkiye'de kimseye yetmiyor artık, yetmiyor! Etkili bir tiyatroyu, neden etkili olduğunu tartıp biçmeden bir yandan 'Mao'cular, öte yandan 'Che'ciler, ikisinin başında da ülkücüler ele geçirmek için ortalığı toza dumana buluyorlar. Peki bu arada Deniz Gezmiş'lerimize ne olacak? TBMM'deki 15 milletvekili ile TİP, sistemde değişim isteyenleri, ama önce kendilerini 'kurtarabilecekler' mi acaba?

Edebiyatımızda gericinin gericisi sayılan şair Ahmet Muhip Dranas'a mecbur kalınmasın da: *Ey gece! Kapını üstümüze kapa*. Bezginim, derken kalemin ucundan dökülüveren bunlar oldu.

1 Ekim, Çarşamba

Halim bugün Nafiz Yürekli'de işe başladı. Alanya'dan beri çağrılıyor, duymazdan geliyordu. 1969 yılı ne düşler, düşüncelerle başlamıştı, nerelere doğru çekti gidiyor. Sözde yazarlığımla geçinecektim; oyun, çeviri ve telif haklarımdan hiçbirini alamadım daha. İlk defa Güner'e maddi bakımdan yeterince yardımcı olamadım. Aslında Ayhan, ben, anne, baba; hepimiz birbirimize destek olmaya hazırız ama, karşılıklı birbirimizden bir şey istemeyi de hiç mi hiç bilemeyiz. Kafam karışık. Karnımda taşıyıp durduğum romana konsantrasyon 'mafiş!' Sıfır. Hiç.

Ertesi gün. Geceyarısı

Mon compagnon de la Vie=Hayat arkadaşım, işe başlar başlamaz bu sabah Adana'ya şantiyeye gitti. Güner İstanbul'dan geldi.

(...) Nekadar içerse içsin, kardeşim bukadar dağıtmazdı kendini. İstanbul'dan bütün öğleden sonra telefon etti. Sık sık. Garip sözleriyle beni çok merakta bırakmıştı. Yetmedi, tiyatrodan da telefon ettiler: "Güner abi nerde, biliyor musunuz?" Delireceğim. Ne var? Bende kalıyor. Biraz. Ne oldu? Tiyatrodan bir başkası: Ayhan abi'ye bir sorsanız? Öyle bir ton ki... Nedir? İstanbul'dan yeniden arayanlara: Onu bulmalarını, hemen bir uçağa bindirip buraya göndermelerini söyledim. Saat 22.00'de geldi.

Bana plaklar getirmiş. "Senin için aldım" diyor. Bu plakları yirmi kere çaldık. Ayhan'ı da çağırdık. Geldi Ayhan. Aynı plaklar yine çalındı. En başta Gönül Yazar: *Buruk Acı*: Kaç yaprak var elimizde... Üç kardeş ağlaşıyoruz. Bu sefer kendimize gülemedim. Güner, bir Paris gecesinde bana kısa oyunu *Baba-Oğul*'u okuduğu zaman da çok ağlamıştım. (...) Bende kalıyor. Biraz mahcup. Bu daha acı. Yine de bunalımın altında kalmak yasaklanmıştır bize. *Tombala*'yı sahneye can dostu Tarık Leventoğlu koyacak diye pür'neşe. Ya da beni sevindirmeye çalışıyor.

6 Ekim, Pazartesi

Gece beni genel provaya çağırmışlardı. Az önce geldim. Emekli yaşlı karı koca rollerine Konservutuvarı yeni bitirmiş gençler uygun görülmüş. Ne yapılırsa yapılsın, tekstim güçlü. Silinmeyecek. Kardeşim bana efendi efendi: "Yazacaksan işte böyle şeyler yaz, bizi..." demeye getiriyor gibi... Bizi. Yazamadığım roman kahramanım Aysel'i bir otel odasına kapatıp hayatlarımızla hesaplaşmaya yatırdığımdan haberi yok tabii. Zaten kendim de bu tasarımdan öyle uzağa düştüm ki.

7 Ekim, Salı

Tombala başladı. Jale Birsel ile Alp Oyken pudrayla aklaştırılmış saçları, sakalları ve makyajla buruşturulmuş yüzleriyle oynuyorlar ve gepegenç güzelim sesleri... Yine de oyunun DT'deki sezon başının en iyi oyunu olduğu söyleniyor. Böyle günübirlik tartıları sevmem, 'imkânları' dahilinde Tarık iyi bir iş yapmış. Severek.

Oyunun yazarına oyununu seyredebileceği tek yer ayrılmamışken, çağrıya uymamış Munis Faik Ozansoy'dan artan yere oturtuldum. Ben de yönetime yüksek sesli bir küfür patlattım. Töresini bozmamak üzre Adana'dan fırlayıp gelmiş Halim'le elele seyrettik 'gala'mızı. 'Mızı' diyorum, çünkü '63 yeni yıl gecesini hasta yatağında geçiren Halim'e, elyazısıyla yazılmış oyunun kâğıtları kurdelelerle paketlenip yılbaşı armağanı olarak sunulmuştur. Güner, Orhan Kemal'in *Eskici Dükkânı*'nı oyunlaştırma çabaları içinde.

(............) ABD Başkanı Kennedy vuruldu.

12 Ekim, Pazar

Seçim. Oyumu kullanmadım. Kötü vatandaş oldum. Derin bir nefes aldım.

15 Ekim

Tombala'mın tam beş yıl Devlet Tiyatrosu dolaplarında tozlu bir dosya halinde, bekletilip, ne olup da ansızın Oda Tiyatrosu sahnesinde gün ışığına kavuşması sırrı çözülmüş bulunuyor. Sedat Veyis Örnek kardeşimin çiçeği burnunda kısa oyunu *Ekinler Yeşerince*'sine 'hemen oynansın' kararı çıkmış; çıkmış ama, oyunun süresi için saat tutulmuş, seyircinin toplanıp gelmesine saygısızlık olacak kadar kısa; metreyle ölçülmüş, kilosu tartılmış ıııh, bir temsil zamanına yetmiyor. "Acaba şuramızda buramızda duran bir kısa oyun yok mu? Varsa getirin de bakalım, yetiyorsa ikisi birden oynansın bari..." Radyo Tiyatrosu'nun Başrejisörü Mahir Canova'nın, ne olsa yıllarca birlikte çalışmış olmamızdan doğma bir bilgisi var: Aklına gelivermiş! "Adalet'in Tombala diye bir oyunu olacaktı. Galiba yanıt da alamamış..."

Oyun seyirci tarafından iyi karşılandıktan sonra Mahir Bey, bunun kendi keşfinin sonucu olduğunu açıklamıştır ama, tiyatrodan –Mahir Bey duymasın– bana: "Bu oyunu ben buldum!" diyen birkaç şahıs daha olmuştur. İçime en iyi sindirebildiğim not ise, her yeni temsilden sonra Metin And'ın Ulus Gazetesi köşesinde yazdığı eleştiri yazısı olmuştur. Birkaç gün önce şöyle yazmış: "İşte bizde de evrensel planda oyun yazarı var." *Tombala*'yı en iyi bilirkişilerden biri olarak alkışlayıp bağrına basıyor.

18 Ekim

Dünya çok geniş. TRT fazla dar.

21 Ekim

Sevgi (Sabuncu) çıkıp geldi. Her zamankinden fazla dost, sıcak günlerinden birinde. Ağlaya güle: "Aşığım ben Adalet!" deyip duruyor. Boynuma sarılıyor: "N'olacak şimdi? Tutkunum." Kime tutkun olduğunu da söyledi, ama buraya yazmıyorum. Genç kadınlar ilerici aydınlara yanıp tutuşuyor zaten. Çok geçmeden Başar da geldi. Birlikte bende buluşup düğümü çözmek için sözleşmişler, ama Başar öyle üzgün ki, düğüme önünde el atılması onu dağıtır. Ulan anaları mıyım bunların bee? Öylesin öyle... '36 doğumlular: '68 fırtınası önünde, kimlik kayıtlarını tutmaya çalışırken debelenen atsan atılmaz satsan satılmaz sevgili ve perişan küçük burjuva çocuklarımız bizim...

23 Ekim, Perşembe

Doğum günüm. Yaş 40. İşte böyle.

Aile, bütün sevdiklerim öğle yemeğine geldiler. Babam her zamanki gibi 'mukaddes hediyesi'ni verdi. Annem nefis yün yelek yapmış. Güner, bugün genel provası olduğu için dün uğrayıp bana Maxime Rodinson'un *Hazret-i Muhammet* adlı kitabını armağan etmişti. Çok ilginç. İnsan sanki bir islam sosyalizmi olabilirmiş sanıyor. (Batı'nın Doğu bakışı.)

Bir yanda Marcuse, bir yanda Maoizm. Bir yanda da Maxime Rodinson; Hepsinin üstünde ülkede türlü biçimde yorumlanan Marx ve her derde şifa Atatürk! Gramsci'nin ne zaman, nerde *Gerçek her zaman devrimcidir,* dediğini biliyorum. Bilginin de yaşamdaki yerini, karşılığını bulmak, bilgiyi hayatla denetlemek, denetlenmemiş hiçbir kuramı da gerçek saymamak gerek. (...)

Öğle yemeği dağıldıktan sonra, bu akşam işte, Halim'le AST'a Orhan Kemal'i görmeye gittik. Onu yeniden görebilmek doğum günümün büyük sevinçlerinden biri oldu.

25 Ekim - 11 Kasım, Salı

(...) TRT Genel Müdürü Adnan Oztrak'tan bukadarını ummazdım, yani CHP' den de. *Türkiye'nin Kalbi Ankara* filmi yayına konmuştu. TV'mizin ilk yayınlarından. "Komünizm propagandası yapılıyor" diye stüdyoya koşup filmin yayınını yasaklamasın mı? Film yarıda kesiliveriyor. Özerkliğe, düşünce özgürlüğüne böyle mi lâyık olunur? Adnan Bey ilk zamanlar beni pek sever görünürdü. Görünür, değil; severdi. Benim gibi Fransız şansonlarına bağlı. Benden Brel'in *Ne me quitte pas* şarkısını "Sizde plağı varmış galiba, küçük el pikabında çalıyormuşsunuz" diye istemişti. Hemen götürdüm; peki ama bunu kim gammazladı. Odam kendisininkinden üç kat yukarda. Bir kitap tanıtımı nedeniyle 'TRT'nin atanmış hukuku' ve atanmış başkanıyla birlikte beni komünistlik suçlamasıyla dosdoğru mahkemeye gönderdiklerinde Adnan Bey'e ulaşıp kendisine: "Demek CHP solculuğu statükoyu sürdürmekten ibaretmiş" diyerek, "eşitsizlik bu, adaletsizlik" diye sürdürünce: "Bir dakika Adalet Hanım, TRT kurulunca sizi buraya aleyhinizdeki MİT ve Emniyet dosyalarına rağmen aldım ve tutmaktayım" demesin mi? Nekadar saf ve budala biri olduğumu anladım. Aptallığım surda ki, TİP yanlısı olduğumu saklamak ihtiyacını hiç duymadım. Şu yeni seçim gecesinde bile, Güneydoğu illeri masası bana düşmüştü. –Sonuçları telefonlarla almaktayız– Bendenizin de, TİP'e oy çıktıkça "Yaşasın! Yaşasın!" diye ayağa fırlayarak hoplayıp zıplayışlarım...

Yahu hangi memurun nereye ne oyu verdiği ne zaman açıklanmış ki? Yetmedi, sabaha doğru Adnan Bey tarafından çağrılıp: "Nasıl gidiyor sizin masa?" diye sorunca, huşû içinde "kazanıyoruz efendim, kazanıyoruz!" gibi bir yanıt döktürüyorsun. Sanki geleneksel anlamda CHP'li olan Öztrak, geceyarısı tanrısının bir dokunuşuyla kurulu düzene muhalif bir TİP eri oluverdi de... Ee ama canım, bırakın ben de böyle genel gidişe aykırı biri oluvereyim. Ücretimi kesen, beni arkamdan beş yıllık hapis cezasına doğru itekleyen sizlersiniz. TİP gelse bile hiçbirinize bir şey olacak değil. MİT muhkem vaziyette arkanızda durmakta baksanıza. (...)

Türkiye'nin Kalbi Ankara filmini iki yıl önce görmüştüm. Hem de elin kültür merkezlerinden birinde. Vakti zamanında Sovyetlere çektirilmiş iyi bir dokümanter. Kurtuluştan sonraki ilk 10 yılın öyküsü ve haritası. Kuşkusuz Cumhuriyet'in 10. yılında o zamana kadar yapılanları dünyaya tanıtmak, TC'yi başta halk, yabancıların gözüne sokmak amacıyla çektirilmiş bir film. Hem canım, bu film Mustafa Kemal Atatürk'ün isteği üzerine onun onayıyla çekilmiş bir film değil mi? Nâzım Hikmet'e öyle yapıldı: Şimdi Mustafa Kemal'e de böyle mi yapılmak isteniyor. Kurucusu bulunduğu CHP'nin gözündeki Atatürk buymuş demek: "Kimseye göstermeyin yaptırdığı şu 10. yıl tören filmini!"

Romanım Atatürk'ün ölümünden sonraki Cumhuriyet'in hâl-i ahvâlini ameliyat masasına yatıracaktı ya? Yatıracak. Onu yazmalıyım.

11 Kasım

(...) Hep TV olay gecesi konuşuluyor. Öztrak, Mahmut'a (Tali Öngören) derhal işten elçektirmiş. Yeni Yönetim Kurulu üyesi arkadaşlar da kurulu hemen toplantıya çağırıyor. Karar iptal edildi. Bu karar üstüne Adnan Bey istifa etmeli değil mi? Kalkıp Paris'e gitmiş. Bir yandan da inmeli. Dost düşman, hepimiz elele verip evine ziyarete gitmiştik. Memnuniyeti apaçık görülebiliyordu.

18 Kasım

Halimciğim yine Adana'da. Hiç çalışamıyorum. 'İç Kısım' dediğim, romanın başkahramanının kapandığı otel odasındaki 'kendisiyle hesaplaşma faslı' pek güzel gitmekteydi. Zaman akışı, saatli-dakikalı. 1 saat 20 dakika'lık iç zamanı yazarken basbayağı keyif aldım. Peki sonrası? Arayış içindeyim. Fakat kafam karışık. Güner.

AST. TRT. DT'nin kemikleşmiş durumu. Tek perdelik oyunum oynandı ve yankılandı diye –herhalde ondan– İstanbul'daki bir 'kadın' hikâyecinin mektuplarında baş-göstermeye başlamış burukluklar. "TRT'ye geri dönmen yetmedi, bir de devletin tiyatrolarında hop diye boy göstermen... İyiiii, iyi! Kolay gelsin bakalım" benzeri acaip laflar. Hani sanki bir yaz buluşmasında: "Ben de bir oyun yazsam, oynarlar mı acaba?" gibi garibin garibi bir soru soran da kendisi, değilmiş gibi.

Bütün bunlar mı acaba beni yazmaktan soğutan? Hele şimdi, herkesin Brecht'vari oyunlar çıkarmaya sıvandığı bir sırada bir de ben Türk Brechtleri'nden biri olarak ortalıkta görünmeyi hiç mi hiç istememekteyim. Sahne oyunu mu? Başta Devlet, her şeye bağlısın, yöneticiye, oyunculara, sansüre... Ama roman yaratmanın önü açık. Aradığın ve bulduğunu sandığın şeyleri bu türün üstünde deneyebilirsin pekâlâ.

24 Kasım 1969, Çarşamba

Bütün tarih attım. Çünkü baba mesleğimin oğlu tarafından değişimlere uygun biçimde yürütüleceği işaretinin verildiği gün, bugün. Kırk yıldan fazla bir zamandır Nallıhan'dan İstanbul'lara, İstanbul'lardan Nallıhan'lara, ilk adımlarında at sırtında - gide gele 'bayan'ını, yani annemizi, üçü erkek biri kız dört çocuğu, dahası 'bayan'ının geçime muhtaç, başta kayınpederi ve bütün yakınları için çalış çabala –yanında sadece küçük oğluyla– bugüne getirdiği tekstil ticaret işini küçük oğluna devri teslim eylenmesinin törenini yapma günümüz bugün.

Kardeşim Ayhan, büyük çırpınmalar, dur durak tanımaz yorgunluklardan sonra, Ziya Gökalp Caddesi'ndeki *Ayhan* mağazasının açılışını yapmış bulunuyor.

İşi çağdaşlaştıralım, değişime ayak uyduralım derken, babaya ve 'etrafa' karşı mahcup düşmeme telâşı da denebilir buna, 'heyecanı' da. Ayhan, elinden çıkacak her şeyin 'mükemmel 'olmasını ister. Ya evet, ya hayır'cılardan. Bu noktada benzeşiriz. İkisi arasındalığa ya da ehven-i şer'lere gönül indirdiğimiz söylenemez.

'Tüccardan Mustafa Sümer' emekliye mi ayrılmış oldu? Yok canım. Yeni mağaza yanıbaşında. İstediği zaman gelip gidebilir; girip çıkan güzel güzel kadınları kalın gözlük camları ardından tepeden tırnağa, efendi efendi süzebilir.

Bunları 25 Kasım'ın sabahında yazıyorum.

Ayhan'ın ilk müşterisi benim 'uğurlu' elim olmak üzere, açılışı tamamladıktan sonra gece AST'a, Orhan Asena'nın *Şeyh Bedrettin* oyununu seyretmeye gittik. İddia büyük. Araştırılmalı. *Varidat* nasıl *Kapital'in* habercisi olabiliyormuş acaba? Oyunun rejisörü Ergin Orbey. Bu ne demeye geliyor? Bürokrasi 'alaylı'dan gelme sınıfa egemenliğini sürdürüyor, demeye mi? AST, tıpkı bizim Meydan Sahnesi gibi DT'ye karşı bir alternatif olarak kurulmuştu. Bu arada Güner ne oluyor?

Doğan Avcıoğlu yeni çıkarmaya başladığı *Devrim* dergisinde yazmamı istiyor. "Ama siz 'devrimi' kurtuluş savaşına saygı anlamında askerle mi yapmak istiyorsunuz?" Ülke kaynıyor. Dergiler, gazeteler ardarda kapanıyor. *Devrim* dergi-gazetesi şu sıralar muhalif sesin iletilebileceği tek yermiş gibi görünüyor. Kafam karışık.

(...) Doğan Bey yönetim yerine çağırdı. Gittim. İlhami Soysal'ı orada gördüm. Az sonra İlhan Selçuk geldi. Çoktandır görmüyordum. Sevindim. Neden öyle dediyse Avcıoğlu'na: "Adalet korkar" dedi. Neden korkulacağını bilmediğim için: "Yazı yazmayı severim" deyip çıktım. Niye öyle dedi ki İlhan?

26 Kasım

Sabah gazeteyi açtım, fotoğrafımı gördüm; şaşırıp kaldım. Yazılandan öğrendiğime göre *The Reader's Encyclopedia of World Drama*'da dünyanın tek kadın oyun yazarı olarak yer alıyormuşum. Besbelli yanlış bir haber bu. O ânda 'dişi' cinsten tam on adet oyun yazarı saydım. Haberde bu ansiklopediyi yayınlayan yayınevinin adı var. Hemen bir köşeye yazdım: Thomas Y. Crowell Company, New York. Oraya yazmalı, ödemeli bir kopya istemeliyim. Üstelik haber, ansiklopedide Türkiye'ye 37 sayfa yer ayrıldığını bildiriyor. İlk defa böyle bir yerde Türk tiyatrosu ve koca fotoğrafımla ben... İnanılır şey değil. Hele 'bütün dünyada tek kadın oyun yazarı!' Mümkün değil. Bir yanlışlık var.

Ertesi gün, gece

Akşam, yemeği Muhsin Hocayla yedik. *Damdaki Kemancı*'da rolü olan Handan da temsilden sonra geldi, yemeğe katıldı. Muhsin Bey'in önünde DT'ye oklar fırlatmadan duramıyorum. "Memurdan sanatçı oldun mu damda keman da çalacaksın Handan" diyorum. Gülüyoruz. Bu arada dünkü şaşkınlığıma karşı cevap geldi. Muhsin Ertuğrul Bey, gayet ince bir şekilde bildirdiler: "Yavrucuğum, bu işi Nüvit yaptı. Nüvit Özdoğru. O yayınevi Türk Tiyatrosu üstüne bizden ingilizce bir yazı isteyince durur mu o? Nüvit kolları sıvadı, yayınlanıp yayınlanmayacağını bilmediği için de öyle sus pus oturuyordu. Kitabı görünce sevinçten uçtu. Seni dünyada 'tek' kadın oyun yazarı yapan o değil haaa. Türkiye'de, evet. Benim de buna itirazım yok."

Ne büyük onur bize verdiği, ne büyük. Yazarlığımı DT'ye değil, Muhsin Bey'e borçluyum. Tiyatromuzu yurt dışında tanıtmaya öyle yürekten istekli ki Hoca. (...)

TRT'ye, Program Dairesi Başkanlığı'na 'peki' dememi isteyen sevgili Emil, Yönetim Kurulu'ndan bana bir teklif yazısı getirdi. (Hani hayatımı radyoya oyunlar yazarak kazanacaktım ya? Ben TRT dışındayken, kabul edilip de bir türlü yayınlanmayan *Madame Bovary* nasılsa çarçabuk banda alınmış. Bunu da servisin başındaki İsmet Hanım bildirdi. Sevinmiş mevinmiş değilim. Tam tersi. Yayını zamanlaması konusunda güvenemiyorum kadına.

29 Kasım, Cumartesi

Dün, çok değerli, şiirlerine aşk derecesinde bağlı olduğum Behçet Necatigil'den güzel bir mektup aldım. Yüzyüze hiç tanışmıyoruz. Adresimi yeni kurulan Yazarlar Derneği'nden almış. *Edebiyatımızda İsimler Sözlüğü* kitabında şimdiye kadar bana yer veremediklerini, adresimi öğrenir öğrenmez "bu ihmallerini düzeltebilmeleri için" benim kısa bir yaşamöykümü yazıp da kendilerine göndermemi istiyorlar. Her yanından dürüstlük, efendilik, ama asıl alçakgönüllük taşan bir mektup. Büyük şairimizin bir de bizim küçük yaşam-öykülerimizin peşinden koşması. İstekleri bana verilmiş en büyük ödül, onur.

3 Aralık, Çarşamba

Bu güzelikler ve Emil'le uzun uzun konuşabilmek dışında, Ankara'da geçirdiğim son iki ayı pek sevmedim.

Alanya İncekum'a kaçmak istiyorum. Ama... İşte tayin... Emil'i kırmak bana çok güç gelecek. Devrim'e ilk iki yazımı verdim. Ama asıl çok severek, aynı zamanda da, ya beceremezsem, diye diye yazdığım yazı Muhsin Ertuğrul'un 60. Sanat Yılı üstüne. Muhsin Bey, kutlama gününün yaklaştığı şu günlerde bize, eğer ordaysak, denizkıyısı evine gelmek istiyor. Hayatında bize de yer ayırması. Sevinçliyiz. Yoksa İstanbul'dan mı kaçıyorlar? Olsun, bize geliyorlar ya. Acaba ayın 22'sinde Kültür Merkezi'ndeki törene gelecek mi?

6 Aralık

Yerli taşlardan yapılma eve dün, saat 15.00'te geldik. Eve içerden banyoya bir patlayıcı, bomba gibi bir şey konmuş sanki. Fayanslar paramparça. Kapının içeriye bakan yüzü delik deşik. Fayans kırıntıları bitişik yatakodasına kadar fırlamış. Yatakların üstü unufak harç içinde. Esrarengiz bir durum. Burda okuyup da eğreti kitaplığa koyup gittiğim *Nâzım Hikmet'in Çilesi* kitabını hiç olmayacak bir yerde, sokak kapısının yanındaki sandığın köşesine taşınmış buldum. Onca kitap arasından yalnız o. "Öyle miii? Öyleyse buyrun işte!" der gibi. Hırsızlık yok.

Biz Muhsin Bey'le geldik. Handan sonra gelecek. Biz üçümüz, bütün gece çeşit çeşit senaryolar yarattık; işin içinden çıkamadık.

Sabah öğretmen geldi. Olayı köyden saklamış. Hoş köy de, kendi yarattıkları olayları hep kendilerine saklamaktadır ya. Marazlı, bu çevrede tek suçu bulunmayan köymüş. Alanya'dan komiser getirttik; resmen böyle dedi.

8 Aralık

Sürekli yağmur. Hava bir ara açıldı. Hemen Alanya'ya indik. Yolda İnge ile Fikri Bey'e rastladık. Çok üzgünler. Bilinmeyen biri arabalarını yakmış, portakal bahçelerinin evden uzak kısmını tarumar etmiş. Bizi çaya çağırdılar. Oturup, çay yerine şarap içip dertleştik: Buralarda tuhaf bir şeyler oluyor. Eve dönünce Halim ocağı yaktı. Kocaman kütükler yakıyoruz. Büyük güzel bir ateş. Hâlâ eve içerden patlayıcı koyan esrarengiz eli (elleri) konuşuyoruz. Kendimizi Hercule Poirot'ya benzetiyoruz.

Handan Uran Çarşambaya gelecek. Oyunu biter bitmez... Hoca, Handan'sız da hayatından memnun görünüyor. Anılarını dinlemek nasıl büyük bir şans bizim için. Ankara'da bir tiyatro okulu açılması için Atatürk'ün huzuruna çıkmışlar. Yanında o zamanın Milli Eğitim Bakanı Cemal Hüsnü Taray. Atatürk, onun bu dileğine "derhal" demiş. İnönü'yü çağırtmış. İnönü Muhsin Bey'e "Böyle bir okulun mali portesi nedir?" diye sormuş. Besbelli Hoca buna kızmış: "Ben ne bilirim kaça çıkar! Ben bir sanat okulu kurulmasını istedim; para istemedim ki" demiş.

Geceyarısı

Radyodan onun 60. Sanat Yılı için yapılan hazırlıkları dinledik. Muhsin Bey, Özdemir Nutku ile Atilla Sav'ın söylediklerini dikkatle dinledi. Ama konuşmalar üstünde hiçbir yorumda bulunmadı. Sonra ben kendilerine gazeteleri okudum; bu sefer lüks lamba ışığında. (Aydınlanma adına yeni yeni metodlar öğreniyoruz.) Bir süre köylünün durumunu konuştuk. Bu arada bize yazmaya başladığı anılar kitabından söz açtılar. 1909'da tiyatroya adımını atmadan önce, ilk defa Kuşdili'ndeki Mınakyan Efendi'nin temsillerini görmüş. Nâzım Hikmet'ten de sözetti. "Ben Nâzım'ı daha kısa pantalonlu çocukken tanıdım. Bende elyazısıyla şu cümlesi vardır: Anam, sen ve Piraye olmasanız dünyada insan yoktur, diyeceğim." 1924'de Greta Garbo kocasıyla Tokatlıyan'a indiğinde, o zamanlar Muhsin Bey'in cebinde taşıdığı sincabı almış. "Neyyire Neyir'i ben ilk defa *Ateşten Gömlek*'te Kezban rolüne çıkardım sinemada" diyorlar. '69 yılının odun ateşiyle aydınlanmış gecesinde Enver Paşa'yla 'tanışmamıza' ne demeli? Enver Paşa bir gün Muhsin Ertuğrul'u çağırtmış. Darülbedayi üstüne sorular sormuş, dinlemiş ve bıyığını sıvazlayıp: "Güzel, güzel... Lâkin niçün bir İbsen yok? İbsen'in bir oyununu temsil etsenize... *Nora, Hedda Gabler* gibi meselâ" demiş. Artık gerisini hayal bize kalmıştır: Herhalde bu Enver Paşa, Sarıkamış Savaşı'ndan önceki Enver Paşa. Hedda Gabler, derken onca askerin soğuktan ölümüne sebep olmak ne demek? 'Hayatın Kumarı' demek doğru kaçmaz mı?

10 Aralık

Pırıl pırıl bir gün. Halim ve Hocam, dün akşam gelen Handan'ı da alarak Alanya'ya indiler. Evi şöyle üstünkörü bir temizledim. Yarın şeker bayramı. Mustafa piliç getirdi. Dördümüz için bayramlık meze yaptım.

Ertesi gün, geceyarısı: Herkes köşesinde, uykuda

Dün, bayramın ilk günü Halim'ler Alanya'dan elleri kolları dolu olarak döndükten az sonra nefis bir sürpriz: Annemle babam çıkageldiler. (Oh, iyi ki nane likörümüz var. Ailenin töresi bu. Ağzına bira bile koymayan babam, bayram ziyaretine gelenlere likör, badem şekeri ve renkli kâğıtlardaki çikolata ikramını ister; kendisi de herkesle birlikte likörünü içer. Hem de her gelenle...) Muhsin

Bey'le olduğumuzu biliyorlardı da, onunla aynı çatı altında olmak onlar için ayrı bir bayram. Bayramı likörlü törenimizle açmak Muhsin Bey'e pek hoş geldi. Annemler Alanya'ya Motel'e geçmek üzere uğramışlar. (Tek odalı ev böyle planlar gerektiriyor ister istemez.) Ama biz onları Alanya'ya bırakmadık. Yanımızdaki İncekum Motel henüz açılmamıştı ama, eksik olmasın sahibi benim biricik tontonlarım için açtı. Yemeklerde nasılsa birlikte olacağız.

Motelde rahat temiz yataklar, duş. Uyanır uyanmaz sabah çayı. Bu formülden hocamız da çok mutlu. Epeyce sosyal ve hepimize göre 'sosyete' bir bayram tatili geçiriyoruz. Buna dışardan katılanlar da var. Nili'ler de geldiler meselâ; komşuluğun 'ceremesi'.. Nili TRT'den de bir dolu haber getirdi. Bende asıl tedirginlik yaratan bu oldu.

Bugün babamlar hepimizi Alâaddin'e yemeğe davet etmişlerdi. Babama göre bu çağrı annemin 'kolontorluğu'ndan doğma. Babam için annem ya cömert 'kolontor' ya soylu 'haşmetpenah'dır. Yemek müthiş keyifli geçti. Yarın, yani bu sabah iki grup halinde İstanbul ve Ankara'ya dönüş yolculuğu...

Ertesi gün, akşam

Öyle yorgundum ki, bu sabah beni kimse yerimden kıpırdatamaz sanıyordum. Sabahın erken saatinde istanbul'dan Haldun Taner, Şakir Eczacıbaşı ve Mengü'den üstüste yağan telefonlar, ayrıca da 100.000 öğretmenin boykota karar verdiği bir gün oldu bugün. İstanbul'daki İTİ çalışmalarımıza da omuz veren sanatçı, yazar dostlarım: "M.E. Bakanını bul, konuş onunla, öğretmenlerin eğitimi düzenlemedeki delege isteklerine cevap versinler" diyorlar.

Muhsin Ertuğrul'un 60. Sanat Yılı'nın Kültür Sarayı'nda yapılması için çalışan komite, bu törenin orada yapılmasının kabul edilmediğini öğrenmiş. Bakanlığa İTİ'den yine 'rica' yazısı gönderildi. (...) Temaslar, temaslarımız hiçbir sonuç vermedi.

15 Aralık '69, Pazartesi

Öğretmenlerin boykotu başladı. Bu haklı direnişi TÖS'le İlk-Sen yapıyor; dört gün sürecek. Buna karşı hükümetin tutumu: Tehdit. Radyo yayınlarına sansür koymak. TÖS ve İlk-Sen başkanlarına işten elçektirmek... Vurulan bir öğrenci daha: Mehmet Battaloğlu.

(...) Bukadar çok olaydan, faşist yönetimin kurşuna dizdirdiği gençlerden sonra evliliğin 15. yılı unutulmuş. Unutulur elbette. (...) İTİ'nin yıllık kongresinin hazırlığı var. Öğretmenler direnişlerine devam ediyorlar. 2000 öğretmen işinden olmuş. (...) TRT'nin yeni bir haksızlığı: Kimine açıktan 20-30 bin lira, kimine hava-civa. Özet: Her yerde, her alanda bir çöküntü.

18 Aralık

Garip bir bezginlik içindeyim.

Yine de *Devrim*'e yazımı götürdüm. Öğretmen boykotlarında sonuç: Katılım, hükümete göre yüzde 19-20; boykotçulara göre yüzde 90.

21 Aralık

Dün Muhsin hoca İTİ'nin genel kurul toplantısı için geldi. Başkanımız o. Handan İstanbul'da. Bizim ev çok soğuk. Kalorifer hiç yanmıyor. Yakıt yok. Öğle yemeğini hocayla bizim evde yedik. Sonra toplantı yapıldı. MEB'e karşı tutumun ne olması gerektiği konuşuldu ama, Yönetim Kurulu'nun yaşları ilerlemiş üyelerinde çekingen, pasif bir hal görülüyor. Bakanlığa yeni ve daha 'cesur' bir yazı yazılmasına bile yanaşmadılar. Her şeye karşın 'tiyatroyu' yani sahneyi ve oynamayı seven Bedrettin hocamın vurgulu konuşmaları çok hoş. (...) Bugün akşamüstü Yenişehir Tiyatrosu'na Sermet'in (Çağan) sahneye koyduğu *Carrar Ana'nın Silahları* ile George Vidal'in *Yaşayan Ölüler*'ini görmeye gittim. Sermet çok iyi bir iş çıkarmış. Benim arkadaşım 'beybiş' Sevim'imle Altan Öymen de oradaydı. Altan öteki 'gazeteci' arkadaşlar gibi değil, daha serinkanlı, onlara göre epey zarif; selâmı da pek beyefendi. İTİ toplantısında beraber olduğumuz Cevat Çapan da Sermet'in ayrıca kolej arkadaşı olarak, orda. Cevat'ın sessizliği altında kıpır kıpır bir zekâsı var. Absürdite'nin, hayatın 'gülünç oyunları'nın farkında. Onunla konuşmak çok keyifli bir şey.

Oyundan sonra hep birlikte Mehmet Kemal'in *Kalem*'ine gidildi. (...) Bozguncu Sermet'imin bütün en sahici dostluğu üstündeydi. Aksayan dostlukları takıldıkları yerden ayağa kaldırabilmek ne güzel! Kalem'den sonra gecenin bir vakti, bize gidildi. Sefamız sabahlara kadar sürdü. Altan, her zamanki gibi, efendi. Pikapta ardıardına bendeki hemen bütün şansonları dinledik. İç daralmalarından uzaklaşabildiğim bir zaman. Oysa ülkede daralmamızı sağlayacak her şey var. Zaten bütün gece sistemden, yönetimden konuştuk; estik savurduk.

Ertesi gün de TRT'den Nilüfer'in düğünü. Sanat Seviciler Derneği ve Nâzım Hikmet'ten şiirler.

25 Aralık

Son oyunum *SINIRLARDA* Aşk-Kış-Barış, Ahmet Küflü'nün yeni açtığı Bilgi Yayınları arasında çıkmış. *Çatıdaki Çatlak*'la bir arada. Oyun basan ilk yayınevi Bilgi, diyebilirim. Ankara' nın kültür nabzı, tiyatro sanatı ve konserlerle atmaktadır, Sinema ve Klasik Türk Müziği Osmanlının mihrabı yerinde başkentinde. Radyo yayınlarında rumuzlarımız. K.T.M., K.B.T, H.M, vb... Müzik yayınları oranı bu rumuzlara göre tutturulur. Oyunların basılmasına Halim, çocuklar gibi seviniyor. Yemeğe Mübeccepler (Necati Cumalı'nın kızkardeşi) geldi.

26 Aralık

Tuhaf bir sezgi: Bugün evden kaçmıştım. Akşam geç vakit döndüm. Kaçmakta haklıymışım. Telefon hiç durmamış. TRT'ye tayinim çıkmış. Evde TRT Yönetim Kurulu yeni üyelerinden gelmiş nefis bir gül buketi de beni bekliyor. Eski yazar dostum, yenilerde Başkan'ım Turgut Özakman istifa etmiş. Şimdi ben, onun yerine getiriliyorum. Bu da hiç, 'sen sağ ben selâmet' olamayacak.

1970

Ocak-Şubat-Mart

Diktanın Adım Sesleri

1 Ocak 1970, Perşembe

(...) 29 Aralık'ta TRT'ye dönüş. Yeniden başladım. Çoktandır farkında olduklarımı elimle tutmaya da başladım. Buradan uzakta geçirdiğim zamanın toplamı; büsbütün 'infial' hali. Doğrunun yanlışa, temizin kirliye bulaştığı dönem. Bu çarpılmayı eleştiren bizler de birer sihirli değnek değiliz. Merkez Radyo Dairesi Başkanlığı'na atanışımla ilgili yazı, işe başladığım saatte verildi: Üç ay için 'tedvire memur'um. Bunu böyle rica etmiştim; Yönetim Kurulu üyeleri sağolsunlar, tayin kararını öyle çıkarmışlar. Dönüşü kabul edişim bazı koşullarıma bağlıydı. Düşünce özgürlüğünü, dolayısıyla yaratı özgürlüğünü de sınırlayan bazı 'sakıncalı'lık sansürünün program yapımı uzmanlarından beklenmemesini, uzmanlardan sadece gerçeklik ve kalite denetimi istenmesini; ilgili maddelerin Yönetim Kurulu'nca görüşülüp karara bağlanmasını rica etmiştim.

Kurumun özerkliğine dışardan 'elkonulabilmesi' yasasının 'lağvedilmesini', dışardan müdahalenin salt mali denetim için geçerli olmasının sağlanarak sonucun da bütün yayın personeline açıklanmasını bekleyecektim. Sorumluluk ve yetkinin eşitlenmesine bağlı kararlar bekliyorum. Şimdiye kadar bu konularda olan biteni eleştiren yeni Yönetim Kurulu üyeleri de aynı görüşte, ama oturumlarda oy çokluğunu sağlayıp sağlayamayacakları belli değil. Zaten bütün bunlar henüz gündeme getirilebilmiş değil. Önümüzde üç ay gibi bir zaman var, diyordum ama, TR'ye T'nin eklenmesi, yani TV'nin kuruluş-açılış çalışmalarının ön plana çıkması Genel Müdürlüğün tek meselesi. Sanki TV'nin özerk kuruma yaraşır yayın yapabilmesi de bunlara bağlı değilmiş gibi: TV'nin başı, şusu-busu kim olacak, nereye kimler nasıl tayin edilecek mücadelesi başköşede.

BBC'den Andrew Mango gelip gidiyor; İstanbul'dan Betül Mardin orayla bura arasında iletişim sağlıyor da... Bu arada şimdiye kadar TV açılışıyla ilgili uğraşları yürüterek, bu uğurda gerekli adımların atılması için çabalamış Mahmut Öngören yerine, kadroya daha dün, Radyo Dairesi'ne 'danışman' titriyle alınmış Semih Tuğrul Bey'in getirileceği söyleniyor. Söylenmesi falan bir şey değil de, Semih Tuğrul'a danıştığım her şey sessizlikle karşılanmakta. Oysa bana, Adnan Öztrak'la teması onun sürdüreceği söylendi. Ne düşünüyorlar acaba?

16 Şubat

Etüd-Planlama Dairesi'yle de olması gerekli ilişkiler 'gerekli olmayıversin' havalarında. Giriştiğim her şey, kattaki uzmanlar dışında, en alttaki 'devam cetveli tutma' katibinden en üstteki 'Hukuk Müşaviri'ne, 'evrak müdürlüğü'ne kadar herkes kurumun 359. sayılı yasasıyla belirtilmiş özerkliğini savunma çalışmalarına set çekmek için örgütlenmiş gibi. Yeni Yönetim Kurulu üyeleri de, aynı anlamda, güç durumda. Bu genel gidişe muhalif aydınlar, 'tedvire memurluk' süremin 29 Mart'da dolacağını biliyorlar tabii. Arada bir Emil'e, Muammer'e gelen mektuplar var. Benimkilerden birinde, Orak Çekiç ya da Beyaz Saray damgalarının da üstüne çıkılıp: "Sizin gibi hayatını tek yumurtalıkla geçirmeye mahkûm bir kadının radyo yayınları başkanlığından bu memlekete ne hayır gelir" benzeri provakatör laflar var. Yumurtalığım şuyum buyum umurumda değil. Ama bu anlamda bir ameliyat geçirdiğimi bile bile tek kişinin bildiğini önceden bilmem umurumda...

Yeşilköy, 18 Şubat

İki günlüğüne burdayım.

'Vekâleten Başkanlık görevimin devamını' dileyip dilemediğimi süre bitiminden 15 gün öncesinden Genel Müdürlüğe yazılı bildirmem gerekiyormuş. Ben oraya, her şeyden önce radyo programları yayın sistemi üstüne düşüncelerimi kapsayan raporumu verebilme peşindeyim. Raporun görüşülüp görüşülmemesi, ele alınış tarzı benim açımdan tek belirleyici.

15 günlük süre "siz bilirsiniz, yoksa haaaa!" mı demeye gelecek peki? Hem de 'gizli devlet' dosyam MİT kasasına kilitliyken, üstelik her şey 'hiçbir şey yapamayacaksın' demeye gelirken? Şu 'yumurtalıkların hesabını görmeden' istifa etmeyeceğim. Üstelik Emil'lerin gülleri henüz solmadı yahu!

Ben dert dökme defterlerime bunca şeyi, bir kenara atılmış romanımın öcünü almak için döktürüyorum herhalde. Bir zaman önce odama yeni uzman olarak verilen Cengiz'den bir dayanışma beklemiyorum. Yönetim Kurulu'dan Prof. Uğur Alacakaptan'ın Cengiz'e yaptıkları gibi bize de destek olacaklarını umuyoruz, hele Başkan Prof. Suat Sinanoğlu'ndan yana umudumuz büyük, ama meseleler nerde bağlanıp kalmakta, bilemiyoruz. Umutlu olmak çok iyi, fakat devekuşu umudu benim yapıma aykırı. Hele M. Taşçıoğlu'lara, T. Gürzümar'lara özgü hak ve hukuk anlayışı ortadayken. Habercilerimizden Cemal Aygen'in serin tebessümleri içimi ferahlatadursun, iyi gazeteci olarak bilinen Doğan Kasaroğlu'nun bazen 'içine doğru' uyguladığı ses tonunun itisiyle gizemler kuyusuna yuvarlanmaktayım.

9 Mart

Sevgiciğim, Siyasal'ın ve 'hepimizin' sevgilisi profesöre aşkıyla dopdolu. Başka bir şey görecek hali yok. Bendeniz de, dün oturup, en muhalif savaşkan ve en kötü memur olarak Genel Müdür'lük yolundan Yönetim Kurulu'na ulaştırılması ve orada görüşülmesinin sağlanması dileğimi havi raporu yazdım bitirdim. (Eyy sen! Ey Cumhuriyet'in ilk ve ikinci kuşaklarının hayat romanı, sen orda bekleye dur bakalım!) Raporumda Trabzon, Van, Kars, Diyarbakır, Çukurova gibi bölge radyoları müdürlüklerine yapılacak yeni tayinlerden beklenilen işlere, işlerin üslubuna has görüşlerim bile var. Hele telif haklarıyla ilgili bölüm... Baştan sona 1951'den buyana edindiğim deneyimlerin birikim zaferi...

Geceyarısı

Haa, bak sahi! Şimdi aklıma geldi. Bir örnek teşkil etsin diye, raporuma şunu da koysa mıydım acaba? TRT kurulduktan sonra, 'parça-parça', paket-paket, Ankara Radyoevi'nden Mithatpaşa Caddesi'ndeki şu çirkin beton binaya taşınmıştık. O curcuna ortasında Turgut da, bazı toplantılara –sırtımdan bir itişle– beni sokuveriyordu. Bir defa: "Sosyal Bilimler Derneği, benden randevu istemiş, ben de bizimle görüşmeye gelecek üyeleri bugün, bu saatte seve seve kabul edeceğimi söylemiştim. Geldiler, işte bu toplantı odasındalar, ama ben, hay Allah, onları unutup Haber'lere "hemen şimdi geliyorum" demiş bulundum. "Hadi lütfen şuraya gir de, sosyal bilimcilerle sen konuşuver" deyip ortadan silinivermesin mi? Ne fena; bana bu görevi tevdi ederken bakışlarındaki anlamı yine görememiş, yine kaçırmışım!

İçerdeyim. Toplantıda...

Masanın çevresinde, aktivitesini hayranlıkla izlediğim Prof. Nermin Abadan başta olmak üzere, birçok değerli aydın kişi:

TRT, ardarda bölge radyo istasyonları kurmakta ya; toplumumuzu yayın yoluyla bilgilendirme, eğitme konusunda ne gibi programlar yapmayı tasarladığımız soruldu.

Özellikle eğitim bakımından pek güzel önerileri oldu. Okullara gidilmesine, kadınların da eğitilmesine, buna engel olan yaklaşımlara, hepsinin haklarının korunmasına, çocuk bakımı, sağlık sorunları gibi halkın sorunlarına ışık tutan, bunları çözmeye yönelik yayınlar yapmamız istendi. Özellikle Diyarbakır, Antep gibi Güneydoğu halkı için yayınlar. O zamana kadar billur gibi güzel bir aydınlıkta seyredegelmiş bu halkçı fikirler görüşmesi, yine benim bir salaklığım sonucu, değerli bilimcilerimizin toplantı masasını sessizce terketmeleriyle bitti gitti. Son sözlerimizi söyleyip oturumu kapatmaya gerek kalmaksızın. Çünkü: "Projeler çok değerli, yayınlarda bu önerilerinizin gözönünde tutulması elbette çok gerekli sayın konuklar, fakat acaba, özellikle Güneydoğu illerinin radyo yayınlarını hangi dilde yapmalıyız? Herhalde Kürtçe değil mi? Oraları hep sınırın öteki yakasındaki Kürtçe Barzani falan yayınlarını dinlemekteler de" diye sormak cehaletini gösterdim. Elbette yine gayr-ı muhatap oldum. Nedense, 'Kürtçe' lafının bile yasadışı olduğu aklıma gelmemişti... Başkanlığa tayinim üstüne tebrik ziyaretime ilk gelenlerin reklamcılarla en kibarından üniformalı iki binbaşı olduğunu unutmasaydım bari...

12 Mart

Raporumu Genel Müdür evrakına ulaştırmak, çok güç oldu, ama oldu. Bakalım Yönetim Kurulu'na ne zaman girecek?

16 Mart

Çok, çok eğlenceli:

Bu sabah bazılarımıza –(ben, Muammer Sun, Semih Tuğrul, Yalvaç, hattâ Çongur ve Mahmut Öngören)– Rıdvan Çongur'u uzmanların erkeği diye anıp durmaktayım, ama o işte, bu sefer topumuza birden postadan birer mektup çıkmış. Sadece çöp tenekelerine lâyık pislikte mektuplar bunlar. Muammer pek öfkelenmiş, bizim güzel maskotumuz, erkekten uzman Rıdvan, ırzına geçilmiş durumlarında. Ben, bundan önceki 'yumurtalıkçı'yı unutmuşa getirmiştimse de, geceyarısı Emil Galip telefon etti. Her zamanki gibi çağından sorumlu bilinciyle 'Bir Şey Yap Met' demek istedi; açıkcası, bir şey yapmamız gerek, dedi. Sistemin değişiminden yana olan öteki Yönetim Kurulu üyeleriyle toplanıp şuna karar vermişler:

Merkez Program'da kim varsa, prodüktörler falan, hepsini Radyoevi'mizdeki 1 numaralı büyük stüdyoda toplayıp, durumu onlara açıklayacak; bu imzasız, yani sefil mektuplarda kimin parmağı olduğunu bilip bilmediklerini soracaklar.

Böyle bir toplantıda bulunmak isteyip istemediğimi soruyor. "Elbette katılırım. Mart sonuna kadar yapılabilecek her şeyi yaparım. Ancak toplantının açılış gününden önce yapmak istediğim bir şey daha var: Anladığım kadarıyla raporum Genel Müdürlük masasına ulaşmış değil. Evraka soruyorum; haberleri yok. Evrak kayıp." Sayıp sevdiğim Emel Galip Sandalcı, haklı olarak ne yapmayı düşündüğümü sordu. "Özellikle program denetimiyle ilgili raporumun bendeki kopyasını teksir ettireceğim. Toplantıya katılanlara kendi elimle tek tek dağıtacağım. Gelmeyenlerin de nasılsa haberi olacaktır. Bundan kuşkumuz yok, değil mi? Toplantıda, sizlerden sonraki konuşmamı, izninizle bu 'gayrı resmi' tebliğden sonra yapmak istiyorum." Emil, güzel bir kahkaha patlattı. "İstersen toplantı günü ve saati açıklanmadan önce program yayındenetim raporunun birer kopyasını hem bize ver, Hem de Adnan Öztrak Bey'e ve Semih Tuğrul'a kendin götürüp onlara kendin oku, konuş. Böylece tutumun birazcık 'resmiyet kazanmış' olur" dedi. Tayinim, rahatsızlığı nedeniyle Adnan Bey yurtdışındayken, Genel Müdür vekili, 'yerine bakan' sırasında çıkarılmış; belki de böyle olması gerekmiş, bilemiyorum; raporum alt kattan, bir üst kattaki makamına nasıl bir türlü ulaşmadıysa, Genel Müdür beni de öyle kabul etmeyecektir, sanıyordum ama, Jacques Brel, Edith Piaf, Georges Brassens ve Reggiani'lerden süzülüp gelme bir yakınlıktan olacak, kabul edildim.

Raporum gerçekten ellerine ulaşmamış. Hiç bozuntuya vermeden, bunu aratacaklarını söylediler. Ben de, artık –ne olsa özetleyerek– madde madde raporumu okudum. Semih Bey de bizimle, odadaydı; dinledi fakat, ne olumlu ne olumsuz, tek söz söylemedi. Adnan Öztrak Bey de, "Bunu Genel Müdürlük evrakına kaydettirin, bana geçirmelerini isteyeceğim" dedi. Gidişâta bakınca, TRT çalışanları bundan böyle Adnan Bey gibi bir Genel Müdürü zor bulacaklardır. Evrakı, kendi görüşleriyle birlikte Yönetim Kurulu'na geçireceklerini söylediler.

17 Mart, sabah 3

Dün akşama doğru raporu teksir ettirdim, Genel Müdürlük evrakına kaydettirmek için tam 6 saatim daha gitti. Bahis konusu toplantı Radyoevi'nde yarın yapılıyormuş. Teksirden önce yine gözden geçirdiğim, hikâye anlatır gibi anlattığım bazı kısımlarını traşlayarak kendi başıma (sekreterin bebeği varmış, gelemiyormuş) yazı makinesinde yeniden tak-tukladığım rapor, nerdeyse kırk aded olarak şurda durmakta; yarı düşman, yarı dost bakışmaktayız. Hiç yatmadım.

19 Mart

Dün, oynanması kaçınılmaz olmuş rolümü oynadım.

Emil, Muammer, teknik servisten Sunuhî ellerinden ne geliyorsa yaptılar. Hattâ fazlasıyla. Muammer, yayıncı kadroya biraz sert konuştu, ama eminim benimkinin yanında epey yumuşak kaldı. Dün 1 numaralı stüdyoda kırk kadar vardılar. Ben aralarında oturmayı seçmiştim. Yönetim Kurulu üyesi arkadaşlar karşıdan, mikrofon başından konuştular. Açıktılar, dürüsttüler. "Bu mektupları içinizden biri mi yazdı?" soruları total sessizlikle karşılandı. "Belki de aranızda bu mektupların hangi kurumun, hangi üyeleri tarafından yazılıp yollandığı üstünde bilgili olanlarınız vardır?" Çıt yok.

Genç yaşlı prodüktörlerin, yayınla ilgili personelin arasında oturduğum yerden kalkıp, toplantıyı yöneten Emil Galip Sandalcı'dan söz istedim: Oraya gidip, bana gelen mektubu havada sallaya sallaya: "Aranızdan hanginiz benimle yatmak istiyor acaba? Merak ediyorum. Bana bu ihtiyaç dilekçesini, yumurtalıklarımın durumuyla yakından ilgili biri yazmış ve adıma postaya vermiş olabilir" dedim; hık hık gülenler oldu, benim de elim falan hiç titremedi hayret! Ama rolüm henüz bitmiş değil. Yine oturanların yanına gittim; hem sıralar arasında yürüyor, hem de programlar ve denetimleriyle ilgili raporumu tek tek oturanlara dağıtıyor ve konuşuyorum: "Arkadaşlar, sizleri daha yakından ilgilendireceğini sandığım bir sorun nedeniyle bugün burda yanınızda bulunmaktayım. Sizlere söyleyeceğim her şey, şimdi hepinize dağıttığım raporda derli toplu yeralmakta. Biliyorsunuz, hepimizin işleyiş sistemini bir türlü benimseyemediğimiz bir program denetleme sorunumuz var. Bilgilerin doğruluğu yanısıra ve daha da önemlisi program kalitesinin geçerli yani yerinde olup olmadığı hakkında ben, kendi adıma, kaç yıldır tek uyarı almadım, ama 'şunu söyle, bunu söyleme', ihtarları gayet sık yapıldı, yapılmaktadır. Her neyse, raporu bir okuyun, üstünde konuşmak isteyen, daha iyi bir önerisi olan ya da olanlar varsa, itirazları-önerileriyle birlikte yönetime bildirilsin. Bu evrak, büyük çabalarımla Genel Müdürlüğün bilgilerine ulaştırılabilmiştir. Benim Merkez Program Dairesi Başkanlığına tedvir süremin bitiş tarihi olan 29 Mart'a kadar en azından Yönetim Kurulu'na getirilmesini, burada tartışılıp özerk bir yayın kurumuna yaraşır değişimler yönünde karar alınmasını diledim. Bekliyorum. Bunu üç değerli kurul üyesi önünde burda açıkça söylüyorum. Genel Müdürlük, yılların deneyimleri sonucu belirlenmiş değişim önerileri sorununu Yönetim Kurulu'na yansıtsa da, yansıtmasa da üyeler, bugüne kadar hiç el atılmamış bu konuyu bir önergeyle en azından tartışmaya açabilirler. Böyle bir gündem maddesi, TRT yayınlarındaki bu büyük sorunun varlığına işaret demektir, 'Var' deniyorsa, tedavisi bulunacaktır. Bu teşhis çabası bile olmazsa, Kurumdaki 'varlığım' 'Başkan' sıfatıyla başbaşa kalmam demeye gelir ki, buna razı olamam. Bu durumda 30 Mart 1970 gününden itibaren TRT'de bulunmayacağımı hepinizin önünde bildiriyorum. Yokluğum, umarım turnesol kâğıdı yerine geçer de, esrarengiz mektup sahiplerinin yüzlerinin ortaya çıkmasını sağlayabilir."

Üzülenler var, sevinenler var: Gülenler ve ağlayanlar var. Ama hepsini sarıp sarmalayan ortak bir şey var: Suskunluk. Sessizlik. Belirsizlik. Kimbilir, belki de bu sadece şu küçük memur maaşına duyulan ihtiyaç. Fakat, suskunluk. En küçük bir öneri için dahi isteksizlik, bu kötü işte. Keşke toplantı yuhalansaydı!..

29 Mart

Dün gece Gediz ve çevresinde şiddetli bir deprem. Gediz ve köyleri yıkıntılar altında. Sayısı 1000'i aşan ölü. Sabahın köründe TRT'ye koştum Semih Bey'i aradım; yoktu. Doğallıkla henüz gelmemiş. Bütün yayın programını değiştirmek, ağırlığı depreme vermek, fazlasıyla neşeli programları yayından kaldırmak gerek; 'danışmanlık' görevine göre bunu Semih Tuğrul'un da rızasını alarak yapmamız gerek. Bugün günlerden Pazar. İstifamı yarın verebilirim, ama vermiş olsaydım da bu önemli durumun üstünden atlayıp geçemezdim. Semih Bey'i aradığımı bilmesi onu memnun etmedi galiba. Öğleye doğru geldiklerinde birlikte karar verme yönünde bir istek göstermediler. Saat 13.00'e doğru Semih Bey'e düşüncelerini sorduğumda: "Valla Adalet Hanım, öğle yemeğine davetliydik, geç bile kaldım. Karım bekliyor. Siz bildiğinizi yapın" diyerek yağmurluklarını giyip gittiler. Sinema bilgisine saygım azaldı mı, çoğaldı mı, bilemiyorum, çünkü kendi kendime: Ulan, seni asacak değiller ya, bas gitsin! deyip çıkmaktaydım işin içinden. Kamu kuruluşundaki görevimin tükenmesine yarım gün kalmış halimle bütün bölge radyo müdürlüklerine ulaşabildiğim oranda yayın programlarını iki üç gün için, acıya uygun olarak değiştirmelerini 'emrettim!' Meğer bu arada Semih Bey İstanbul'u aramışmış. Belki de evinden aradı; artık bilemiyorum. İstenmediğimi ise pek güzel biliyorum.

Nisan-Mayıs

Hiç ve Çok

TRT bitti. Bütünüyle. Yayıncılıkta 17 yıl, bir 'hiç' mi?

Romanı yazmaya dönmeliyim. Bir öğretim üyesinin, doçent bir kadının zamanla ve kendiyle hesaplaşması. Oyun halinde yazmak istiyorum ama Kültür Müsteşarlığının denetimi altındaki tiyatrolara güvenim yok. Doçenti bir otele falan kapat. Perdeleri çek. Zamanı ve Başkent'i iç gözleriyle seyretsin.

Fakat kurgu? Nasıl bir kurgu? '65'lerdeki ilk sayfaları da at gitsin.

Atamadım.

5 Nisan

AST Mart sonu greve gitmişti. Ekonomik nedenleri olan bu greve içerden dışardan genç oyuncular 'politik devrim'cilik etiketi yapıştırdılar. Keşke öyle olabilseydi. Bu olayın bana düşündürdükerini *Devrim*'e yazdım. Devrimci Sanatın Boyutları. Biliyorum, çokboyutlu yaklaşımlardan uzak bir ortamda suçlanacağım.

21 Nisan, Salı

Romanımın *(Ders Notları* mı desem?) geldiği yere kadar durum: Bir kendini tekrarlamak. Düşünce, tema zenginliğine izin vermiyor. Nerdeyse köy mekânlı romanlar gibi. Dışındakinin değil, KENDİNİN bilincinde olmayan insanlar düşünce üretebilir mi?

Doğa mekânına yaslanmak mı? O da bir anlamda tek düze: İlkbahar, yaz, sonbahar kış. Güneş doğdu, sabah. Güneş battı, akşam. İşte ay, işte yıldızlar: GECE.

AST grevinden beri ne grevcilerin içinde, ne de 'patronun' yanında olmayı düşünmeyen Güner, kendini harcamayı seçmiş gibi. Durumu gerçekten üzücü. Hele, elinden ne geleceğini bilememenin çaresizliği içindeki annemiz. Onun çaresizliğini kovalayamayan çaresizlikteki ben.

Bu pis düzen hepimizi yedi bitirdi. Güner: "Anacığım,

bizde solun parçalanması bir çocuk hastalığı, geçecektir" deyip durmaktayken, ateşin yakıp kavuran yıkıcı bir yangına dönüştüğünü mü görmekte acaba?

Halim, bir ara Adana'dan dönerse, Güner'le beni Yeşilköy evine götürübileceğini söylemişti. Ne iyi olur. Kendisi de iki gün dinlenebilir. Ancak Güner, her gün yeni bir esintiyle gelip gidiyor. Ayhan abisine akşamüstü: "Bana yardım eder misin?" diye sormuşsa, sabahına: "Yoo, çok iyiyim, çok iyi. Yardıma ihtiyacım yok" diyebiliyor. Kâh *Devrim'e* yazdığım yazıdan ötürü beni kutluyor, kâh yazı yazıp durduğum için beni kınıyor. İlişkilerimiz tam bir Çehov dramı.

İşte kardeşim, tam da ben defterime dert dökerken, az önce, telefon etti. Nerden ediyor, bilmiyorum. Sadece TRT Ankara Radyosu'nda mikrofona koyduğu oyun için kendisine neden bukadar az para ödemişler, diye benden hesap soruyor. Böyle bir şey yaptığından haberim bile yok. Olsaydı, durup durup da, tam ben 'başkanlığı tedvire memurken' Güner Sümer'i mikrofona davet eden memura da, yayına da ne yapacağımı bilirdim. Daha TRT'ye dönüşümün ilk haftasında, aylardır yayınlanmamış Madame Bovary sürekli oyununun yayına konulmasına, daha ilk bölümünü işitir işitmez, oyun bandının başından adımı nasıl kestirip çıkarttırmışsam, ona da aynını yapardım. Bundan böyle, kaç defa yayınlarlarsa yayınlasınlar, tek bir dinleyici bilemeyecektir bunun Adalet Ağaoğlu'nun emeğinin ürünü olduğunu. Radyo oyunlarından akıl almayacak biçimde sorumlu memur hanıma 'adımı kesin çıkarın banttan' talimatını verdiğimde: "Yani başkan olarak size dalkavukluk mu ettiğimi söylemek istiyorsunuz?" gibi bir sorusundan payıma: "Başka ne anlamı olabilir ki" gibi bir hazırcevaplık düşmesi ortadayken, ben nerden nasıl bilebilirim ki sanat hayatının en parlak, en verimli günlerinde Güner Sümer adını bir kez bile anmamış olanların, bu sonuncu çabuk 'işlemleri' için kime nekadar ödeme yaptıklarını, yapmadıklarını?

Yorgunum.

Güner. Cancağızım sen İstanbul atmosferindeki bohemden yazar arkadaşlarının yaşama tarzlarının 'gereklerine' uygun değilsin ki. Yanılmıyorsam sen, terazisi bozuk bu hayatın bütün güzelliklerinden bir 'aşk lokması' almış bulunmaktan utanmaktasın. Ne? Haa sen bana 'höh höh höh... gül bakalım. Öyleyse hadi git de, içkiyi fazla kaçırdığın akşamlarından birinde Nizamiye Kapısı'na varıp orayı tekmeleyerek 'aydın kahraman' rozeti takınma becerisi göster.

*Paris Bir Şenlik*tir, evet. Ama bu, Illinois doğumlu Hemingway Parisi'nin şenliği.

Denizler Dalgalar

Alanya, 4 Mayıs

Nisan sonundan beri Yeşilköy, İncekum'daki evdeyim. Annem, babam, Melâhat teyzem, aşağı yukarı bir aydır burdaydılar; koşup geldim. Ev açıkken, her şey yerli yerindeyken üstüne konmak ne iyi. Nili ile Aydın da burdalar. Evleri bitmiş. Benim için bir toplu yaşama provası. O kadar mı?

Köylü bir Âşığın saz sesine kapılıp atına atladığı gibi kentten kaçmış Melâhat teyzem, bugüne kadar yayla evlerinde süt sağıp, yayık çalkalamış, at binip yufka açmış, bu arada üçü oğlan ikisi kız beş çocuk büyütmüş teyzemin denizi görüşü ilk burda olmuş. Başlıbaşına 'hayatım roman'. Fakat benim içimden geçen *Romanım Hayat.* Böyle bir sahne oyunu yazabilmeyi öyle çok istiyorum ki. Buna engel olan hayat kadar, camın önündeki ahşap girintiden bana küskün bakışlar savurup duran roman çalışmam.

Halim Adana'dan buraya arada bir gelip gidebilir. Bir kere gelmiş, büyük aşkı annemi kucaklayıp gitmiş bile. Onları yoklaması, "Bir şeye ihtiyacınız var mı?" demesi ne güzel. Oysa, zaman zaman fazla gerginliğimi Halim'in üstünden harcıyorum. Ancak bu benim Halim'le değil, evlilik kurumuyla olan, onarılmaz sorunum.

(...) İstanbul'da, Adana'da, Ankara'da durmadan olay üstüne olay. Patlamalar, çatlamalar...

Provokasyon gittikçe azmakta.

Gece

Halim akşamüstü çıkageldi. Yarın sabah babamla Ankara'ya gidecekler. (...)

5 Mayıs

Teyzem, annemle biz üç kadın, ahşaptan geniş terasımızın elden düşme şezlonglarında mırıl mırıl konuşarak çay kahve içen, elleri yüzleri tertemiz Çehov kahramanları gibiyiz. Olga, Maşa, İrina: (Hayat oyunumuz Olga'nın şu sözleriyle bitecektir): *Yaşamak lazım! Müzik öyle güzel, öyle neşeli ki, hele biraz zaman geçsin, işte o zaman bu hayatın ve bu acıların anlamını bileceğiz. Ah bir bilebilsek! Bir bilebilsek!* Askerî doktor Çebutkin, elinde gazetesiyle 'tata taaa, ta ta ta taaa' diye bir marş mırıldanmasıyla gelecek, gazetesini açıp okurken: *Bana ne, bana ne? Benim için hava hoş*... derken, *perde*!..

"Bizim Maşa'mız Melâhat teyzem" diye geçiyor içimden. Üçümüz yanyanayken büyük bir iç rahatlığı ile gülüyor gülüyor; hemen ardından gözlerinden yaşlar akıyor. Sonra fırlayıp bir türkü tutturuyor –öyle de güzel söylüyor ki– ve göbek atıyor. Söylediğine göre 104 kilo olmuş. Apayrı bir dünya.

Ertesi Akşam

Rol arkadaşlarımı bugün minibüsle Side'ye ve Manavgat'a götürdüm. Öğle yemeğini Side'deki bizim balıkçıda yedik. Üçümüz de öyle mutluyuz ki. Hele Maşa'mız! Minibüsle yolculuk; 'halkımızla' kucak kucağa, burun buruna bir yolculuk –önümüzdeki pırıl deniz sağolsun–: bukadar bir yakınlık. Side'den binen, her durakta ya bir sepet yumurta, ya bir sepet eski ayakkabı satan ve alan, Manavgat'da kendine, yanında tahta kaşığı da asılı iki gözlü bir sefertası 'yaptıran', kırk yama içindeki 'berduş'umuz: Basık burnu, sevimli yüzüyle 'burdan Van'a kadar yolu olan' vatandaş. Minibüsün her durduğu yerde ona: "Ee ahbap burdan ne alıyoruz? Buraya ne satıyoruz?" diye soruyorum, ahbaptan halkım da yüzüme berduş berduş bakarak: "Hele bakalım, kısmetimize ne çıkarsa" deyip durmuş bulunuyor. Yarın, TRT'mizin çalışanlarından, Hasan Ali Yücel'in akrabası olduğunu beyan etmiş bulunan, koruyucu meleğim Süveyda gelecek. Onun gelmesiyle annemler önden yapılmış programları gereği, Ankara'ya...

9 Mayıs, Cumartesi

Süveyda önceki akşam geldi. Ona on günlük bir tatil yaptırmak istiyordum. Denk düştü. Bitişik tarlada salatalık yetiştiren Mustafa. –Bu Mustafa bizim öte yanımızdaki çadırda nikahsız karısıyla kaçak yaşıyan Kara Mustafa değil,– genç Mustafa, tarlayı kendisine ortakçı diye veren Ali Baysal'ın torunuyla nişanlı, 'güzün' yani sonbaharda evlenecekmiş. Düğünleri yapılacakmış. Artık 'aile babası' olmaya hazır bulunduğunu ispat peşinde; öyle gebesiye çalışıyor ki. Badem gibi, dalından kopma salatalıklar. "Söyle Mustafa, bugün kaç sandık topladın bakalım?" diyorum. "Bugün kırk paket oldu abla" diyor o da. "Ama çok döker daha. Bukadarı henüz başı..." (...)

Annemle teyzem dün gittiler. Evin her köşesinde kendilerinden bir şey. Tertip, temizlik. Camlara kendi kendilerine diktikleri güzelim Sümerbank basması perdeler. Dolapta bir torba tarhana. Manavgat'tan alınma çay bardakları. Eski sigara masalarının üstüne perde kumaşından yerine göre ince, masasına göre kalın biyelerle diktikleri örtüler. Bahçeye babamın diktirdiği fidanlar: Annemin bakıp büyüttüğü güller, sardunyalar. Estetik de, konfor da basbayağı yerliyerinde. Biz kapayıp gidince her şey yine tarumar olur, ama sağlıklı olsunlar da, sonbaharda daha uzun süreli gelirler. Onların burayı en fazla sevdikleri mevsim.

(...)

Halim'i özlüyorum. Romana çalışıyorum. Süveyda hiç yük olmuyor; saatlerce denizde kalmayı seviyor. Anlaşıyoruz.

Kurbağa sesleri. Gün batımından sonra, bir tuhaf, ıslık çalar gibi ötmeye başlayan kuş. Ne kuşu acaba? Geceleri hafif bir ürperti yaratıyor bende.

Sabah denize inmiştim. Su oldukça serin geldi. Demek tatlı su arttı minik körfez(imiz)de. Kumsalda uzun yürüyüşümü yaptım. Güneş allerjime karşı incecik sabahlığımla 'örtülü' olarak... Daha uzun kalsak güneşe alışırım, daha az acı çeker olurum.

Roman çok güç yürüyor. Yazmayı düşündüğüm pek çok şey, aradan geçen zamanda tazeliğini, ilk canlılıklarını yitirmiş oluyor. Başına oturdukça bazı bölümleri yeniden yazıyorum. Halim bir gelişinde Ayhan'ın bir zehirlenme geçirdiğini söylemişti. Merak ediyorum. (...) Köyden haber geldi. Halim, bakkal telefonunda, haftaya Cumartesi günü, geceyarısına doğru burada olacağını söylemiş.

16 Mayıs

Dün gece Halim'le Ayhan 22. 30'da geldiler. Dolunay. Tarla pırıl pırıl. Saat 21.00'den itibaren toprak yolla asfalt yol arasında volta atmaya başladım. Süveyda da arada bir Mustafa'nın salatalıklarından çiçeği burnunda 'meyveler' aşırıp, kıtır kıtır yerken bana öğütler yağdırmaktadır: "Gel kızım, yorma kendini. Henüz gelmezler. Gel gir içeri..." Bense gidip tahta tarla kapısını ardına kadar açtım ki, bizimkiler gelince, koşa koşa kapıyı açmamızı beklemesinler. 500 metrelik tarla yolunda volta üstüne volta, derken uzaktan far ışıkları hızla bizim tarafa doğru yaklaşan araba. "İşte bu Halim" dedim, Süveyda dalga geçti. Dörtnala tarla girişine yetiştim. Tamam canım, nasıl bildim! Araba ana yoldan saptı, dümen kırdı; ağır ağır, bir arabalık kapıdan tarlaya girdi. Başladım adını çağırmaya, far ışıklarından arabanın içini göremiyordum ama, araba 'adım adım' bana yaklaşmakta, ben de geriye doğru adım adım çekilerek benim hayat arkadaşına yol vermekteyim. Bir yandan da maskaralık ediyor, el kol sallayıp duruyorum ve... bir ânda olanlar oldu: Bana doğru gelen araba bizimki değil; eğilip plakasına bakıyorum ve... çığlık çığlığa eve doğru seğirtiyorum. Plaka bildiğim plaka değil! Araba evin yakınlarında durmuş olmalı, bildik ses: "Adaleeet! Benim ben! Haliiim!" diye haykırmakta. İşte bukadar. Ben biraz yatışır gibi olunca, arabadan çıkan güzel sürpriz: Ayhan diyor ki: "Koşsam sana yetişemezdim. Tarlanın ayışığında seçilen tavşanı gibiydin."

Meğer, Ankara'dan geç saatte yola çıkacaklarından bizim küçük düldüle güvenememişler; Halim'in taze patronu arabasını önermiş, buna binip gelmişler. İki gün için. Ayhan gerçekten zehirlenmiş, ölümlerden kurtulmuş. Kısa da olsa, bu tatil ona iyi gelecek. Geceyarısı şarap içtik ve... çok çok çok güldük. Güner, Gorki'nin *Les Derniers*'sini çevirip çevirmediğimi sormuş. Benden bunu istemişti. On günümü geceli gündüzlü buna verdimse de, bitmedi... Bu sabah deniz ve kumsalda uzun yürüyüş. Herkes hayatından memnun.

Goco

Az önce Ayhan'la dışarı çıkıp yürüdük; kayalıkların en dik ucundan, birden kabaran dalgaların ayışığında yükselip yükselip yıkılan haşmetli kulelerini hayret ve şaşkınlıkla seyrettik. Unutulur gibi değil.

Ankara, 21 Mayıs

AST grevi. Bölünüşleri toparlanışa döndürme çabaları. Sabah Nurşen Girginkoç geldi. Hep bu sorunu konuştuk. Tiyatro 'patronu' Akkurt'a karşı imza kampanyası varmış. *Devrim*'deki grev yazım ise umduğumdan fazla dost, ondan çok da düşman çekmiş meğer. Gür bıyıkları kirli yakın dostum şair Veysel Öngören bile Ulus'ta çıkan yazısıyla beni azarlamış. TDK'dan çok sevdiklerimden Ali Püsküllüoğlu, Nurşen gittikten sonraki yürüyüşümde bu yazıyı bana verdi. (...)

Birbiriyle anlaşamayan bu adların birarada görünmesi inandırıcı değil, Tiyatro yazarları ve yazar birliklerini çağırın, onlarla konuşun da kampanyanızı öyle imzaya açın, demek için AST'ın önüne gittim. Orada olanlar beni doğruladılar. Veysel'in ne demek istediğini pek anlayamadım. Galiba 'grev kırıcı'lıkla suçlanıyorum. Onun ve kardeşi Vasıf'cığımın 'güneydoğu'dan bitme en keskin devrimciliğinin buna katkısı olsa gerek. Öyle, böyle; yine de şairimiz Veysel'e –aydınlansın diye– bir yanıt vermem gerekmekte. Çünkü Ulus okuru başka, *Devrim*'inki başka.

Dün Fransız Kültür'de *Cherbourg Şemsiyeleri*'ni görmüştüm. Yeni Fransız sinemasının Amerikan müzikallerine özenmesi. Yine de filmin müziği çok güzel, ABD'lilerinkinden daha yakın ruhuma.

Bu gece *Adam Adamdır*'ı gördüm.

24 Mayıs

Dün, Tevhide teyzemin kocası Haydar amca ölüvermiş. Bana Rousseau'nun *İtiraflar*'ının 1943 basımını, 1944'de –büyük boy üç cilt– ve Emil Zola'nın *Hakikat*'ini –1929 basımı, Devlet Matbaası'ndan– daha da büyük boy, –sonra Paul Valéry'nin *Toi et Moi*– sayfa kıyıları yaldızlı şiir kitabını, düşüncelerime farklı katkılarda bulunmuş daha ne kitaplar armağan etmiş olan Haydar amca. Bizi Kızılay'daki yazarlar kahvesi Kutlu'ya taşıyan, Dranas, Ataç gibi edebiyat büyüklerimizi uzaktan da olsa görmemi sağlayan Haydar Bey.

Ceyhun Atıf Kansu'nun şiirleri, dinginlikleri, berraklık ve aydınlıklarıyla bu kavga, grev, sen sen-ben ben kavgaları ortasında acı ve huzursuzluğa batmış ruhuma iyi geldi. Tevhide Teyzem metin görünüyor. Annem yanında. Haydar amca bugün gömüldü. Tek oğlu Çoban'ın durgunluğu bana en fazla dokunan şey oldu. Ruh doktoru, psikiyatr. Eğlenceli sanat dedikodularına bayılır; Ulus'a arada sırada Ankara'nın sanat hayatında olup bitenleri yazar.

Dün gece, Siyasal Bilgiler Fakültesi'nde kurşunlanarak öldürülen Hukuk Fakültesi öğrencisi. Haydar amcayı gömerken, onu isyan bayrağını çekerek gönderiyorduk sanki: Oturup durdukları yerde kör kurşunlara hedef olan gençlerin hayatını kimler, ne zaman ödetecek kan düşkünü köpeklere?..

Çocuklar ölüp duruyor. Edebiyat-roman yazmakmış, Gorki çevirisiymiş, adına hâlâ Ders Notları deyip durduğun, bir türlü ilerleyemeyen kitabımın 'iç roman' bölümünün ben anlatısı olması iyiymiş, kötüymüş; hepsi anlamsızlaşıverdi. Ama tâ içimden, "severek yapabileceğim tek şey bu" diye geçmekte. Tabanca, tank tüfek, hele kan görmek; bunlardan iğreniyorum.

Hayatın ne? Yazmak, mı dedim? Yoo hayır, bir de şu: TRT'den 'boşandıktan' sonra bir ay boyunca kaldığım Alanya, Yeşilköy'ünün deniz koyu üstü evi(mizi) kapatırken defter sayfalarından bana el edip duran, dolaplarda Var' lar Yok' lar listesi:

VAR	YOK
(Konserveler):	Alimünyum tel
2 kutu türlü	Uhu. Lastik eldiven
3 kutu bezelye	Tuvalet kâğıdı,
2 kutu et	Tentürdiyot, sargı bezi
3 şişe tonik	Kenakort pomat, Santa beybi
1 kutu tahta cilası	Beyaz ve kırmızı şarap
2 kutu sardalya	Kükürt (yılanlar için)
(kavanozlarda):	Tüpgaz
Tarhana, bulgur, az pirinç	Zeytinyağı ve sirke

27 Mayıs, Çarşamba

Halim, iş icabı Danimarka'da. Ayhan, iş icabı İstanbul'da, Serpil, iş icabı mağaza ve evde; Sümer'lerin ilk ve biricik torunu Fuat'ı bize getirdim. Birlikte Kuğulu Park'a indik. Elinde kaşıktan mikrofonuyla Yıldırım Gürses şarkıları tutturmaları yok artık. Martta onuncu yaşını kutladık. Park'tan sonra Kavaklıdere'nin hızla alışveriş merkezi olmaya başlayan Tunalı Hilmi Caddesi'nde "Hala, hala! Burda akvaryumcu var mıdır acaba?" dedi ama, yoktu. Biz de yumurta biçimi çikolata alıp, benim hatırıma kitapçıya girdik. Çocuklara baktıkça içim kederlere boğuluyor. Gelecekleri nasıl olacak? Okullar bugün tatil. Dün gece Dostlar Tiyatrosu'ndan *Rosenbergler Ölmemeli*'yi seyretmiştim. Katillere küfür olsun. Genco Erkal, geleceğimizi güzelleştirenlerden. Ayla ile de buluşabildik. Oyundan sonra hep birlikte Nili'lere gittik. Tartıştığımız tek konu gençlik hareketleri ve gizli eller tarafından öldürülenler. TİP milletin –bu millet kimse– canını sıktı; 'yokol' denmeye getiriliyor. (...)

Cuma günü İstanbul'a gideceğim. Güngör mektup

yazmıştı; ayrıca da telefon etti. Türk Sanatçılar Birliği'nin Genel Kurul toplantısına mutlaka katılmamı istiyor. Şimdilik 200 üyesi var, ama Güngör bukadarla da Birliğin iyi bir baskı unsuru olabileceğini düşünüyor. Doğu Anadolu'da, Güneydoğu'da insanlar işkence görüyor. Toprak damdan evleri bir bir boşaltılıyor; aranıyorlar. Bunlara 'kaz yürüyüşü' yaptırılıyormuş. İnsanlara dizçöktürenler köpek milleti değil midir? 'Devlet', silahlı milahlıdırlar diye bir şeyden korkuyorsa, "ellerinizi başınızın üstünde kenetleyin" de öyle çıkın, diyemez mi? Yok. Diz kır, yere yakın çömel, değilse sürün!.. İstenen bu olmalı.

Güngör Dilmen ve Zehra Ağralı ile otobüs-minibüs-olmadı yayan, Haziran ayı boyunca oralara gitmeye kararlıyız. Bakıp görelim. Yazarın bağımsızlığı bu demeye gelir işte. İstanbul'da gezi programımızı yapacağız. Doğu ve Güneydoğu Anadolu'ya ilk gidişim olmayacak bu. Halim'in çalıştığı şantiyelere gitmiştim; özellikle Maraş'takinde, fevkalade doğal şartlar altında epeyce kalmıştım. Buralarda çevreden gelen ölüm kıyım haberlerine kulak dolgunluğum var, sanıyordum, ama bugünlerde durum sanki artık bir 'içsavaş'. Devlet Tiyatrosu'na karşı zehir zıkkım bir yazı yazıp, onu vermeye Doğan Avcıoğlu'na gitmiştim. İlhan Selçuk'la karşılaştım. Nerdeyse on yıl önce Çetin'lerde tanışmıştık. Öpüştük. O hemen gitti.

Doğan Bey'le uzun uzun konuştuk. "Kasım'a, Aralık'a kadar gider bu işler böyle" diyor. Yanından tuhaf bir duyguyla ayrıldım. Doğu gezisini dergiye yazar mıyım, diye soruyor. "Bugünler başka ne yazılabilir ki Doğan Bey?"

Meselâ: Gözleri aşka gülen/Taze söğüt dalısın.

Haziran-Temmuz-Ağustos

Yoklar Varlar

İstanbul, 1 Haziran

Haftabaşı. Önceki gün AST'daki 'grev ne olacak?' toplantısına katıldığım için hem memnun, hem de değilim. Bu meseleye içimin bir yatmazlığı var.

'63'ten buyana işinin ehli yönetmenlerin elinde, sahne sanatlarıyla bütünlenip izleyicinin alkışlarını tatmış, gerçekten iyi oyuncular olma zevkini yaşamış 'yeni' gençler, AST'ın tiyatro tarihimize hakkıyla kazındığını nasıl unuturlar? Unutamıyorlar da, yoksa bu kargaşa ortamında kendilerini kendilerine karşı doğrulayacak bir suçlu arama telâşı mı bu?

Ancak bu telâş olumsuz, çünkü yedi yıllık anlamlı bir tiyatro sanatı yapısını yıkmaya aday; daha iyisini yapma açısından ise fazlasıyla olumsuz. Her gün yeni bir devrim anlayışının üretildiği, bu yolda bilinmez ellerden çıkma kıyımlara tanık olduğumuz zamanımızda yetenekli genç oyuncuların provakosyana yenilmiş olabileceklerini düşünmeden edemiyorum. Asaf'ı turnedeki trafik kazasında kaybettik. Her şeyi tekbaşına üstlenmeye çalışan öteki hocaları Güner Sümer'i ise kırdılar ve ekonomi dahil her şeyi elinde tutan eskinin eskisi 'İdari Müdür'den patronlarıyla uzlaşmaya oturuyorlar.

Uzlaşmanın adını 'Milli Sermaye' koymuşlar. Özel B.

Akkurt nasıl milli olmuş olabiliyor ki? Aradıkları suçlu, sevgiliye tutkusu ile değişik zamanların eskitemeyeceği sanat anlayışı dışında hiçbir şeyi olmayan Güner. Onun aleyhinde konuşanlar oldu. Kadrodan bazıları. Bir kadına bağlanmanın 'devrime ihanet' demek olduğu inancına 'bağlı' birkaç genç oyuncumuz. Dikta rejiminin sahip olabileceği bir anlayış! Sussam, insanlık hakkına aykırı bir durum; konuşsam 'kardeşini kayırmaya çalışıyor' benzeri naneler saçılacak ortalığa. Benim görüşüm kısaca şu: Savunmasız yargılamalara karşıysak karşıyız. Hele bu yalan kendilerine 'sol' diyenlerden geliyorsa, büsbütün karşıyım. Toplantıda bu kadarını söyleyip çıktım. 'Milli Sermaye'leri yokolunca, AST ne olacak? Herhalde, adının tiyatro sanatımıza sağladığı olumlu katkıdan yararlanmayı hedef edinmiş birileri çıkacaktır. Birikimin kalitesine ihanet etmesinler de, hoş gelmişler, sefalar getirmişler. (...) Nereye gitsem kendimi götürüyorum.

Güngör Dilmen ile güzellerin güzeli Zehra'nın gösterdikleri yakınlık huzursuzluğumu yoketmeye yetmedi. Nüvit Özdoğru'yla evinde yemek yedik. Sonra da Müzik dinledik. Hem de, tabii karısı Dorothy dahil, tam Nüvit usulü; plağı pikaba koyar koymaz bir yere uzanıp gözlerimizi kapayarak... Eğer evde tam anlamıyla Nüvit usulü bir konser dinlenecekse, üstünüze tâ başınıza kadar birer de battaniye çekmelisiniz; ama hiç mi hiç konuşmadan dinlemek bana yetti.

Ankara, 3 Haziran

Otobüsle dün akşam geldim. Huzursuzluğum geri tepti. Oysa yağmur güzeldi.

Evde Halim'den iki kart buldum. Danimarka'dan gelme. Bu sabah döneceğini bildiriyor.

İyi haber. Çarşıya fırladım; bir hazırlık, bir hazırlık. Az önce yani; bir ev ve bir yol arkadaşımın bulunduğunu sevine sevine hatırlama temrinleri yaptım. Bir yandan Brel: *Seul-Yalnız*(lık) şarkısını söylüyor: "yeniden buluşmak yalnızlıkta, gençlikte ve yaşlılıkta" diye diye... Öte yandan, à la Adalet yemeklerden en iyisi sandığım fırında makarna yetiştirme telaşında; salata ve kırmızı şarap... bir de katı yumurta rulo köfte? Yok canım, tamam tamam. Bu kadar yeter... Zırrr! Telefon. (...) Halim arıyor. İstanbul'dan. THY onu yine oralarda bırakıvermiş.

"Öğleden sonra, öğleden sonra!"

Öğleden sonra

A. Çehov'un öyküleri hârika! Şu 'öykü'sözcüğüne alışamadım. Hikâye, hikâyedir. Öyle denmeli. Öykü'nün fiili yok. Epeydir Gorki'nin bu hikâyelerinden *Hoppa Kadın*'ını sahne oyunu olarak yazmaya çalışıyordum. Gecenin geç saatleri, bunun yeri. Halim'i beklerken adına *"Sessiz Bir Adam"* dediğim oyun taslağına baktım.

Son tablonun bitişini bir türlü kıvıramıyorum. Perdeyi, tuzu kuru bohem hayatı' nın hizmetkârı 'Hizmetçi' kadının bu hayatla 'halkça' dalga geçişiyle kapatmak olsa olsa popülistlerden alkış toplamaya yarar. Buna içim yatmıyor. Derinliğine anlamlı bir final arayıp duruyorum. Belki bunu üçlü seferimiz doğu gezisinden dönünce bulurum.

8 Haziran-l Temmuz

Doğu Gezisi

2 Temmuz - 24 Temmuz

(Ankara-Kayseri üstünden başlayarak, Kırşehir, Kayseri, oradan da Halim'i ziyaret için başarılı bir Adana sürprizinden sonra her durakta beklenen, bazen gelen, bazen 'hele ertesi günü bekleyin bakalım'larla terminallerde, terminal otellerinde(!) bekletildiğimiz otobüs-minibüs, ne bulursak onunla –bir cenaze arabasının arkasında taşınmamız da buna dahil– G. Antep, Urfa, Diyarbakır, Silvan, Bitlis, Tatvan-Van üstünden Gevaş, Gürpınar, Hakkâri; dön geri Doğubeyazıt, Kars ve Ani harabeleri... (Güngör'ün jandarma gözetiminde harabeleri dolaşırken fotoğraf çekimine el konulması unutulur gibi değil, hele onun gözcümüze: "Kilisenin içini çekerken, objektife biraz da Rus tarafındaki gözetleme kulesi giriverdi, bir şey olur mu?" demesi yok mu? Kırşehir'deki bir gecelik otel odamda sinek oğulunun hücumuyla başlamış gezimizin tek noktası unutulur gibi değil.) 5000 km.'ye yakın yol yaptık. Silvan'daki 'kaz yürüyüşçüleri' eksen olmak üzere, isyankâr ve eğlenceli izlenimlerimi yazdım; Avcıoğlu'na verdim. Yarım kalmış *Sessiz Bir Adam* oyunumu bitirdim. Sondaki hizmetçi tiradını orasından burasından değiştirerek yeniden yazdımsa da, hâlâ tedirginim.

24 Temmuz - 15 Ağustos

Hoppa Kadın'dan.... *Sessiz*'i daktiloda tertemiz iki kopya yazıp Copyright ajansım ONK'a havale.

5 Ağustos Çarşamba günü Sermet'i (Çağan) kaybettik. 7 Ağustos'ta toprağa verdik. Şimdi 'ölü', ardından tonla övgü sıralanır. Herneyse...

Sermet benim, onun bütün 'hayat oyunlarına' karşın ya da o yüzden çok sevdiğim 17 yıllık arkadaşım. Tembelliği içinde ite kaka ona zorla yazdırdığım güzelim radyo oyunu *Damlalar* kadar güzel bir dostluk. Ortak tiyatro sanatı sancılarımız, arayışlarımız. Güner'le *Ayak Bacak Fabrikası* çalışmaları. Yönetmen ve yazara tiyatro ödülleri... O güzel, her şeye karşın umutlu dönem...

Yeşilköy, 15 Ağustos

Eylül başına kadar gündüzler deniz ve kumsalla, geceler lüks lambası ışığındayız. Halim burayla Adana arasında mekik dokumakta.

Eylül-Ekim-Kasım-Aralık

Hayaller ve Yangınlar

Ankara, 3 Eyül

Ağustos sonu döndük. Yeşilköy notlarım şurda burda. Kâğıtlar darmandağınık.

Güneş allerjim büsbütün başkaldırmış durumda. Denize gün batmadan ya da doğmadan girmeyi ihmal etmemeliydim.

Notlarıma göre sıraya dizebildiklerim:

– Hava sıcak. Ağustosböcekleri delirdi; haykırdıkça haykırıyorlar. Deniz güzel. Side, mermerleri su altında ışıldayan eski liman ve kazı sonrası düzeni hâlâ kotarılamamış anfiteatrı, su kanalları, girişteki çeşmesi, her şey hayallerimi kendi zamanları üstüne kışkırttıkça kışkırttı: Tasavvurlarım bana, Romalılar zamanına ait bir film çevirtti. Esir ticaretini, köle alışverindeki sahneleri de unutmadım. Limandan tiyatroya ayaklarında sandalları, üstlerinde harmanileriyle koşturup duranları da ve hele o mücevher gibi süslü araba! İçinde Antonius'un peşisıra kendini Side kıyılarına atmış Kleopatra var ki, onu bir omzu açık giysisiyle tiyatroya götürmekte... Oysa taş localarda onu Antonius değil, zehirli yılanların başkanı beklemekte...

– Geceler sıkıcı. Gündüzleri Aziz Nesin'in *Böyle Gelmiş Böyle Gitmez*'ini okudum. O çok güç hayattan böyle büyük bir mizahçı yazarın, düzene karşı aktif bir muhalifin çıkması! *Vatan Sağolsun*'u okurken artmış olan hayranlığım daha da arttı. Rastlantı işte, onun hayatını Yevtuçenko'nun *Yaşantım*'ıyla yanyana okumam bana babamın hayatını düşündürdü .

– Talip Apaydın'ın *Yar Bükü*'nü de okudum. Yazardan okuduğum ilk kitap. Besbelli, pirinç tarlalarında çalışan çeltikçi köylüleri ve çeltik tarlalarını iyi tanıyor. 'Tanıyor' dedim, çünkü bir zamanlar babamın da Nallıhan'daki tarlalarında çeltik yetiştirilirdi. Çeltik otu ayıklayan kadınların bedenlerine yapışan ıslak şalvarlarını hatırlıyorum. Sülükler de yapışırmış. Sanki bu çamurlu suyun içinde habire eğilip doğrulanlar onlar değilmiş gibi türküler söylediklerini, güle oynaya evlerine dönüşlerini görür gibiyim. Ot ayıklama zamanlarını bir festival haline getirişlerini... Sülüklerin kan emerek bazı hastalıklara iyi geldiği söylenirdi; hiç inanamadım.

Talip Apaydın romanında, sülükler hariç, bütün bunları fon olarak kullanmış. Daha çok su sorununu işliyor. Bir de okuruna çok sünepe tanıttığı bük ağasının –Ağalığı höt-zöt etmeyi bildiğinden değil, bükte babadan kalma en geniş pirinç tarlalarının kendinde olmasından– çıkarcının teki Bayram tipine nasıl başkaldırdığını... Roman, her şey yolundaymış gibi umutlu bitiyor. Bizdeki romanların çoğunda ne çok şey değişip gelişerek hep olumlu bir sonuca ulaşıveriyor; işte bu beni şaşırtıyor. Galiba böyle eserlerde romanın istediği değil de, yazarın istediği gerçekleşmekte... İyi ama yazarın ruhunda bir daralma yoksa, niye yazarak yaratmaya kalkışsın ki?

– Biz yokken yardımcımız Yaşar Hanım doğurmuş. Bekliyorduk. Güzel mi güzel bir kızı var. Adını da Hülya koymuşlar. Tabii bu ilk çocuk değil. Yazmaya kışkırtan bir çelişki de burda işte: Kentlerin üst tabakası çocuklarına Ayşe, Fatma, Zeynep, Zehra, Memo, Zeyno, Genco, Cemo gibi adlar vermekteler, gecekondu insanlarımız da Hülya, Sevda, Lâle, Sümbül, Sevgi, Gülşen, Neş'e...

– Yaşar Hanım'ın sağlıkla kurtulmuş olmasına sevindim. Ama bize çocuğu kucağında geliyor. Kime bıraksın? Kimse de onu temizlik, çamaşır için 15 günlük çocukla evine almaz. Doğrusu bizdeki durum da parlak değil. Çocuk sesine, sürekli ağlamasına alışmamışız, irkiliyoruz. Çalışmayı falan bıraktım. Ağlayınca çocuğa bir şey oldu sanıyorum, fırlıyorum. En iyisi Yaşar Hanım'a şöyle bir doğum hediyesi: İki ay ücretli izin.

(...) Bütün bu olup biten arasında benim bir türlü doğurup da kurtulamadığım romanın adına şimdiden 'Ölmeye Yatmak' deyip çıktım. Sık sık Millî Kütüphane'ye yollanıp Cumhuriyet'in ilk-ikinci kuşaklarının doğma zamanlarına atıf olsun diye, 1930'lardan başlayarak gazeteleri karıştırıp belgeler toplamak. Bu da Hülya çığlıklarının bana ilham ettiği yeni fikirlerden biri. Evet, tarafımdan sevinçle onaylanmış bir fikir: Romanı, en başta belgeler, anlatının bütün türlerini kullanarak kuracağım. Zamanı bütün boyutlarıyla verebilmem buna bağlı. Tek telli saz örneği, tek anlatıcının bakışından kurtuluşum da buna bağlı. Peki ama başkişi Aysel? Yazarı 'her şeyi bilen kimse' olmaktan çıkardım diyelim, bu sefer de eksendeki kişi onun yerine geçmiş olmayacak mı? 'Ben' anlatıdan 'ötekilere' sıçrarsan peki?..

13 Eylül '70

Refik Ahmet Sevengil Bey'i kaybettik.

Bitmez tükenmez aşk dolu saygım. İlk radyo oyunum *İki Kişi Arasında*'yı bana yazdıran büyü. Tiyatro sanatımızın tarihi üstünde ondan öğrendiklerim. Kendilerini tanımadan önce İstanbul'da, sahaflarda bulmuştum *Türk Tiyatro Tarihi*'nin ilk cildini. Son yıllarda bu çalışmasını beş cilde yakın genişlettiğini biliyordum. Daha dün gibi, TRT merdivenlerinde karşılaştığımızda: "Senin ciltler evde, bir gün gel de imzalısını al" demişti her zamanki şakacılığı ile. Kızı Fatoş'la deliliklerimiz, eşleri Belkıs Hanım'ın sessiz ve alçakgönüllü duruşuna hayranlığım: Hatay Sokağı'nda birlikte oturduğumuz aylar... Bir gün... Bir gün... "Bir gün gel de yayınlanan yeni tiyatro tarihi ciltlerini evden al"ın günü saati gelmeden, içimde derin bir pişmanlık sızısı bırakarak gitti.

Yazarlığımı Muhsin Hoca'dan çok çok daha öncesinden desteklemiş Refik Ahmet Bey. Radyoda bazı canlı yayın konuşmalarımızda diksiyonumu kırmadan, üzmeden düzelten Refik Ahmet Bey. Reşat Nuri Güntekin'i, Ruşen Kam'ı, Cevat Memduh Altar'ı, Aşık Veysel kadar Refik Fersan'ı, onun kadar Aydın Gün ve Leylâ Gencer'i, hattâ Mes'ut Cemil'i yüzyüze tanıma, kendileriyle tanışma onurunu bana lütfetmiş bulunun Refik Ahmet Bey. TRT'deki son dönem perişanlığımı, bütün o olmazlıklara karşı direnişimi bilen, beni anladığına hiç lekesiz inandığım büyüğüm... Fakat o 'bir gün', ölümüne yakınlardaki hasta ziyareti günü olmamalıydı. O 'bir gün' bugün olmamalı....................

14 Eylül

Dün gece Muhsin Hoca geldiler. Ardından da Halim, İzmir'den. Halim, Muhsin Hoca'ya Refik Ahmet Bey'in beni kendisine 'evlilik bahsinde' nasıl emanet ettiğini, nikâh tanığımız olmalarından duyduğu sevinci anlattı. Hep birlikte bugün onu, aşkla dolu saygıyla bağlı olduğum büyüğümü toprağa verdik.

26 Eylül

Az önce uçaktan indim. İstanbul'dan. Orada otelden çıkıp da 18.10 uçağına yetişene kadar yaşadığım iç yırtılmaları hâlâ sürmekte... İnsan ilişkileri açısından ne büyük bir dönüm –değişim mi?– noktasında olduğumuzu etimde kemiğimde hissediyorum. Devrimcilik, toplumculuk, sanat, sanatçılar... hepsinin bu derece yozlaşmış olabileceğine inanamıyorum. İnsanlığını zaten yitirmiş tutuculardan, tek hedefleri çıkarları olan sağcılardan sözetmiyorum.

6 aydır grevde olan AST üyeleri, yüzüne karşı "emperyalist uşağı!" diye bas bas bağırdıkları 'Akkurt'tan patronlarıyla el sıkışmış, anlaşmış bulunuyorlar. Güner Sümer, AST grevi kavgasından haklı çıkacak ve o gün sırtlarda taşınmak istenecek, ama küskünü... Bu 1970 yılı boydan boya bir ölüler yılı oldu. Maddi ve manevi anlamda kayıplar yılı. Orhan Kemal öldü. Sermet Çağan öldü. Refik Ahmet Sevengil öldü. Gençler, öğrenciler öldü. Vurulanlar, kaybolanlar ve benim açımdan sağken ölmüş bulunanlar... Cahilleri çarçabuk doyuma ulaştıran sloganlardan bezginim.

7 Ekim

3 Ekimde AST'da yapılan basın toplantısı bana 'emperyalistlikle işbirlikçilik' manzarasını ayan beyan göstermiş oldu. Hani "Güner Sümer 'patronla' elele oldu, bize tek kuruş koklatmıyorlar" deniyordu? 'Milli Sermaye' böyle kurulacaksa, kurulmasın gitsin, daha iyi. Ahh, Mao'nun kırmızı kitabını kutsal kitap sayan 'veriliye' muhalif kardeşlerim ahhh! Evrensel değerleri de göz kırpmadan yakıp yıkanların aydınlık (!) neferleri ahhh!

Halim Adana'dan döneli bir hafta olmamıştı; apar topar geri döndü. Şantiyeye hücum olmuş; sulama kanaletleri yıkılmış galiba. Halim tâ baştan beri işinden memnun değil. Ama o, sıkıntısını köküne kadar yaşama hakkını tanır kendisine. İçine kapalı; suratı asık.

11 Ekim, Pazar

Elsa Triolet'nin *Beyaz At*'ını okuyup bitirdim. Elimden bırakamadığım ve unutamayacağımı sandığım kitaplardan biri oldu bu. Gel de Fransız komünistlerinden şair Aragon'un *Elsa Şiirleri*'ni ya da Elsa Şarkıları'nı hatırlama. Ya *Les Yeux d'Elsa*?.. *Beyaz At*'ımızın kahramanı Michel'e gelince... Michel insanlar üstündeki etkisinin farkında olsaymış, onları yönetebilirmiş. Hepsini istediği kılığa sokarmış. Ama iyi ki Michel Vigaud haberli değildi bu yeteneğinden. Böylece hep çocuk gibi kaldı o. Her şeyi yavaş yavaş anlamaya başlayarak kendisi olabilen biri... Beri yandan bana öyle geliyor ki, Elsa Triolet, bütün kadınlar Michel'e tutulsunlar diye yaratmış onu. Ee, hepsinin arasında ben niye tutulmuş olmayayım ki!.. (Bu arada Ahmet Küflü'ye söylemeliyim: Bilgi'yi bize danışa dövüşe kurdu, güzel de, cimrilik etmesin: Kitapların dizgisini öyle karıncabacağı gibi yapmasın; kitabı okuyana kadar gözlerim kan çanağına döndü.)

Ayhan'cığım modernleştirdiği baba işini hızla ve güzel güzel geliştiriyor. Bir de defilesi oldu. Çocuk Dostları Derneği yararına. Gidemedim. Bu da benim kendimi aşamadığıma en güzel örnek. İçin için: Olur mu canım, hem *Çatıdaki Çatlak* gibi bir oyun yaz, oynansın –1964-65,– hem de kalk orda yüzleri üretim dünyasında hiç görünmeyen fakat 'halkına' "gönlümüz sizinledir" telgrafları çekenler sınıfı kadınlarından biri ol. Halim Adana'dan dönünce: "Gitmediğin için ayıp ettin" diyecek, eminim. "Zaten ayıp olmasın diye öldük hakim bey" dedirttiydim *Evcilik Oyunu*'nun kahramanlarından KADIN olanına.

Fakat 'benimkiler' *Tombala*'yı seyretmeye gelmişler ve ana-baba oyunumuzu pek sevmişlerdi canım. Defileye gitmeliydim. Gidemedim.

12 Ekim, sabaha doğru

Kolera salgını. Radyo ve gazetelerde durmadan kolera mikrobundan korunma çarelerini sıralıyorlar. Hastalığın İstanbul'da, Esenler ve Küçükköy semtlerine de sıçradığı, İzmit, Düzce, Sakarya'da da kolera vak'aları görüldüğü verilen haberler arasında. Her türlü sağlıklı yaşama ortamından yoksun bir ülkede, özellikle her türlü insan haklarının kimvurduya gittiği bölgelerde insanlar inleye inleye ölmekteyken, 'entelektüel bunalım'larımız birden nekadar gülünç göründü gözüme...

Geçen gün AST'ın kasası Bülent benimle konuşmak istedi. Güner'in durumunu bana, dolayısıyla ailesine bildirmeyi görev saymış. Sözkonusu olan hep onun bir 'şarkıcıya' gözleri kör oluncaya dek tutkusuymuş. Bu konularda 'kızkardeşlerin' yapabilecekleri hiçbir şey yoktur, dedim, bitti.

Keşke hiç koleraya yakalanmasaydılar Mustafa Sümer çocukları. Dostu düşman kılan bir hava solumaktayız. "Sevgi-Başar, sakın siz de günün kahramanı en iyisinden kim olacak, kim olmalı mikrobu kapmış olmayasınız?"

18 Ekim

Yarın anamı ve babamı alıp Alanya İncekum'un yolunu tutuyorum.

Sosyalizm her zaman gerçeği aramak ve işlenmiş
Hataları ortaya koymak ilkelerine dayanır.

Lenin

Komünist olmayan bir toplumda komünist gibi davranmak olanaksızdır.

Elsa Triolet

Gerçek her zaman devrimcidir.

Gramsci

Dostlarının cinayetlerinden çok, dostlarının Yanlışları yaralar insanı.

Simone Signoret

Derken derken, gel bakalım Yves Montand bu tarafa. Şu söz gerçekten senin karının sözü mü, yoksa Arthur London'ın mı, bilemiyorum. Ama Arthur London, *L'Aveu'* sünü (İtiraf) herhalde en çok dostlarının yanlışından yaralandığı için yazdı. Proleter devrimciler, 'Sanat politikanın emrindedir' diyorlar. Bense sanat, sanatçının devrimidir; onun 'o olması' politikasıdır, diyorum. Bu yüzden 'dostlarla'daha çok kavgalar vereceğiz. Hiçbir 'izm'in boyunduruğuna girme hevesinde değilim, 'kendim' olabilme arayışının yollarındayım. Yaş haftaya '41 kere maşallah' oluyor, hep böyle hissediyorum. Romantiklikmiş... Hayalcilikmiş... Evet, öyle. Düş yoksa ne olabilir?

17 Kasım

Günlerdir dilim tutuk.

Maddy'den perişan bir mektup. Hep Hubert yazardı; o hiç yazmazdı.

İşte mektup: Hubert intihar etmiş.

Dieppe'deki evlerinde tatildelermiş geçen ay Hubert fırlamış arabasına atlayıp gitmiş; gidiş o gidiş. Arabayı falezden aşağı sürmüş. Gerisi okyanus... Fransa '68 ayları darlığından olmasın bu?

Önce bizden, Doğu'dan, sonra ordan, Batı'dan aşk dolu dostlarım bir bir yokolmaktalar. Bir şey yok. İçim yanıyor, o kadar.

Gece

Maddy'yi telefonla aradım. Yok.

Sabah

Maddy'yi aradım. Annesiyle babası çıktı. Kedisiyle yatıyormuş, kalkmak istemiyormuş. Delirdi mi Maddy, nedir?

23 Kasım

Ölmeye Yatmak çalışması biryana (bu kış Milli Kütüphane'deyim, söz,) kendimi ne olduğu belirsiz bir çalışmayla boğmuş haldeyim. Salim amca bana Bulgar Edebiyatı diye bir şey çevirtiyor. Ben de İonesco'nun *Jeux de Massacre*'ının çevirisi üstüne atlamış bulunuyorum. Buna (Katliam Oyunu) mu demeliyim, avcılara mahsus (Nişan Alma Oyunu) mu, yoksa toptan (Kıyım Şöleni) mi deyip geçsem? Hani sanki nerdeyse on beş yıl önce yine delinin delisi İonesco'dan çevirip de DT'ye oynansın diye gönderdiğim, ama bir yanıt bile alamadığım *Comment s'en Débarrasser* (Bundan Nasıl Kurtulmalı) namıyla çekmecelerdeki dosyaların en diplerinde durup durmuyormuş gibi. (Sahi biz 1957-59 arası Columbus, Ohio'daydık.) Dönüşte Ankara Radyosunda Devlet Tiyatrosu Rejisör'ü Mahir Canova yine radyo oyunlarının mikrofon rejisörüydü. ABD'den dönüşümde çevirdiğim oyuna ne yapıldığını sormaya koyuldum. Mahir Canova'nın bana söylediğine göre, oyun seçme kurulu üyeleri: "Bırak canım çevirmen daha Unesco'nun ne olduğundan habersiz, İonesco diye yazmış, önce bunu öğrensin" demişler. Ben de oyun seçme kurulunun bu notunu Mahir Bey'in şakacılığına vermiş gitmiştim.

Basbayağı yorucu bir çalışma dönemimdeyim.

Bu arada evim sabahlara kadar konuklarımla dolup taşmada: Yazarlar, oyuncular, TRT'den olanlar... Başım çatlıyor.

27 Kasım

Devrim'e bundan önceki yazılarımdan sonra Doğu gezisi notlarım da gitti ya, artık burda yazmayı sürdürmek istemiyor gibiyim. Beyaz'larla Kahverengi'lere olur olmaz iş çıkıyor.

(...) İstanbul Kültür Sarayı (İKM), sahnesinde *Cadı Kazanı*'nın temsili sırasında çıkan bir yangınla bir gecede yanıp kül oldu. Milletin cebinden çıkan 200 milyon lira, millete henüz bir parmak hizmet edemeden yandı bitti.

Halim'le Konya'ya doğru yol alırken bu haberi arabanın radyosunda duyduk. Mimarın onca güzel çalışmaları doğrudan üstüme yıkılır gibi oldu. Ola ki, yöneticiler ve sarayda görevli sanatçılar şimdi saraylarının nazara geldiğini düşünmekteler...

Maddy'yi aradım. "İlle buraya gel, yanıma. Hubert'le son defaki konuşmalarınızda ne söylediğini anlat bana" diye tutturdu.

5 Aralık

Alanya'da evde Halim'le üç gün kaldıktan sonra dün Adana'ya geldik. O orada kaldı, ben uçakla Ankara'ya döndüm. Bu gidişimizde İncekum'da evin oturma odasının tam orta yerinde koskoca bir insan dışkısı bulduk. Yandaki küçük pencerenin kepengi kırık. Hırsızlık değil bu, pislik.

Banyodaki patlama, Nâzım Hikmet kitabı, şimdi de boktan bomba: Halim'le bunları hiç büyütmek istemedik, ama... o kadar da basit değil; o kadar da 'hiç' değil. Oradaki iki üç günümüzden birinde Halim'e *Mezarlıkta* diye başlayan bir oyun çalışmamın işte şu ilk bölümünü okudum. (Hiçbir çalışmamı bitirmeden okumam ona; bu sefer bunu niye yaptım bilmiyorum.) Oyunda intihar etmiş bir kadının gömülmesi sırasında, mezarın çevresinde koca, kardeş, arkadaş ve kadının aşığı olduğunu bir tek kendisi bilen aşık, ağlaya güle konuşur dururlar; öyle ki toplum ilişkilerindeki ikiyüzlülükler, üstü sürekli örtülenler, dış baskıların insanlarda yarattığı kaçamaklar, o fare delikleri ortaya çıksın'ların izinde gitmeye çalışan bir oyun. Bazı yerlerin Halim'i irkilteceğini tahmin ediyordum. Düşündüğüm gibi oldu. Koca figürüyle, gerçeği arayan bir insanın o gerçeği bulduğu yerde onu kaybedeceğini, gerçek bir özgürlüğün yaşamla ilgisi olmadığını anlatmayı meramlıyordum, dediysem de, üstüne alınışını yokedemedim. (...)

Evi temizlemişiz. Güzel bir ateşin başındayız. Ellerimizde içkilerimiz, teybimizde Rahmaninov'dan Batı'nın Güzel Zaman'larına ait bir barkarol çalmakta; dinginiz. İnsanın kendini mutlu duyması için 'geçerli' her şey var; –ortadaki, izi içimden hâlâ silinmemiş olan– insandan hayvanın boku hariç her şey var. Dostluk. Dayanışma. Ama ben asıl dört duvar arasındaki dinginliklerden korkmaktayım. Böyle 'kaçamak' iyiliklerimize çomak sokmakta üstüme yok. Kimse bana "Şimdi sırası değil" demesin. "Sırası değil, sırası değil" denile denile bütün tarih zamanlarının önemli çağrısı ellerimizden kaçıp gidiyor. Brecht'i *Adam Adamdır* diye çevirdiler. *İnsan İn-*

sandır, denmeliydi bence. Yazarın "İnsanın kurdu insandır" sözü hoşuma gitmiyor.

9 Aralık, Sabaha doğru

Pazar gecesinden beri arada bir silkiniyor: "Boşver, unut artık!" diyorum, olmuyor, Yanısıra fiziksel yorgunluğumu da atamıyorum üstümden.

Oysa, ne güzel, o akşamüstü Ayhan elinde nefis bir gülle çıkagelmişti. Bütün arkadaşlarımla olduğu gibi, çalışma odama yerleştik; bizim beyaz emaye kovalardan kepçeyle aldığımız ünlü vişneli votkamızdan içtik. Güner'in 'red'leriyle nasıl başedebileceğimizi konuştuk; memlekette kokusu her gün biraz daha baskınlaşan kötü gidişten konuştuk. İş buraya yaklaşırken ve böyle bir konu şimdiye kadar hiç dile gelmemişken "Senin sol, senin sağ" tartışmasına dönüşüverdi dertleşmemiz. "Bütün gün çalışmışsın. Yorgun ve gerginsin; hadi biraz çıkalım; hava al, iyi gelir" dedi kardeşim. Gülümü okşadım; meseleyi halletmiş gibi yapıp Barıkan'a gittik. Mağazanın kapanma saati yaklaştığı için, 'meselemiz'i eşi Serpil de bizimle paylaşsın istedim; telefon edildi, Serpil geldi. Annemizi babamızı gerçek annesi babası bilmiş, hep de öyle bilmekte olan zevk sahibi, iyi anne, uyumlu eş Serpil, hemen geldi. Ne iyi. Çatışalım, çatışmayalım; aile bağımız derindir. Birlikte olmayı sever, sonra da hakkını veremediğimizi hisseder; buna üzülürüz. Sezgilerim bana böyle diyor. Başlangıcı güzel, bütün bu sevecenliklerle bezeli oturum, Ayhan'la benim aramda: "Senin solculuğun memlekete hayırlı olsun!" "Senin sağcılığın da sana daha hayırlı olsun!" dualarıyla bitmesin mi?

Her şey kardeşimin, "Siz aydınlar, herkesi, her şeyi kınar, sonra da deniz kıyılarına gidip yatmaktan başka işe yaramazsınız" demesiyle patladı canım! Ne olduysa oldu, ama işte karşılıklı iyi niyetlerimiz yıkıldı, gülüm gibi hayaller de soldu sarardı. Keşke defilesine gitseymişim...

Gece

İlhan Berk'in Ulus gazetesi için istediği yazıyı yazdım bitirdim. "Oyunlarınızda neden toplumsal bir nitelik var?" diye soruluyor, buna yanıt isteniyor. Bu tartışma İkinci Yeni, Toplumsal Gerçek İklimleri'nin meyvesi olmalı. Sanki birey toplumdan ve dış etkilerden soyutlanabilirmiş gibi.

Bireyin özgürlüğü toplumun özgürlüğü, toplumun özgürlüğü bireyin özgürlüğü olabilmesi değilmiş gibi... Ve tiyatro sanki, hayat oyununun bütününe ışık düşürmek değilmiş gibi. Gülen ve ağlayan maskeler bütünlüğü bir maskeli karnaval değilmiş gibi...

11 Aralık

Epeydir yapmadığını şey: Evi temizleyip süslemeye koyuldum.

TRT'de yayınlanmış metinlerimi tamamlamaya çalışmaktan, dergi-kitap kurdu olmaktan, masa başında dergi gazete yazıları ve yarım kalmış oyunlar vee romanla mızmızca uğraşmaktan gözlerim yoruldu mu, kalkıp bir çekmece karıştırıyorum. Oralarda işlemeli yastık yüzleri, Nallıhan oyasıyla oyalanmış bir yazma buluyorum. Taa bu eve taşınırken bir dolabın kıyı köşesine sıkıştırdığım küçük gece çantalarıyla, Cumhuriyet ikinci kuşağının balolarında, opera galalarında giydikleri türden süslü eldivenlerle karşılaşıyorum. Bunları ne yapacağımı bilmediğim için, yine aynı yere ve daha diplere sıkıştırıp annemin evlenirken verdiği selvi sandığa 'gönül indiriyorum'. Bir bohça. İşte annemin iğne oyası örtüleri burda! Ne emek, ne ince iştir bu... Oturma odasında kimsenin ezip büzemeyeceğinden el değdiremeyeceğinden emin bulunduğum yerlere seriyorum. Yeni edinilmiş 'TV möble' üstünden sarkıtmıyorum tabii. Bohçada bulduğum el dokuması, bürümcük örtülerden bir de masa örtüsü. Bunun kıyılarına ponponlu bir şerit geçirdim; bütün zerafeti kayboldu. Fakat şu krem ipekliden zambak işlemeli örtüyü yemek örtüsü olarak 'sanatçı dostlar'ın baskınlarından birinde kullanabilirim. Evlerinin her yanını kilimler, tahta kaşıklar, patates basması yazmalar ve işlemeli yün çoraplarla donatmaları beni sinirlendirmeye başladı. Eyüpoğlu'ların birer deniz 'Reis'i lâkabıyla köy sanatına sahip çıkma ekollerine heveskâr bulunanlara işte bu Osmanlı dokuması örtü farklı bir yanıt olsun.

Balkon dolabındaki dominyoncu sandığına benzeyen sandık başka bir âlem. Kimbilir hangi kış sonu naftalinlenip buraya konulan paltolar, mantolar... Yaşar Hanım arada sırada beni yoklamaya geliyor. Mantosu yok. Bunlardan hangisi işine gelirse alsın gitsin, diye utana sıkıla bir köşeye ayırıyorum bunları.

Akşamüstü sıra kitaplarda. Raflara tırmandım. Ahmet Mithat Paşa külliyatının üst raflarda olduğunu unutmuşum. Karagöz oyunlarından *Karagöz'ün Ağalığı* varmış meğer bende. Merdiven üstünde okuyup yine yerine tıkıştırdım. Ellerim bileklerime kadar toz içinde.

Halim dün gece telefon etti. Bu arada TV'deki kurtlar ve hırtların açıkoturumunu kaçırdı. Hepsinin birbirinin yüzüne tükürmediği kaldı. Memleketin nasıl yönetildiğini etli kanlı bir biçimde gördüm(k). Oysa kurum bu oturumu halkın gözü hareket ve muhalefet halindeki öğrencilere karşı açılsın diye yayınlamıştı.

12 Aralık, gece

Fransızların Cine-Club'ünden şimdi geldim. Dilleri hızla Amerikanlaştı ama, Club'a asla klab demezler, kulüp, kulüptür. Ankara'nın en iyi kültür yuvalarından biri burası. Benim sinematekim. Bu akşam *Benito Cereno'yu* seyrettim. Kaptan Cereno ne demişti filmin sonunda? "Bunlar insan değil, hayvan; çünkü anıları yok" dedi. Ve siyah ırk bir özgürlük heykeli gibi yükseldi: Bir direğe bağlanmış, göğün maviliğinde bir çıkartma gibi duran zenciyle mavilikler mavilikler...

14 Aralık, Pazartesi

Cumartesi gecesi Elâ Güntekin'in evindeki biz yazar-sanatçılar partisindeydik. Sabaha doğru ipi kopan yelkenli...

(Ruhsal ve fiziksel çöküntü.) Bütün gece TRT'deki rezaletleri sayıp dökmenin yanısıra Pir Sultan Abdal çalındı, söylendi, ardından içimizden biri: "Şşışşt! Susun gulmeyin, dinleyin; saygısızlığa lüzum yok!" dedi diye intiharı düşünür mü insan?

19 Aralık

Oh ne iyi! At bütün kitapları sırtından; bütün kâğıt ve kalemleri elinden. Otur, habire kendinle uğraş. Cevabı olmayan sorular sor kendine. Sakarya Caddesi'ne koş sonra. Kırlangıç balıkları, karides ve rokalar al. Mutfağa gir, çıkma: Kırlangıç çorbası, meyve salatası... Salâh Birsel, *Tombala'nın* Yaşlı Kadın'ını oynamış genç ve güzel Jale, Metin And, Yüksel, Fahir Aksoy... Hah şöyle. Çok severim böyle geceleri. Hepimiz onca olmazlık arasında işin gırgırını çakmışızdır. Oldukça yavan ve bayat 'aydın' konuşmalarından uzak, ince ve inceliğini haketmiş ironik paslaşmalar. İçe doğru atılmış minik kahkahalar. Nekadar da memnunum. Ellerimin soğan kokusunu sevmiyorum, diyebiliyorum. Herhalde Metin, bu son oyunumu evrensel boyutlarda bulduğu, kalite düşkünü Salâh Birsel'in gözü beni nihayet tuttuğu için olacak.

Not:

Ali Kazancıgil bana "İsteyerek gömülmenin - intiharın- devrimle bağdaşmayan bir iş olduğunu" söylüyordu. Bense bugünler asıl bunu yapmanın en 'radikal değişim' olduğunu düşünüyorum.

21 Aralık, Pazartesi

Sigara çarpıntı yapıyor. Sevgi geldi, sonra Mümtaz Soysal da; sonra Elâ. Konuşuldu. Üstüste yedi sigara içmişim. Ülkeyi kurtaracağız elbet; kendimizi kurtarabilirsek. De bakalım Gorki, 'hayatın anlamı ne?', bu soruyu Çehov sana üstüste kaç kere sordu. Herkes gidince ben de Mrozeck'in *Tango'* sunu okudum. Hiç mi hiç hoşnut değilim kendimden.

22 Aralık

Simone de Beauvoir'ın *Kadın*'ını okudum: *Bağımsızlığa Doğru*.

Bağımsızlık gelecek; geldi bile: Yeni bağımlılıklarla.

Fransızın küçük burjuva aydını Simone, Sartre'la elele kolkola... Nekadar bağımsız! Onun kitabındaki ölçülerle tartılamaz bizim 'bağımsızlığa doğru' verdiğimiz omuzlar. Uzatma Adalet, hadi sen git kendi Aysel'inle hesaplaş.

26 Aralık

Günlüğüme nekadar sık başvuruyorum.

Geçen gece Elâ geldi (Güntekin) Başbaşa uzun uzun konuştuk. İlk defa, TRT falan dışı, kadınlığımız üstüne. Simone'un kadınını tartıştık.

Hep kadının özgürleşmesinin erkeği özgürleştireceğini düşündüm. Erkeği 'kendinden kurtarmadan' bize kurtuluş yok.

Bugün, bir kavganın tam orta yerinde durdum. Durdum. Geri gitmiyorum, ama ileri de gitmiyorum. Yeni adımlar için çok düşünür oldum. Yoruldum mu, yoksa daha mı bilinçliyim?

Öyle çok şeye inandık ki, gele gele inançsızlığın tam göbeğine düştük galiba. Machiavel'in *Prens*'inin yakasına yapışmanın tam zamanı. Nerdeyse on yıl oldu okuyalı. "Her şey güçlüden yana" manâsını tam dört asır öncesinden kıvırdığı için fellik fellik kaçtım ondan.

Dönup yeniden okusam, kaldırabılır mıyim acaba?

27 Aralık

Bugün pazar.

Bugün beni ilk defa güneşe çıkardılar.

Günlerden Pazar. Kolum incindi ya da kırıldı. Bilemiyorum. Çok ağrıyor.

Önceki akşam Edip Cansever'le Mustafa Ekmekçi'yi Çankaya'da bıraktım. Güle oynaya, ıslık bile çalarak tepeden aşağı hoplaya zıplaya indim; eve gelip yattım.

Ertesi akşam Cine-Club'deyim. Yürümeye fazla düşkünlüğümle Kızılay'dan eve, İlbank Bloklarına yaya geldim.

Fransız Kültür Merkezi'nde gördüğüm 'court metrages'lar bir harika.

(...) Kolum incindi ya da kırıldı bilmiyorum. Cuma gecesi.....

Bir altımızdaki Polonya Sefareti'nin köpekleri havlamakta. Hiç bukadar bağırmazlardı. Kolumu büktüler 'siviller'; bloğun ana kapısından girerken ben...... '70 yılsonu armağanı:

Elâ'ya koşmalıyım. Süveyda'ya koşmalıyım. Geceleri tek başına çıkmamalarını söylemeli: Buna mecburum. Öyle yaptım.

Sinemadan dönmüşüm. Köpekler havlıyor. İki yanımız elçilik. Avlu kapısının iki yanında 'fruko'lar. Selamlaşıyoruz. Giriyorum. Ana kapıyı açtım, girip kapadım. Asansörü çağıracağım. (...)

Yanyana getiremiyorum. Hiçbir şeyi.

Camlı kapının arkasında beliren iki adam. Bana bir baş işareti: "Aç kapıyı" diyorlar galiba, ne var acaba? Hemen açıyorum: Her zamanki aptallığım=kötülüğün en baştan aklıma gelmemesi. Öyleyse?

İki adam:

"Gel bizimle..."

"Efendim? Niye?" Buna yanıt gözlerimin ta içine uzatılan iki kart mı, künye mi neyse, o işte: Sivil Polis.

"Yürüyün, karakola."

"Ne karakolu? Ne demek?" Ansızın aklıma iyi bir şeyin gelivermesi ne iyi oldu, ne iyi oldu!..

TİP Senatör'ü, Avukat Niyazi Ağırnaslı, Niyazi abim, aile dostu, en yakın arkadaşımın kocası Niyazi Ağırnaslı, başıma geleceği önden bilmiş gibi, bir gün konuşma sırasında uyarmıştı: "Sık gözaltına alınmalar oluyor. Tutup götürülüyor insanlar; sonra ara da bul. Böyle bir şey olursa, unutma sakın, 'buyrun karakola' diyen birileri çıkarsa, mutlaka tutuklama emrini iste... unutma haa. Herkes istesin..." "Elâ'ya giderken yanımda üç erkek vardı. AST'dan. Daha sonra Cansever'le Mustafa. Şimdi yapayalnızım. Sefaret köpekleri havlıyor. Takım elbiseli iki Adam: "Yürüyün hadi, gelin bizimle..." deyip duruyorlar. " Emri gösterin!" Biri bir kolumdan öteki öteki kolumdan yakalayıverdiler. "Yürüyün..." "Kimsiniz Siz. Niyetiniz karakol mu bakalım, nedir? Dağbaşına mı sürüklüyorsunuz, nerden belli..." Cip gibi bir araca doğru sürükleniyorum. Sorgu gecenin ortasında, kapının önünde mi nedir? "Dün nerden indin? Önceki gün nerdeydin? Kim onlar? Adlarını söyle..." "Bırakın beni. Tutuklama emri!.." "Söyle, dün gece nerdeydin?" İyi oldu, iyi oldu: Cingözlük damarım tuttu: "Sevgilimden" Adlarını ver..." Kolumu büküyorlar, kırılacak "Atla şuna!" Şükür, beni frokoların yakınına kadar sürüklemişler. Tanık tanıktır. Artık ikiye bir değilim... insan aklı en iyi en çaresizlik anında çalışıyor galiba. Blokta 15-20 daire var. Herkes uyuyor, avluda ses yükseltmem yasakmış sanıyordum, kendimi 'frukolara' emanet ettiğim hissine kapılmamdan olmalı, sesim yükseldi: "Bırakın beni, bırakın! Kimsiniz nesiniz?.." Aa, nöbetçiler sağda ve soldaki sefaret kapıları önünden koşup yanıbaşımızda beliriverdiler.

Sızıldanıyorum. Kendimden hiç hoşnut değilim. Adamlar öyle demekte, ben böyle demekteyim: "Damgalı mühürlü tutuklama emri olsa, uyarım, göstersinler ama değil mi?"

...... Günlüğe döktürürken olay nekadar sahteymiş gibi geliyor. Bana bile...

Nöbetçi polislerin tutumu, üniformalarının bir parçası halindeki silahlarını omuzlarından indirip tane tane söyledikleri: "Beyler, yasaya uymak gerek. Sizde emir varsa gösterin, yoksa gidin getirin. Biz bu hanımı tanıyoruz. Bırakın evine gitsin. Emri getirince götürürsünüz. Biz nöbetteyiz; siz emri getirene kadar hiçbir yere gidemez. Size namus sözü, getirin emri götürün hanımı." El sıkıştılar; Adamlar: "Yanlış anlamışız" deyip yine başlarıyla ama bu sefer geriye doğru, 'gidin' işareti yaptılar, cip gibi şeye binip gittiler.

Evimdeyim. Ellerim böğrümde, gözlerim açık, zangır zangır titreyerek adamların tutuklama emriyle gelmesini bekledim durdum. Sol kolum koptu galiba. Çok ağrıyor. Günlüğümden yırttığım kâğıda darmadağınık bunları karalayıp durmuşsun baksana. Bekledim. Gün attı.

Sol kolum incindi. Koptu mu yoksa? Kopsa dayanamam. Kolum ağrıyor.

Polislerin adı? Keşke sorsaydım.

Sormamışım. Hasan, Ali, Arif... Ne farkeder?

"Kimden geliyorsun?" "Sevgilimden!"

Yaaa, iyi ki 'zina suçu' diye götürmediler... Elâ'ya nasıl gitsem? Hakkınızda sorguya çekildim, desem. Gece sokağa çıkma haaaa, mı? Ne?

"Kimdi onlar" diye sorup durdular... Onlara koşmalıyım. Mecburum.

Frukolarım nöbeti devrettiler mi acaba?

Yıl bitti. Günlük defteri de.

Elâ'ya gittin mi? Hayır, gitmedim. Süveyda ile konuştun mu? Ne gördüm, ne konuştum. Hiçbir şey olmadı, hiç. Sadece:

1970 yılı bitti.

1971

Ocak-Şubat-Mart

'Dokunur Geçerlerdi'

2 Ocak

Çok alâmetler belirdi:

Dün, yeni yılın ilk sabahı, Halim'le sarmaş dolaş ağlaştık. 'Alevler ortasında bir gül bahçesi' ikimize dilini çıkarmakta. Olabilir mi, her şeye kör ve sağır kalınabilir mi? Bizim kuşak, gerçek mutluluğun mutsuzluğu olduğunu öğreniyor.

Öfkeyi ne biler artık, onu ne, nasıl diriltip şahlandırır? Çaresizliğin altından ancak öfkeyle kalkabiliriz? Oysa işte, 'I. Kurtuluş Müsameresi' demeye getirip getirip gülüyoruz. Bak, *Ölmeye Yatmak* tam böyle başlamalı işte. Baş kahramanı ellerinle tıktığın otel odasında böyle yatırıp duramazsın ki; bu girişe müsamere şart.

5 Ocak

Bedenime yabancıyım. Ben, ben değilim.

Cumartesi gecesi Sevgi'nin evinde hazırladığı partiye gittik. İstanbul'dan, Ankara'dan sanatçı, yazar arkadaşlar orada. Hele Cansever, hele o; yanıma oturmuş, elini tıp tıp elimin üstüne vuruyor: "Dinlesene" diyor, "dinle işte, *Otel* bu!" *Otel*................

......*Derdim ki –daha doğrusu yaşardım– Mutluluk*

alışılmış bir kötümserlikti/ Ki tarih anlatırdı,korkardım/ Gözü dönmüş bir kuşun göğsünü didikler gibi/ Bağrını açar gibi bir azizin/ Açardım ben de içimi-bu şehir kimin?/ Kimsenin değil-

Baktıkta baktıkça oraya bakar/ Ne düşerse içine zehir/ Köpürür köpürür köpürür/.....

Yaprak bir parça yaprak olana kadar/ Su bir parça su olana kadar/ Ben onlara su ve yaprak diyene kadar/

Demek istediğim yaşamak bir parça yaşamak oluncaya kadar/

Zamanlar, zaman sürüleri...

Bazı adamlar ki bu zamanlara/ dokunur geçerlerdi/ Yani bir piyanoya ve onun tek tuşuna/

Dokunur gibi,/ Ses o kalın ses, hiçbir şey umdurmayan./ Korkuyu, sonra da yalnız korkuyu/

Büyüten ordan oraya .... *

Edip, şiirini bana parça parça, dura kalka okudu. "Daha bu birincisi, başka oteller de olacak Adalet" dedi. "Oyun olsun istiyorum. Bitince sen oyununu yapar mısın?"

İçim, –yoksa kalbim mi?– tık tık tık atıyor: Otel ha Edip? Otel ha? Ben bir kadını yatırdım oraya!.. Yutkundum: Sesim çıkmadı.

Uzanıp çıplak alnına bir öpücük kondurdum. Bu sefer de tıp tıp tıp'lar; omuzlarımıza.

Gözlerimiz ıslak.

Kalabalık bir grubuz. 'Az zamanda çok ve büyük iş-

---

* Edip Cansever'in bu şiiri, az zaman önce yayınlanmış (1970) *Kirli Ağustos* kitabında görülebilir. Kirli Ağustos'un kendisi de: (...) *Aklımda üç beş otel ya kalır/Ya kalmaz üç beş otel aklımda/ O da değil bir otelin kendisi/ Düş birikintisi* (...)

ler yaptığımıza' inanmaktayız besbelli. Salim Amca, Nezihe'yi koluna takmış, hoplayıp zıplamakta. Alkışlarımızı haketmekteler. Mümtaz bir yanda, Halim bir yanda, uslu uslu oturmaktadırlar.

Ne çok süsleniyoruz artık. Saçlarımızı boyatıyoruz; Tülây bile... Bazılarımız ne çok, ne de çok farkındayız her bir şeyin. 'Şey'ler toplamı: Şu hallerimiz.'

Birer Judas mı olmak istiyoruz, yoksa çoktanberi birer Judas mıyız? 'Peygamber' inkârcıları mı? İhanet kolcuları mı yoksa?

Bu nasıl bilinebilir? Hangi usûlden bir ihanet içinde olduğumuzu bilebilmek için, nerde olduğumuzu bilmemiz gerek:

Bazı adamlar ki bu zamanlara dokunur geçerlerdi/ Bir piyanonun tek tuşuna/ Dokunur gibi.

— A. Ağaoğlu, *Damla Damla*'yı hazırlarken tam burada, o gece, 'aklında kalanlar' pusulasından giderek buralara başvurdu.

Geceye devam

Şurasında hafif bir alaycı tebessümle bize 'katlanan' Mümtaz (Soysal), AST'dan 'bizim grup' da geceye katılınca, dinginliğini bir yana atıp, son kerte öfkeli, hırçın, 'hoşgörmez' bir adam olup çıkıverdi. Kendi adıma,çok şaşırdım. Bu durumun nedenini dün gece Halim'le elele, benim çok renkli bulduğum, dinamikliğine hayranlık duyduğum öğretim üyemiz Nermin Abadan'ın evindeki yemeğe çıkmak üzereyken öğreneceğiz. Sevgi telefonda, anlatıyor:

Meğer Mümtaz, Cumartesi gecemizden önce AST'çılarla kavga etmiş, iki yanlı oynamalarını yüzlerine mi vurmuş ne olmuşsa, onları birden karşısında görünce, tabii haklı olarak... falan diyordu. Diyordu ama, bir yandan ağlıyor, bir yandan, n'oolur yanıma gelin, yanıma gelin... demekte. İyi de Sevgi, Nermin Hanım'ın yemeği... "Mümtaz belki de ordadır ha?"

Nermin Abadan'ın yemeği oldukça kalabalıktı, ama Mümtaz orda değil. Agence Presse'in Ortadoğu muhabiri, Siyasal Bilgiler'den Taner Timur ve biz aynı masadayız. Almanların I. Müsteşarı ile Emil, Sunuhi ve Muammer Sun, ayrı masadalar ama, bize yakınlar. Onları TRT özerklik savaşlarıyla başbaşa bıraktığım için mahcubum. Neyse ki onlar bu konudaki haklılığımı başkalarına da anlatma inceliği göstermekteler. Daha çok utanıyorum.

Kültürel yayılmacılık ve kültürümüz üstüne Taner Bey'in düşüncelerine yakınlık duymaktayım derken, Ortadoğu muhabirinin vurdumdurmaz yaklaşımı karşısında kafa tutmak ihtiyacı doğdu; öyle oldu. Bu adam bizi, kendi kültürü dışındakilerin yaşama biçimlerini sanki çok iyi biliyor da, bizi ötekilere bilgisizliğinin verimi şu duyarsızlığı ile tanıtacak öyle mi? Timur'un "Size bakılırsa, halkımızın sonsuza kadar mutlu bir 'koyun sürüsü' olarak kalması gerekir" demesi öyle 'cuk oturdu' ki. Çünkü, her zamanki kendini beğenmişlik tonuyla "Hatay'da Batı katkısı sürseydi, toplumunuz daha çabuk değişir, halkın koyun sürüsü olma durumu ortadan kalkardı" gibi 'sentezler' yaratan Fransız Orta-Doğu'cusuydu. Nerdeyse omuz omuza oturduğumuz Almanya'nın Türkiye I. Müsteşarı da Ankara'nın büyük şöhreti Devlet Tiyatromuzun adını o geceye kadar hiç duymamış meğer. Neyse artık Başkent'in sanatçılarıyla yazar ve düşünce adamlarıyla böyle böyle tanışıp kültürel hayatımız hakkında biraz fikir edinecek; öyle dedi. Ne desin, buna mecbur.

Şu son üç yıldır süregiden, köylüden işçilerimizin Almanya, Avrupa göçü iyi olmadı galiba.

Geceyarısından sonra herkes gitti: Emil'lerle biz, Nermin Hanım'la başbaşa kaldık. Muammer, evsahibimizle soldaki bölünmelerin iyi olup olmadığını tartıştı... Umutlu mu, umutsuz mu bir gidiş bu? Emil'in dediği gibi: "Artık olaylardır sonuçları getirecek olan." Ben de, hemen her sabah Halim'e tekrarlar olduğum lafı söyleyiverdim, papağan gibi: "Her şey olması gerektiği gibi olur efendim." Muammer Sun'cuğum ses etmedi. Bunu diyalektik materyalizm'in neresine oturttu acaba? Muammer'in heyecanı öyle de sahicidir ki. Ama asıl incelenmeye değer olan, bizden sonra gelen kuşak. Cumhuriyet'in yeni kuşağı...

Yarın'ın yüzü dünden bugüne gelip geçenler izinden gidilerek bulunacak değil mi? Evet, evet, 'asıl olaylardır sonuçları belirleyecek olan.' (...)

İnsanlar çocukluklarında nasıl da inançlıdırlar: Tahta atları üstünde değnekten kılıçları, baba kravatından kırbaçlarıyla: Hadi! Taka tak taka tak!.. Yürrüüü, koooş deeh! Ağızları köpürür; mahmuzsuz, topuksuz potinlerini atın sağrısına vururlar da vururlar. Gerçekte olunamayacağı kadar süvarideriler; tahta atlarının da yoldaşı...

Sahici doru atlar üstüne çıkıldığında hiç de çocukların ağız köpükleriyle yaşadıkları coşku yaşanmaz. (Tabii taklidin taklidi tiyatro oyunları, filmler hariç.) At koşturmak bir görevdir artık. Yapılması mecburi bir şey,varılması gerekli bir yer. Daha daha sonraları artık atını dört nala sürmek isteyen adam, o adam değildir. İnsan kendisinin yabancısıdır.

İşte şimdi ben de, bir odanın içine yangelmiş, bugünün gençliğinde, öğrencilerinde at koşturuyormuş gibi yapmanın heyecanı ile sorumluluktan doğma inancın enginliğini içiçe geçmiş-birleşmiş görmekteyim. Daha yorulmadan tuzağa düşürülmelerinden korkuyorum. Ânlık acemilikleri sevimlidir; severek anlaşılabilirler belki. Henüz yeni bıraktılar tahta atlarını, değnekten kılıçlarını kırmadan…

8 Ocak

Yeni yılda önümüzü görmeye çalışıyorum. Fakat 'somutta' TRT'nin açmış bulunduğu oyun yarışmasına katılan oyunları okumakla meşgulüm. Geçmişin yükü.

Gorki'nin *Les Vieux'* sünü sözümona yeniden okuyorum. 'Yaşlılar' mı desem, 'moruklar' mı? 'İhtiyarlar' desem, bu da pek ihtiyarî olur.

XXI. yüzyılda insanın bütün uğraşı, bilim ve sanat olacak. Yaratıcılık. Yaratım. (Bugünkü yumurtam bu.)

12 Ocak

Üç gün önce Güner geldi: Turne bağlamak. Bir Ankara'ya uğramak. Bir sizi görmek.

Tiyatro üstüne tartışmak…

Bunlar iç sızılarımızı örtmeye yeter mi? Yenginlikleri, yılgınlıkları silmeye?..

Güner ne yapıyor İstanbul'da?

Yarışmaya gönderilen kırk kadar oyun dosyasını okuyup bitirdim. İyi işte, son yirmi yılda birkaç iyi radyo oyun yazarı yetişmiş. Bu da biraz 'hoşgörüye' başvurarak.

(…) Tam bir kaos içindeyiz. Hiçbirimiz kendi yazdıklarımıza bile inanmıyor gibiyiz.

Gençliğin kendini meydanlara atışı, kendi kendinin canına kastedişi neden? Kulakların çınlasın Güner: *Bozuk Düzen*.

Ancak, sizin bir sözünüze atıf olan bu oyunu çok sevip alkışlamış Bülent Ecevit, nerdesiniz?

18 Ocak

Silkinip kalkmak için, Basın Yayın Yüksek Okulu'nun AST'da düzenledikleri *Tozlu Çizmeler* açık oturumuna katılmayı kabul ettiğim gibi, Nermin Hanım'ın önerisine de 'hayır' diyemedim: Okulda haftada bir iki defa ders vermeyi kabul ettim. Radyo metin yazarlığı, 'ses'li yayınların özellikleri üstüne... Öğrencilerin yakınında olmak gerek.

Bugünler, değil bir yazarın, herhangi bir vatandaşın bile olayları görmezden gelme, her şeyin uzağında kalma hakkını kullanamayacağı günler. Türkiye büyük bir değişime gebe.

Bir varagele içindeyiz. Mekanizmanın ipi ya şu yana, ya bu yana ağdıracak ülkeyi, mutlaka.

(....) Aynı gün: Ankara günlerdir çalkalanıyor. Basın, hele TRT muhabirleri nerdeyse birer polis hafiyesi konumundalar. İş Bankası Emek Şubesi'ni Deniz Gezmiş'le Yusuf Aslan'ın soyduğu söyleniyor. Canım, Amerikan filmleri kahramanı değil herhalde onlar. MİT ajanları da boş durmuyorlardır ha? Bu kimin, neye hazırlığı. Ah ortada yaptığı ettiği apaçık bir devlet olsaydı!..

Ülkesini seven bu gençlerin yollarını çatallaştıracak ne dolaplar dönmekte kimbilir.

Çok tuhaf. 'Sivil Polis'lerin beni neden izlemeye koyulduklarını nihayet anlar gibiyim.

Devrimci çocuklar bizim oturduğumuz İlbank Yapı Kooperatifi'nin C Blok'unun bir dairesinde gizleniyorlarmış. Daire numarsı bile veriliyor: Bu AST'dan Akkurt'umuzun, tiyatroda çıkan meseleler sırasında sattığı daire. Ne sattığını, ne kime sattığını biliyorduk.

Basına göre, Sevim Onursal adında bir kadın oturmaktaymış orada.

Gençler ülke sosyalist bir sistemle yönetilsin istiyorlar. Çoğumuz öyle. Bunda 'taktik bir hata' mı var? Nedir bu olup bitenler, bu sırlar dolu hayat?

19 Ocak

Aralık ayının sonlarına doğruydu. Bulvara en yakın A Blok'taki evimize doğru gelmekteyim. İlbank 3 blok. Her blokta 47 Daire var da, geceleri artık 47x3 toplamı bütün dairelerin camları kapkaranlık. Hiç ışık yok, nerdeyse yok. Kıpırtı yok. Bu görünüm beni çok etkilemiş olmalı. Kendimi kaybettim galiba, çünkü: "Ölü bunlar, ölü bunlar! Uyumayın, uyanın, heey uyanın!" diye bağıra çağıra, ağlaya zırlaya girdim kendi 'inime'. Hem de utanç içinde.

Nerdeyse baştanbaşa karanlık pencere delirtiyor beni.

31 Ocak

Geçen Pazar sabahı, İstanbul'a gitmeye hazırlanırken Sevgi telefon etti. Gece, yani Cumartesi gecesi Mümtaz Soysal'ın dairesi önünde bomba patlamış. Dinamit belki. "Gel gör, hemen gel gör" dedi Sevgi. Hemen koştum. Bütün gün orada kaldım. Evin içi nerdeyse hepten havaya uçmuş. Yer yerinden oynamış. Apartmandaki pek çok dairenin camları, kapıları da çatlamış, patlamış. Gazeteciler, TRT TV'si, birçok yakın dost geldi. Uğur Mumcu geldi.

Patlamanın olduğu sırada Mümtaz'ın evde bulunmaması büyük şans. Biz hepimiz, bir yandan enkazın arasında dolaşıyor, bir yandan toplanabilecek, işe yarar öteberiyi topluyoruz, bir yanda da gülüyor ha gülüyoruz.

Olan biten, her şey iyice sarpa sarmış durumda. Polis mi, MİT mi? Ülkü Ocakları var üstelik. Kızılay'da, AST sokağından yanımda bir arkadaşla annemi görmeğe giderken üstümüze saldıran kadar ırkçı da var...

Öğleden sonra SBF'de polisle öğrencilerin çatışması haberi geldi. Niğde öğrenci yurduna saldıran polis, öğrenciler SBF yurduna sığınınca, görülmemiş –görüldü işte– gözü dönmüş bir vahşetle onların üstüne saldırıyor. Kızlara yapılanlar büsbütüns iğrenç!.. O gün 310 kadar öğrenci derdest edilip götürüldü. Nerede bu gençler, ne yapıyorlar?

İçişleri Bakanı Menteşoğlu'nun duyarsızlığına ne demeli? Öğrenciler karşı koymuşmuş da ondan olmuş bunlar. Savunma hakkı diye bir hakkı yok mu insanın Bay Bakan, bakıp bakıp 'görmeyen' bakan? Savunma hakkı: Bıçağın kemiğe dayandığı ân.

İyi ama insanlar yeni yeni metodlarla durmadan öldürülüyorlar. Sanayi devrimi dedikleri çağda göre göre bu kıyımları mı göreceğiz?

Gazetede bir fotoğraf: Kamboçyalı bir asker, iç savaşta 'yesir' aldığı iki Kamboçyalının kellesini koparmış. Her iki elinde birer Kamboçlu başı, kova taşır gibi objektife poz veriyor.

Salomé'nin bile iki değil, bir kesik başı vardı! Kendi buyruğuyla kesilmiş baş. Peki Kamboçyalılara hem Kamboç, hem Vietnam insanının 'kellelerini uçurma' buyruğunu kimler veriyor? Kapital. Gizli cinayet ticareti!..

Bu arada günlük, çok ÖZEL şeyler. Seçici Kurul üyelik raporu. Bu arada benden radyo oyunu olarak istenen *Kozalar:* (Karanlık pencerelerin bendeki izdüşümü...)

'Özel' diyorum ama, genelin üretken 'belası' bunalım olmasa, özel olur mu?

Halim'le yanyana bazı güzel arkadaşlarla buluştuk bu arada: Turgut Uyar, Tomris, İlhan Berk, Selçuk Baran.

Selçuk'la Tomris sayesinde tanıştım. Ayhan Baran'ın Opera yoldaşı, hikâye yazarı Selçuk'la gayet iyiyiz.

1 Şubat

Aşağı yukarı iki aydır ilk kez dün gece uzun, derin bir uyku uyudum. Çok iyi dinlenmişim.

Yataktan şarkılar söyleyerek kalktım. Halim de bu işe pek sevindi. Hem de Ayhan'ımızın doğum günü bugün. Babaevine gidilecek. Yer-içeriz; yer-içeriz. Annemin Halim'i kendine âşık eden yemekleri; Fuat'a 'Hacı' diye seslenen babamızla 'atışmalarımız' ve tabii atıştırmalarımız: İşte Hayat! Buna şimdilerde korunmuş küçük burjuva hayatı diyorlar.

Sanki Karl Marx bunun büyüğündenmiş gibi... Küçük burjuvalık iyidir; iki arada bir derede, sürekli sınırdadır. Arayışa, dolayısıyla yaratıya açık bir hal...

Hafif hafif kar atıştırıyor. Kuğulu Park'la Polonya Sefareti'nin iki yandan arduvazdan paranteze alınmış kırmızı kiremitli çatısını büsbütün güzelleştiriyor.

4 Şubat

Halide Edip'in *Türkün Ateşle İmtihanı*'nı okudum. Yıllar önce okuduğum romanları, kitapları şimdi yeniden okuma ihtiyacı duyuyorum. Bu yeni okuyuşumda kitaptan, ilkinde yanımdan bile geçmemiş iblisce, belki de 'kadınca' bir fikir çıkardım:

Halide Edip Mustafa Kemal'i önce kuzini Fikriye'den, sonra da İzmirli Uşşakîzâde'nin kızı Latife'den kıskanmış bana kalırsa. Bu duygu satırlar altında incelikle gizlense de sezilebiliyor; özellikle son sayfalarda; kıskançlığın üstü yıkkınlıkla gayet güzel örtülmüş.

Bütün o kan-barut, Millî Kurtuluş'un önlenemez iç buhranları, çeteleri, kaçakları ve o başkaldırılar hattâ zaman zaman bozgunlar, sonra Dumlupınar, sonra İzmir'e doğru Kurtuluş mücadelesi içinde, bir gölge benzeri Mustafa Kemal'in izinde ya da peşinde bulunan bu 'Hanımefendi'den Onbaşı Halide Edip, anılarının satırları arasında iki kez buruklaşıyor.

Ancak iki kez özel duygularının yüzünü, peçeli de olsa, gösteriyor.

'Halk aç biilâç yersiz yurtsuzken ve Kurtuluş Savaşı adsız kahramanların cesetleri üstünde 'gerçekleşirken' bu yazarın dilidir– yani o kadar acı ve ölüm karşısında yılmamış, yıkılmışken (ya da öyle görünebilirken) bu kadın bir defasında, hafif bir savaş bezginliği hissediyorsa, bu da onun Ankara'nın bir sokağında Mustafa Kemal'i bir arabanın içinde Fikriye Hanım'la geçerken gördüğü ândır. Bir de İzmir'e girildikten sonra, Latife Hanım Mustafa Kemal'e tanıştırıldıktan sonra sezilebilen haldir. Oysa, 'aşkını kıskanış' anlamında Halide Edip'in kitabında şimdiye kadar bildiklerimize değişik bir ışık düşürecek tek satır yoktur.

Ama Kazım Karabekir yakınlığından ve Doğu'yu örgütlemekten uzaklaştırmak isteyen Mustafa Kemal'in onu Bursa'ya tayinle uğurlarken, pelerinini Halide 'hanımefendi'nin omuzlarına koyarken: "Siz de birlikte gidiniz" dediği ân, Onbaşı'nın kadınsı umutlarının yıkıldığı, yıkımdan 'vefasız Paşa!' homurtularının yükselişi ânıdır. (Kulaklarım amma da hassasmış haa...)

Buna karşılık İstanbul'da, bitirdiği Robert College'de öğretmenlik etmiş olan Halide Edip'in –Sakın ailesi Osmanlı başkentinin hatırı sayılı azınlık ailelerinden biri olmasın? Bu da bu sırada bende uçvermiş muzipliklerden biri– Salih Zeki'den olma iki oğlunu, kendisi Anadolu'ya geçer geçmez bir yolunu bulup İstanbul'dan Amerika'ya göndermiş bulunması nekadar açık ve seçik anlaşımaktadır. Kâzım Karabekir'e duyduğu hayranlık ise, kitabın sonlarına doğru, yani Bursa yolu görünür görünmez billûr gibi aydınlıktır ve tabii ben bunu, kadın kıskançlığının kötü bir ürünü olarak değerlendirmiş bulunmaktayım. Hâlâ da içimden: "Acaba Mustafa Kemal, Latife'ye 'hemen yenilmeyip' de Halide Onbaşı'sının gönlünde taht kurduğunu kendisine en azından ufacık ufacık hissettirebilmiş olsaydı, O'na inat Karabekir Paşa'ya hayranlık kitabın gündemine gölgesini düşürür müydü?" diye düşünmekten kendimi alamıyorum.

–Tarihi bütün gerçeğiyle bilebilmek için bireyin iç tarihinin bütün dönemeçlerini, her ânını da içimizle yaşamış olmak gerekiyor.– Bu da *Türkün Ateşle İmtihanı*'nı yeni baştan okumamdan doğma en taze yumurtam...

Tarihçiler, anı yazarları geçmişi bilgilerimize sunarken ne ölçüde objektif olabilirler? Acaba ne ölçüde kişisel duygu ve düşüncelerinden sıyrılabilmektedirler. Belgeler, denebilir tabii. Belgelerin verdiği ışıkta görülenler. Peki, belgelerin de belgelenmesi gerekmez mi? Ismarlanmış tarihler, zorla yazdırılmış raporlar ya da 'göze girmek üzre' adamına göre uydurulmuş istatistikler her zaman gerçeklerin belgesi midir? Meselâ şu son iki yılımızı, 1970'lerden buyana akan zamanı gelecekte değerlendirecek olanlar için yığınla belge var, ama biz, bu zamanın ta içinde yaşamış olanlar, bu belgelerin egemen ellerce hasıl kendilerine yabancılaştırıldığının tanıklarıyız ama, yarına da tanıklık edebilecek değiliz.

Ederiz ederiz! Yaşasın sanat,yaşasın edebiyat ve yaşasın *Sinekli Bakkal*'dan *Türkün Ateşle İmtihanı*'na kadar bütün merak yolları!

Titiz bir tarihçinin işi nekadar zor! Bütün disiplinleri bilmesi kadar hissetmesi de gerekiyor.

Ondan nefis bir yazar çıkabilir, ama İçişleri Bakanı Menteşoğlu'larından asla! Onlar belgelerin gölgeleri olmasınlar yeter.

18 Şubat

İki haftadır başımı kaldırmadan çalışıyorum. *Kozalar*'ın sahne oyunu versiyonunu yazdım o kadar da düzelttim ki, şimdi daha iyi oldu. Kozalarını kendileri öre öre ipekböceği haline gelmiş 'özel mülklerinin koruyucusu' kadınlar. Kozalarını delebilseler, kelebek olup uçacaklar..... Bu arada 'Önemsiz' adlı bir öykümü de bitirdim. Hiç yayınlamam öyküleri, yine de arada bir oturur yazarım. Dayanamadım *Devrim*'e yeni bir yazı daha yazdım. Dövülen öldürülen gençler için hiçbir şey yapamamak, çaresizlik duygusu kışkırtmakta beni galiba. Yazınca, kendimi suçlamaktan kurtulmuş gibi oluyorum.

Emil, Pakistanlı bir oyun yazarıyla tanıştırmıştı beni. Sayeed Ahmad. Bir kere de bize geldi.

Pakistan'ın Hindistan'dan ayrılışını, Türkiye Cumhuriyet'inden örnek alındığını anlattı. Yarı Türkçe yarı İngilizce konuşuyoruz; birbirimizi anladığımızı sanıyoruz. Dün gece onu Altındağ Tiyatrosu'ndaki *Kaşıkçılar* oyununa götürdük. Bir yerli malımızı, Musahipzade Celâl'in 'Halk Piyesleri'nden birini görse daha iyi olur diye düşünmüştüm; yazık ki çok kötü bir prodüksiyondu. Yarısında çıktık: Yemeğe gittik. Sayeed anlattı, ben dinledim.

Resim üstüne, müzik üstüne kritikler de yazıyormuş. İncelemeci ve çok şey biliyor Sayeed arkadaşım.

Elâ'nın çoktandır sesi soluğu çıkmıyor. Memet'le sorunları mı var acaba?..

Sevgi'nin TRT yarışmasına gönderdiği *Yürümek* romanını sevdim. İlk romanı. Yazarı tanımak bazen çok iyi, bazen kötü. Tanıyınca, kitabı okurken: "Aa, bence burda Başar'ı yazmış!" diyebiliyorsun. Başkişinin adı Elâ. İşimiz dolayısıyle yakın arkadaşımız Elâ Güntekin'in adını kullanmış, ama ben durmadan: "Hadi canım Sevgi, bu adın arkasına nekadar saklansan nafile; kendini anlatıyorsun işte" deyip durdum. Neyse ki Sevgi, yüzüne karşı kendisine 'egocentrique' dediğimi bilmekte. Bile bile dizime yatıp başını kaşıtmağa geliyor gidiyor. Yüzüme karşı değil de ardımdan sağda solda bana 'Hürrem Sultan' adını taktığını itiraf ediyor. Ne hoş. Her şeyi karşılıklı açık seçik bilerek dostluk ne güzel.

23 Şubat

Ankara'mızda patlamalar, Üniversite öğrencileri üstüne polis yürümeleri (buna yürüyüşleri deniyor, ne garip) devam ediyor. Geçen Cuma, BYYO'daki dersimden çıkınca, Hacettepe Üniversitesi'ndeki çatışmaları duyduk. Mahmut'la gidip baktık: Yıkıntılar. Birçok silah, dinamit patladı durdu. Yığınla öğrenci itile kakıla götürülmüş. Yığınla insan da kapılarını, pencerelerini daha iyi örtmekte evlerinin üstüne. Bizler gibi bir yığının da eli böğründe. Evlerine kitlenip ışıklarını söndürmeden, olayların da içinde olamadan.

2 Mart

TRT özgün Tiyatro oyunları seçici kuruluna gönderdiğim *Sessiz Bir Adam* adındaki oyun geri geldi. Çehov'un *Hoppa Kadın* öyküsünden 'esinlenerek' yazmıştım ve oyunun başına da bu notu düşmüştüm. 'Esinlenme' dedimse, bu hikâyenin kafamda bir fikir çaktırmasından ibaret bir 'esinti', bütünüyle de 'yerli malı'. İade bana: "Oyununuz iyi, beğenildi, fakat eser seçimi sadece özgün oyunlar için; yazık ki esinlenmeler kabul göremiyor."

O zaman Brecht de 'özgün' değildir; Japonların geleneksel NÔ ve Kabuki tiyatrosundan esinlendiğine göre, kendi adıyla varolamaz. Hele Shakeaspeare asla! Sonra, eğer esinlenmek, ayrıca yararlanmak bu anlamda bir sorunsa, nasıl oluyor da *Atçalı Kel Mehmet,* hele hele *IV. Murat* özgün işlerden sayılıyor? Bu 'yeni eserler seçme' işinde asıl yoğun dedikodu roman türü üstüneymiş. Edebiyat dünyasında sen sen-ben ben atışması daha yaygın galiba. Oyun yazarının çatışması resmi kurumlarla, sansürle, güç egemenliği ile. Sahiden, oyun yazarları arasında kendini beğenmişlik hastalığı pek yoktur. İzleyiciye karşı topluca hedef teşkil ettikleri, bir toplu üretim olduğu için herhalde.

(Elektrik kesildi. Mum ışığı.)

4 Mart

Akşam haberlerinden TRT ve AA'ya Türkiye Halk Kurtuluş Ordusu imzasıyla bir bildiri bırakıldığını öğrendik. Bir gece önce de, geceyarısından sonra dört Amerikan askerini Gölbaşı'ndaki Amerikan üssünden kaçıran bazı kişiler, şimdiye kadarki bütün hareketleri kendilerinin yaptığını, dört askerin serbest bırakılması için Amerikalılardan 400.000 dolar istediklerini, bu bildirinin TRT'de aynen 7.30, 13.00, 19.00 haberlerinde okunmasını, 400.000 dolar verilmezse Amerikalıları kurşuna dizeceklerini bildiriyorlar. Hepsi bir 'senaryo' gibi geliyor bana, ne tuhaf. 21.30'da Bakanlar Kurulu toplandı. Demirel'in muhabirlere verdiği yanıtlar kabadayılık diyebileceğim sivilinden asker bir öfke kokuyor.

Halim, iki gündür kapkaranlık. Bugün açıkladı. Yeni işinde de sağın baskısı. Öyle şeyler oluyormuş ki, bunları göre göre çalışmak onuruna dokunuyormuş. Kargaşayı değerlendirmekte güçlük çekiyoruz. Her şeyin mümkün olabileceği bir dönem. Bir gerilla savaşı, içsavaş ya da cuntanın egemenlik hazırlığı... Gençlerin yalnız başlarına, sağda solda yokedilip gitmesinden korkuyorum.

Bütün bunlar böyleyken, bu sabah bir de TRT memurlarından biri, yönetim kurulu üyelerinden birine 'ibne' demiş mi dememiş mi, duruşmasına tanık sıfatıyla katılmam gerekti. Geçen yıl açılmış dava, bu yıl duruşma: Yargıcın önünde cereyan eden canlı komedi gibi bir komediyi hiçbir sahnede seyretmemiştim.

11 Mart

Önceki gün Leyla Erbil gelip gitti. Ardından Ayla Algan'la Beklan geldiler. Mülkiyeliler Birliği'nde düzenlenen folklor şenliği için. Ayla spor salonunda "Dünyanın Bütün Kadınları Birleşiniz!" programında söyledi şarkısını. İşçilere nazire ama, kendime bu ırk ayrımı gibi bir ayrımdan hoşlanmadığımı itiraf ettim. İnsanın özgürlüğü, dolayısıyla bütünleşmesi için dayanışmaya daha yakınlık duyuyorum. Erkeğin erkekliğine tutsaklığı gibi bir sorun da olmasa kadın, Simone de Beauvoir'ın *Le Deuxième Sexe*'ine konu teşkil etmeyebilirdi. Yine de, tez tezdir. Karşısına bir inceleme kitabı koymadan konuşmam boştur.

(...) Dört Amerikalı çavuşu kaçıranların rehinelerini bırakıp, bulundukları daireyi terkettiklerini öğrendik. Çavuşlar da, ellerini kollarını sallaya sallaya kalkıp yerlerine dönmüş, 'ilgilileri aramışlar'. Sonradan öğrendiğimize göre, yok efendim polis o binaya başka bir iş için gitmiş de, Deniz Gezmiş, Yusuf Aslan ve arkadaşları da kendilerine teslim olmuşlar...

(Cine Club dönüşümde karga tulumba emniyet makamına götürülmeye kalkışılmasının sırrı neden sonra nasıl çözüldüyse, bu akşamüstü arka arkaya "Adalet iyi misin?" "Adalet sana bir şey oldu mu?" diye telefon eden dostlarımın bu kaygılarının nedeni de çözülmüş oldu.

12 Mart '71

Büyük kumandanların muhtırası. Demirel hükümetinin devrilişi.

"Bu bir sessiz ihtilaldir."= Hoşgeldin 27 Mayıs! Muhtıra, ilericilerin, solcuların yanındaymış gibi bir hava estiriyorsa da, "Askeri darbe, askeri darbediiiir!" Yok Muhsin Batur'muş, yok Tağmaç'mış, yok Alpan'mış şuymuş, yok buymuş...

Tam da BYYO'daki dersime giderken, arabada radyodan öğrendik muhtırayı. Halim'le aramızda bir sessizlik. Başka ne olabilirdi ki?

22 Mart

Demirel hükümeti devrildi diye sevinenlerin, sevinçleri kursaklarında kaldı gibi bir hal var.

Ordunun 'sessiz ihtilal'inin faşist kanatça ele geçirildiği söyleniyor. Her şey apaçık ortada. Yönetime el koyanlar ya da koyanların elindeki güce elkoyanlar demokrasiye falan boşvermiş kurtarıcı 'vatanseverler'. Nihat Erim de yeni Başbakan adayları. Demokratik rejim sürüyormuş gibi yapılmakta.(...)

İstanbul'da Akbank Selamiçeşme Şubesi'ni soymaktan sanık Salman Kaya adındaki gencin gazetelerdeki resmine bakıyorum. Dört gün önce, yakalandığında, aslan gibi, eli ayağı tutan biriydi o. Şimdi Adliye'de, polislerin-jandarmaların ortasında elleri kelepçeli ve ancak 'koruyucularının' yardımlarıyla yürüyebilen her yanı çarpılmış halde... Beli tutmuyor izlenimi edindim. Adliye koridorlarında (TV'den) anası ağlıyor. Salman da anasının ağladığını görüp: "Anam, garip anam, suçsuzum!" diyor. "Bu bir komplodur, öldürdüler beni! "diye bağırıyor. Sessizlik. Sonsuz sessizlik. Yarın Salman'ı serbest bıraksalar da, Salman serbest olamaz artık. Kolayına adam dövmeye, hattâ öldürmeye mahkûm ettiler onu. İşkenceyi öğrettiler.

27 Mart

Dünya Tiyatro günü. Gün, bu yıl bana 'bildirilerin ötesine geçmiş' bir anlamla daha diri ve canlı geliyor. Daha doğrusu öyle olmalı, diyorum. İnsanlık aynası faşizme kendi yüzünü göstermeli. Güç egemenliği öyle baskın ki, çocukca bir savunuya geçiyorum. İTİ'deki sorumluluğumu da yedeğime alıp, kumpanya oyunculuğundan emekli, AST'ın güzel günlerinde onun koruması altındaki seksenlik Nihal Anne'yi görmeye gidiyorum. İtfaiye Meydanı'nda adı Fuar olan otelimsi bir otelin odamsı bir odasında kalıyor. Buraya yatırıldığını bilmiyordum, sağolsun AST'ın bütün güzel günlerinin oyuncularından Salih'in mihmandarlığında gidiyorum. Elimde bir tek kırmızı gül. Güner'in aşkla tutulduğu kadının tiyatrodaki çağrılı koltuğuna kırmızı bir gül bıraktı diye, en en en devrimciler tarafından dövülüp dışlanmış olmasına inat böyle yaptım herhalde. Ancak, hemen anlıyorum ki, Nihal Anne'yi çok çok çok daha sevindirmek için, tek kırmızı gülünü bir şişe rakıyla çoğaltmak gerekmekte... Bakkala koşuyor, rakısını ona 'çaktırmadan' getiriyorum. Gülüyor-oynuyoruz. Umarım bu son görüşmemiz değildir. Ölüm dışı bir anlamda Salih'le de...

Nisan-Mayıs-Haziran

Ölmeye Yata Kalka Ankara

6 Nisan

Nihat Erim kabinesi parlamentodan güven oyu alacak mı, almayacak mı? Süngünün ucunu görünce tası tarağı toplayıp dört bir yana kaçanlar sanki yavaş yavaş ayılmaya başladılar. Erim hükümeti güven oyu alsa ne olur, almasa ne olur? Göstermelik bir parlamento sanki yeniden 'varmışa' getirilmek isteniyor. Üretimsiz devlet adamlığı; tükenmez maaşlar, uslu uysal çocuklar. Cumhuriyet'in en iyi başardığı sıtma savaşının ardında başardığı şey bu işte: Devlet babaya karşı başı kıldan ince uysal çocuklar yetiştirmiş olmak. Çıktik açık alın'sız yetiştik. Ölümüyle yani hayatıyla hesaplaşan otel odasındaki kadının romanı. Bu kuşak adına tek teselli noktası Bülent Ecevit; o sessizce inatlaşan çocuk.

Dün gece Nermin Abadan'la oğlu Mustafa Kemal'i I.Kurtuluş oyununa götürdüm.

Nermin'in dayatması iyi geldi, oyun kötü olsa da. Daha doğrusu onun bu zorlamasına katılışım biraz da Lanzmann'vâri bir katılım. Şu hercümerç ortasında zamanı ve dostluğu tabiiliğe sokma çabası.

Haa sahi, bu arada Muallâ, Salâh Birsel'in Clêaambard çevirisini yerden yere vurmuş DTCF'de yayınlanan bir broşürün içinde. Kendisini birinci sınıf Fransızcacı bilir ya Muallâ? Hay allah kadın, ortalığı bir sürü yozluk sarmışken 'düşmanlık edecek' biri diye bula bula Salâh Bey'i bulman ne iştir be? Ülkeyi 'kurtaracak' silahlılardan daha yoğun bir çaba içinde...

Bütün Çehov'ları, bütün Gorki'leri yeniden okumalıyım.Yine tam zamanı.

Güneşin Çocukları'nı okumalı, Pavel'e bakıp kendimizi görmeliyim.

Bugün güneşli, güzel bir tatil günü. Sanki her şey sessizce pusuya yatmış gibi..

10 Nisan

Darbeye karşın, özellikle büyük kentlerdeki eylemlerin özlenen büyük dönüşümü sağlayacağına inanmak istiyorum. Bu dönüşüm hemen sağlanamasa da, artık uslu bir kuşak olarak kalmayı reddeden yeni gençlerin aktifliklerine saygı duyuyorum. Öğretim üyeleri de aynı duyguyla zaman zaman neredeyse ilericilikte öğrencilerinin arkasında kaldılar; onların altına düştüler. Ben ve benim gibiler de. Durmadan yakınırız, ama 'yapmayız.' Yapabileceğim tek şey, bulabileceğim bütün cesaretimin ışığında şu topal romanı tamamlamak.

(...) Geçen gün Kale'ye çıktım. Eski Ankara'nın dar sokaklarını dolaştım. Bir zamanlar gördüğüm eski bir kapıyı ve o kapının tokmağını aradım. Fakat onu değil,çok daha başka şeyler buldum: Nerdeyse üç eski evin ortak avlusu olmuş 'miniskül' bir alan. Alanda bir çeşme ve iki pikap araba. Çeşme başında, şimdi moda olduğu üzere, maksi etekli bir genç kız. Öyle, bir şeylerin dışına fırlatılmış, orada burada iç yırtılmalarıyla dolaşan bu genç kız değil, benim. Saçlarını bir yazmayla öyle güzel kundaklamış ki... Altı modern, üstü eskiye mahkûm. Keşke tersi olabilseydi!

Böylece kendimi Hayvanat Bahçesi'ne atmış buluyorum. Zürafalar, kaplanlar, leoparlar, balıklar, kuşlar, çekirge ve deniz aslanları ve... kuluçka makinesinde yumurta kabuğunu gagalaya gagalaya çatlatıp, günışığına çıkmaya çalışan civcivler.

İşte böyle; sırtım çevresine barikat kurulmuş ODTÜ'ye dönük, acılı bir hayvan olarak hayvanat bahçesine atılmış bulunmak...

13 Nisan

Dün Fuar Otel'den gelen bir telefonla Nihal Anne haberi! Oraya gitmeliyim.

Anlaşıldı: Hıfzı'sı düşüp kırılmış. Saksıdaki kauçuğu.

Hıfzı, ölüp gitmiş oğlunun adı. Kumpanya oyuncumuzun çalar saati de düşüp kırılmış. "Kazara oldu" diyor. Ama hemen de baklayı ağzından çıkardı: "Yaşlı bir kadın, tek başına yıllardır bir otel odasında...ıhh ıhhh, ıhh, saksılar da, saatler de kırılmaz da ne olur yaa?" Demir karyolasından doğrulup her şeyi yere çalmış olacak. Hiç de girişken değilim, hangi kapı nasıl çalınır bilmem, fakat ne yapıp yapılmalı, yaşlılar yurdu diye bilinen, bakılıp korunacağı bir 'sosyal tesis'e kaldırılmalı... Nihal Anne, çocukluğumda Nallıhan'a gelmiş gezginci tiyatro kumpanyasının Neriman'larından biri...

(...)

Fahir, canımızın içi, ilk gençliğimin Oktay Rifat'lı, Orhan Veli'li komşusu Fahir Aksoy hastanede imiş. İşte bu olmadı. Fahir, başı bile ağrımayacak çok cevval bir naif ressamımız bizim. Yaşının elliyi geçmiş olması, hasta olmak demek değil ki.(...)

Asıl, cevvaliyet bahsinde hepimize hükmeden İlhan Berk. Hele bankadan emekli olup, zamanı kendi hükmüne aldığından beri:

"Hadi Adalet, Kalem'e! Hadi Adalet Orhan Peker'e!" Hınzır ve gizli maço İlhan, TRT'den boşanmamdan sonra, evde, elim koynumda boş boş oturuyorum sanıyor. Bana soğan çorbaları yaptırıyor –çünkü onu iyi yaptığımı bilmekte– milleti başıma topluyor. Selçuk Baran başta; güzel Selçuk, tatlı Selçuk, yumuşak ve biraz da 19. yüzyıldan kalma Selçuk. Sık sık " Her şey ikili yaşanabilir, yalnız değil, ikili..." der durur; kızamıyorum bile. Kendisine kızılması yasak olan Selçuk Baran.

Ertesi gün

Nihal Anne'nin canı tavuk istiyormuş; yarın onu Halim'le elele tutuşup tavukçuya götüreceğiz. Herhalde bu dikkatlerimiz kendi geleceğimize bir yatırım...

Gece, Cine-Club'da Colette'in romanından yapılma *Le Blé en Herbe*'i seyrettik: Philippe-Vince ve o, yaşlanmış kadın. (Colette'in son yıllarının tıpkısı gibi): Edvidge Feuilliere'in oynadığı bu tiple öteki arasında saf bir aşk var. Nerdeyse çocuk yaşta, pek sevimli bir delikanlı; o, olgun yaştaki kadına hayranlıkla tutuluyor ya, kadın da doğrusu olgunluğunu göstermekte; aslanca bir fedakârlıkla ve içi kan ağlaya ağlaya, pek zarifane biçimde oğlanın hayatından çıkmakta. Ben de hayata dönük sabırlı seyrimi güzelleştirmeye çalışıyorum: Bir buzlu votka içsem? Garson, lütfen bir limonla votka! Haa sahi, buz koymayın olur mu?

Serpil'le Barıkan'da buluştuk. Dertleştik. Evimde olmak istiyorum. Eve dönünce de fırlayıp İlhan'a gidiyorum. Sonra, neden İlhan? Ardımdan Halim de oraya geldi. İkisi derdest edip beni 17 yıllık 'yuvama' soktular...

(...)Erim hükümeti güven oyu almış. Bu cilâ neyi nasıl örtüp parlatır? Doğan Avcıoğlu hastaymış. *Devrim*'i ya kapayacak ya da değiştirecekmiş. Yeter ki cunta kapamasın onu, öyle mi?

3 Mayıs '71 Pazartesi

Her günü, bazen tarih de atmadan çalakalem notlarken, bazen de adını soyadını bir arada yazıyorum nedense. Dönüm noktası olarak algıladığından olabilir bu, değil mi Adalet?

Olup bitenleri özetle sıralayalım ve artık gelip geçmişe dönmeyelim olur mu? 'Huzursuzluktan güzel'leşecek yeni şeylere açılıştır önümüz. (...):

Ordunun direktifiyle Nihat Erim kabinesi kurulduktan, Başbakan 'Reform Hükümeti ve İlkeleri'ni Basın, Radyo TV kanallarıyla açıkladıktan sonra MİT toplandı.

Kamboçyalı asker, kova taşır gibi iki elin her birinde birer kelleyi hâlâ gülerek taşımakta.

Pakistan'da karasinekler gibi, sinekler yerine insanlar ölmektedir. Mete Has kaçırılmış; fidyesini vermiş, kurtulmuş; dinlenmek için 'Evropa'ya yollanmıştır.

Bir milyonerin oğlu kaçırılmış, milyoner, oğlunun fidyesini vermiş, üçlü aile 'mutlu günlerine yeniden kavuşmuştur.' Gazetelerde ana-oğul-baba'nın yanyana çekilmiş fotoğrafları yanında Pakistan'daki iç çatışmanın, iskeletlerin, kanlı kol ve bacakların resimleriyle Deniz Geçmiş'in ve yatakta zincire vurulmuş halde yatan Yusuf'un resimleri. Artık 'çok özel küçük şeyleri'ime yer kalmıyor. Onlar ölüyorlar; onlar işte, insanlar tabur tabur... XX. yüzyıl savaşlar ve robotlar çağı. İnsan yok. Onlar öldürülüyor. Asıyorlar onları; hayalarını buruyorlar; tabanlarını patlatıyorlar; sonra da soğuk suda yürütüyorlar; insanın kendisi olmasına izin tanınmıyor. Güç varsa, siz cılızlar yoksunuz. Hiçsiniz.

İstedikleri kadar kışkırtsınlar, susacağım. Susun susun: Suskunluk korkutur faşizmi: Le Despotisme est un paradoxe=Despotluk akılsızlıktır, gülünçtür, saçmadır. Anlaşıldı mı?

10 Mayıs

27 Nisan'da sıkıyönetim ilânından sonra *Cumhuriyet* ve *Akşam* gazeteleri kapatılmıştı. On gün süreyle. İkisi de yeniden çıkmaya başlayacak. Ama nasıl? İlhan Selçuk'suz, Çetin Altan'sız... Sıkıyönetim kurallarına boyun eğmiş basın. Aranan evler, toplanan kitaplar.

Devrim kapatıldı, *Ortam* toplatılıp denize atıldı; 12 Mart ve bundan sonra olanların adı faşizm diye konulmadı. Fakir Baykurt düşüncelerini (bu gün) söylemiş olmaktan değil, dün ifadeye çalışmış olmaktan götürüldü. Nezarette mi, gözaltı mı, hapis mi?.. Karşı komşum Ziraat Fakültesi profesörü hanım kapıyı çaldı. Elinde nefis bir Tolstoy fotoğrafı. Büyük bir incelikle bana:

"Adalet Hanım, böyle şeylerden sizde çok vardır nasıl olsa. Bunu da alır mısınız? Bir konferans için gittiğimde işte orda armağan etmişlerdi de..." 'İşte orası', yani SSCB. Evinin basılmasından korkan yalnız benim bu nâzik komşum olsa! Ne gezer. Hani nerdeyse artık şifreyle konuşuluyor gibi bir hal. Halim'in teknokrat bir arkadaşı: "Adalet, hani şu şey... Şu şey işte, hani Nâzım'ın sendeki *Yaşamak Güzel Şey Be Kardeşim*'i? "Eee?" "Duruyor mu?" "Tabii duruyor." "Durmasın... Sakın durmasın!" Halım'in bir iş gezisinden bana Bulgaristan baskısını getirdiği kitaptan bahsediyor. (...)

Cumartesi İlhan'dan mektup aldım. "Atla gel Bodrum'a" diyor. İyi oldu, Edibe'yle birlikte onlar oraya yerleşiyorlar. İlhan şairliğini o iklimde damıta damıta yaşayabiliyordur.

Bodrum'a gitmek içimden gelmiyor.

14 Mayıs

Siyasal Bilgiler Fakültesi ve tabii BYYO, erken tatil olacakmış. Nermin Hanım, bütün iyi niyetiyle öğretim üyeliği kadrosuna alınmam için Dekanlığa başvurmamı istemişti. Orası bunu olumlu karşılayıp Senato'ya göndermiş. Metin yazarlığı dersine gelenlerin sayısı fazla değil. Ama gelebilenlerle gayet iyi anlaştık. Ürkekler. İçlerine kapalılar. Yarınlarının ne olacağını bilememekten gelen bir huzursuzlukları var. Onları seviyorum.

Tutuklananlar günden güne artıyor.TBMM kararıyla yeni sıkıyönetim kanunu çıkarılıyor.

Savcı, banka soyguncusu denilen bir gencin idamını istiyor. İdam haaa? İdam.

Menderes'in mezarından fırlayıp nihayet "Olmaaaz, yapmayın!" diye bağıracağını umuyorum. Bu ses İnönü Paşa'dan gelecek, lâkin onu kim dinleyecek, bulamıyorum. Daha iki ay önce, memleketi herkesten çok sevenler ekibinden bazıları, hak hukuk diye yürüyen öğrenciler için: "Alacaksın bunları, bir ikisini sallandıracaksın, bu iş biter!" diyenler değil herhalde. Umut bitmez. Toplum ses verir belki.

(...) Geçen gün Halim'le Nihal Anne'yi alıp, tavukçudan önce temiz hava alması için Esat'ın taa üstlerindeki kır kahvesi Papazın Bağı'na götürdük. Gözlemeleri değerini vererek yedi. Bağın yukarısındaki bir barakada gözlemeci kadınlar ikişer ikişer görev taksimi yapmışlar: İkisi yufka açıyor, diğer ikisi yağlıyor, ikisi de peynirleyip kıymalayıp katlıyor; beri yanda üçü, ateşin başında ayrı ayrı tandırlarda kızartıyorlar gözlemeleri. Kocaları izin vermediği için fotoğraflarını çektirmiyorlardı. Seyirci gibi kendilerine bakışımdan beni utandırmasını bildiler.

(Aynı şeyi Güngör ve Zehra ile çıktığımız Doğu gezisinde, çok güzel gözlü bir Kürt gelininin fotoğrafını çekmek istediğimizde de hissetmiştim. Genç kadın başını usulca yan tarafa çevirmiş, gövdesini de sırtı bizden yana gelecek şekilde şöyle bir döndürmüştü, o kadar.)

19 Mayıs

Önceki gün İsrail'in İstanbul Konsolosu kaçırılmış. Bütün tutuklananlar serbest bırakılırsa o da ancak o zaman serbest bırakılırmış. Sıkıyönetim buna "Hayır" dedi. Atatürk'ün Samsun'a çıkışı kutlanıyor. 'Bayram ediliyor.' Ama nasıl?

Dün radyodan öğrendik: İstanbul I. Sıkıyönetim Komutanlığı, aralarında yazar, gazeteci, profesörlerle doçentlerin ve asistanların da bulunduğu 49 kişinin tutuklanması emri verdi. Samim Kocagöz, Yaşar Kemal, Prof. Bahri Savcı, Prof. Mümtaz Soysal, Muammer Aksoy, Uğur Mumcu; Sosyalist Aydınlık takımından Mihri Belli, öteki aydınlıkçılardan Doğu Perinçek, bu arada DİSK takımı ve Hikmet Kıvılcımlı ile Doğan Avcıoğlu. Ankara'da bu gün tutuklanan ve teslim olanların sayısı (bilinen) 345. Kayseri'de (bilinen) 40, Eskişehir'de (bilinen) 18, Adana'da (bilinen) 18. Siirt'de şu kadar, Antep'te bu kadar; bu boyle gıdıyor.

Meclis'ten 'makabline şamil' kanun çıkarılıyor. Dün, İlhan Selçuk'un Selimiye'de, askerî mahkemede ilk sorgusu yapıldı. (Askeri mahkemeymiş... Sanıklar sivil yahu!.. Heey!..)

Savcı, İlhan'ın 2 yıldan 16 yıla kadar hapsini ve sürgününü istiyor. (Demek Jön Türk'ler fasilesinin dirildiğini sanıyor Sıkıyönetim mahkemesi. Şöyle bir yoklasak, ortaya Jön Türk'ten 'kurtarıcı' namıyla çok daha tehditkâr sizler çıkarsınız.) Topluma, İstanbul'da banka soyguncusu diye takdim edilen Ömer Ayna'nın idamı isteniyor. (...)

İstanbul Sıkıyönetim Komutanlığı 49 kişilik aydın grubunun tutuklanmasına gerekçe olarak "masum kafaları kışkırtma ve zararlı fikirlerle zehirleme"lerini gösteriyor. Bu tuhaf 'suç' gerekçesi Sivil yargıdan esinlenmeyse. Niye oturup yargı organıyla hesaplaşmıyorlar ki? Aman Adalet, saçmalama! Coup d'Etat denen şey sivil mivil dinler mi? Darbenin kanunu: Astığım astık, kestiğim kestik kanunudur. İkide bir kafandan aptalca sorular fırlayıp durmasın. Fikir fırlamasının suç olduğunu daha nasıl anlatsınlar sana....

Mümtaz'dan, tutuklu bulunduğu yerden, telefon geldi: Sevgi'yi bulmamızı, bir iki öteberisini ona ulaştırmasını istiyor. Böylece ailelere, yakınlara tutukluya bir donfanila götürülmesinin 'serbest olduğu' kaidesi öğrenilmiş oluyor. Denilen yapıldı. –Devamı Yarın Akşam– Sevgi'den:

Aklımız kalbimiz Bahri Savcı'nın eşi aradı: Bahri Bey'in içerdeki rahatı iyi imiş. Hay allah, bel fıtığı var üstelik, bacağı kötü. Haberin devamı: Gece sabaha doğru Niyazi'yi (Ağırnaslı), kızını ve Avukat Halit Çelenk'i de götürmüşler.

En en en eski arkadaşım Leman'a koştum. Niyazi'nin ve kızının götürülüşü karşısında son kerte soğukkanlı duruyor. Alışkanlık mı demeliyim, ne yapmalıyım. Evet, soğukkanlı durmak en iyisi. İyi de, bazılarımız dışında herkesin birbiriyle ilişkileri de gerginleşmekte.

Olmayacak şeyler için kavgalar bile edilmekte.

Sıkıyönetim, halkı durmadan 'ihbara' çağırmakta. Bu

arada, ne yazık ki, kimlerin hangi sebeple ihbarcı kesilebildiğini de öğrenmiş bulunmaktayız. Şöyle: "O bana bir zamanlar 'satılık', demişti. Şimdi görsün gününü bakalım." –"Beni yerimden atmasını bilir miydi? Şimdi kendi debelensin bakalım." –"Karısı halılarını, üstelik balkonda çaylarımızı içerken hep üstümüze silkeler, rica minnet para etmez. Şimdi görsünler günlerini bakalım." –"Haaa o mu, tarlamın yarısına sahip çıkıp domates ekti. Ortada hak-hukuk var mı, yok mu, şimdi anlar o." –"Haaa şuuu, ayol biz onun yazı makinasının sesinden uyku durak bilmez olmuştuk canım! Böylelerinin tepesine vurmalı yumruğu, olsun bitsin!" –"Bu adamdan kuşkuluyum efendim; güzel güzel kızlarla gezip tozmaktadır. Onlara su gibi para dökmüştür. Vatanımızın ekonomisi hep böyle gibiler yüzünden kötülemekte; hadi versin bakalım şimdi bunun hesabını efendim kumandanım!"

Bana böyle böyle 'ihbar maddeleri' döktüren önden varsaydığımız yargı sistemine güvensizliğim mi, yoksa varla yok arası toplum bilincine güvensizliğim mi, bilemiyorum. Hoş bu da zaten, tavuk mu yumurtadan,yumurta mı tavuktan, gibi bir mesele! Herhalde eline tek kurşunluk silah almamışların insan haklarının bu derece hiçsenmesi beni böyle yaptı. Sakin olalım. Çıldırmayalım. Leman gibi duralım. Kaniş köpeklerini Kuğulu Park'ta işetmeye çıkanlara sakın kötü gözle bakmayalım.

Halim'le de "Köfteciye gidecek miyiz-gitmeyecek miyiz?" gibi ciddi bir soruşturma, kovuşturma yüzünden sakın bir daha kavga etmeyelim.

Artık şakanın da tadı tuzu kalmadı canım. Ne desek üstünden 'eşek şakası' levhası fırlıyor.

İlhami ile Fakir Kızılcahamam'a mı gönderilmiş? TÖS

Başkanlığını kimin yerine yüklenegeldinse, işte onu kurtarmış bulunuyorsun sevgili Fakir Baykurt.

24 Mayıs

Kaçırılan İsrail Konsolosu Ephraim Elrom'un cesedi önceki gün sabaha doğru, ihbar üstüne, Nişantaşı'nda bir apartman dairesinde bulundu (bulunmuş). Beynine üç kurşun yemiş. Elleri kolları bağlıymış. Oda kanlar içinde (imiş). Cenazesi dün Tel-Aviv'e gönderildi. Bugün orada Askerî bir törenle gömülmüştür. Katil aranıyor; tutuklamaların ardı arkası kesilmiyor. Sadece Bülent Nuri Esen, Uğur Alacakaptan, Tarık Zafer Tunaya tutuklanıp da serbest bırakılanlar arasında. Leman, Şekibe Tunç, Bahriye ve Sudiş'le arada bir buluşup konuşuyoruz. Ne ağlarlar, ne zırlarlar. Hepsinin önünde saygı ile eğilinmeli. Onlarla konuşuyoruz, diyorum ama, değil. Aslında, kimin neye ihtiyacı var; görüşme gün ve saatleri ne zaman, bunun peşindeyiz. Sevgi'nin dayanma-dayanışma üslubu daha farklı.

AST'ın İzmir turnesi durdurulmuş. Geride kalanlar şaşkın ve pişman gibi...

Emilciğimin, Nuri'nin içeri alınmaları başta, TRT'den atılan atılana...

Alanya, Yeşilköy: 29 Mayıs

Burdayım. Ayhan'la geldik. Annem ve babam, Güner'le bir süredir burdalar. Halim, Adana, Ankara ve burası arasında mekik dokuyacak yine.

İyi oldu, bu günlerde bir aile çatısı altında toplanmak bana iyi geldi. Fakat babamın 'hiç çaktırmadığı' telâşı, evdeki kitaplarımdan ötürü bana yönelik kaygıları içime dokunuyor. Kendisini avutma tarzı, sinek kovalar gibi bir korunma tarzı: Gülmemeye çalışıyorum:

"Kızım, sen solcu musun?" "Ne gibi baba?" "İşte öyle canım, diyorlar ya; sağcı-solcu. Solcu musun?" "Evet baba." "Aaa, yok canım, değilsin değilsin..." Başıma bir şey gelirse, inatçı huyumdan ötürü, değilse kitaplarım yüzünden gelecektir diye işkilleniyor olmalı. Mesele(mizin) üstünden atlıyorum: "Annee, bu portakal reçelini burada mı yaptın?" Babam atılıyor: "Burda yaptık ya. Benim aldığım portakalların kabuğuyla benim getirdiğim şekerle yaptık. Bu da, neydi bayan, turunç, ha turunç reçeli işte. Yesene..."

Sanki yetmişine kadar yorulmak nedir bilmeden çalışan kendisi değilmiş gibi, hâlâ bir işe yaradığını ispata çalışıyor.

Cemile hep bizimle. (Halim geldi. İki gün sonra Ankara'ya dönecek. Onu özlememek mümkün değil. Burada Güner'le kalırsam, belki arada o da gelir. Babamın muhalifiyle yaralarımızı sarıyoruz. Beni, "anacağım sen de ne sarsıntılar geçirmişsin, hiç haberim olamadı" diye karşıladı. Öyle, sıkıyönetimin ağırlığı altındayken, bir yandan da 'çok özel', hayli de ağır bir sarsıntıyı yaşama durumu oldu.

30 Mayıs

Ankara'da son defa gözaltına alınanların 88'i tutuklanmış.

Annemler Ayhan'la birlikte bu sabah gittiler. Güner'le şu şöyle - bu böyle tartışmalarımıza devam. Mokamp'a gidiyoruz. Side'ye de. Güzel güzel yiyor, bol bol içiyoruz.

(...) Adıyaman. İnekli köyü. Deniz Gezmiş'ler, Sinan Cemgil'ler... Üstlerine yürüyen koca bir ordunun elde kılıç tek hedefi kurak yerde fışkırmış bu filizler...Sanki gençler ceplerini doldurmak, makam sahibi olmak falan için duydular başkaldırı ihtiyacını da... Üniversite yönetiminde söz sahibi olmak istek ve önerileri anlayışla karşılansaydı, bu önerilerinin anlamı bukadar istismar edilebilir miydi?

... Her şey olması gerektiği gibi olmaktadır...

Dr. Hikmet Kıvılcımlı'nın Alanya'dan tuttuğu bir motorla –yanında iki kişi daha– Kıbrıs'a geçmeyi, oradan da Suriye ya da Irak'a kaçmayı başardığı söyleniyor. Mihri Belli'den hiç haber yok. 'Proleter Aydınlık'çıların bir grubundan da haber yok. Sıkıyönetim'in dili, asmakla, kesmekle, sosyalistlerin kökünü kazıyacağız'larla dolu. Yüzbaşıymış, binbaşıymış, generalmiş; sanki kelleyi koltuğa almışlar için bu rütbelerin bir anlamı kalmışmış gibi. Bu bir 'ihtilâl'se, her şeyin anlamı tersine dönmüştür. Yarın değişimciler, bozuk sisteme karşı yürüyenler halk desteğiyle iktidar olurlarsa, omuzlardaki yıldızların ne anlamı kalacaktır? Sivil bir darbe olursa? Olursa, 'Stalincilikten', yaşanmış askeri darbelerden ders alınmış olarak olmalı, diyorum. Aydın aşkınlığına, toplum bilincinin olgunluğuna dayanarak olmuş olmalı...

3 Haziran

Bazen, Çetin, Mümtaz, İlhan, İlhami, Uğur iyi ki tutuklular şimdi, diye düşünüyorum. Dışarda yazmak çok güç olacaktı onlar için. Köşe yazarlığına karşın edebiyatın daha bir sürekliliği var. İçte, derinlerde olup bitiyor her şey. Gizlice. Sessizliğin dayanıklı ürünü.

Ölmeye Yatmak'ı hemen değil ama, gelecek yıl, tam da istediğim gibi bitirebileceğimi sanıyorum. Toplumsal gerçekçilik tartışmalarına somut bir cevap yaratma fikrim güçleniyor. Klasik ya da Romantik roman anlayışına karşı romanımızda yeni bir kapı açma cesaretim de. Cumhuriyet ideolojisi ameliyat masasına başka nasıl yatırılabilir? Teşhis, tedavi, gerekirse ameliyat. Gerekecek, çünkü hastalık müzminleşti. Radikal tedavi; hem de estetik dikişlerle, "Bakın bakın!" diye görgüsüzce sırıtmayan gizli bir bütünlükle...

Halim'den dün telgraf aldım. Cumartesi günü erkenden gelecekmiş. Bu yola geceyarısından sonra çıkacak ve burda çok kalamayacak demektir.

Güner'i 'tedaviye' çalışıyorum. Bu bakımdan hem memnun, hem de, içince, yine zorbalaşıyor. O zaman otel odasındaki birbuçuk saatlik iç roman bölümü bana: "Dur, şimdi dokunma bana, şimdi dokunma!.. Aklını başına topla, ondan sonra!" çanını çalıyor.

Bu sabah çok erken bir saatte iyi bir şey yaptım. Saatin 4'ünde yağmur altında denize girdim. Kendimi dünyadaki tek canlı benmişim gibi hissettim ve çok tuhaf, ürkmek ne kelime, sevinçten uçtum.

Güner öğleye doğru Antalya'ya gitti. Bu gece İncekum Motel'de kalıyorum.

Yanda, bizden önce yapılmış bir Alman aile evi var. Geçenlerde orası soyulmuş. Etrafta tuhaf şeyler oluyor. Korkma huyu olmayan ben bile, burda geceleri yalnız uyumaktan korkuyorum artık.

Nili'ler annemin buraya ormandan getirttiği suya ortak oldular. Bize gelen yoldaki borudan evlerine boru çekmişler. Bizim duş cır cır, ya akıyor ya akmıyor. Dostlarımızın gıcır evleri çevresindeki güzelim sardunyaları kıskanmıyorum desem, yalan olur.

Vahşi baskınlar. Gençler hâlâ kıstırılıp kıstırılıp toplanıyor. Çocuklar parkalarını, botlarını toprağa gömüp kır, köy, orman, mağara nerde ne varsa oralarda 'basılıyorlar.' Darbe'lik Cadı Kazanı!

Turhan Selçuk, poliste. Balmumcu'daki toplum polisi karargâhında. Üç gün. Orada neden üç gün ölesiye dövüldü? Evinden götürülen 75 kitabıyla birlikte?.. Başbakan hâlâ daha hukuk devletinden, demokrasiden bahsediyor. Demokrasi aşkınlık ister, aşkınlık. Kendi içinin karargâhında tutukluluk değil. (...)

Dün İstanbul'da Fethi Naci, Ankara'da da Erdal Öz gözaltına alınmış. Evlerinden, dükkânlarından toplanan kitaplarıyla. Çetin Altan, eskinin eskisi, zekâsına bin bereket arkadaşım Çetin ilk defa bugün mahkeme karşısına çıkarıldı. Bir arkadaşım Selimiye'de dövüldüğünü, ağzının burnunun kanatıldığını söyledi. Demek TBMM'de milletin bir temsilcisini dövdükleri yetmemiş! Bu ahlâk, aşağılık duygusunun hastalığı. Bütün bu arada ilk kez Turhan Selçuk olayı basında azbuçuk yansıyabiliyor. (...)

Şimdi radyodan öğrendim. Çetin'in 'davâ oturumu' bu sabah saat 10.00'da başlamış. Davaya bakmaya Sıkıyönetim mahkemesinin yetkisi olup olmadığının anlaşılması için yarına mı, bir hafta sonraya mı bırakılmış, burasını anlayamadım. TCK'nın 159. maddesine göre yargılanıyor. 20 Şubat'da Akşam'da çıkan Zavallı Emniyetçiler başlıklı yazısıyla alnına yazdırılan suçtan ötürü. Emniyetçiler zavallı olamaz mı? (Katil'in insanlık dramı dahi, dramların en büyüğü değil mi?)

(...)

Pazar gecesi Halim'le yanyana Ankara'ya döndük. Eş eşe, peşpeşe hayatımız tam 17 yıllık... Bu da her gün kendimizi biraz daha aşma talimi, yapmakla geçti. İkili birliktelik ancak böyle sürebiliyor. Yoksa herkes sadece tek'tir. Sevişmenin bir adı da dayanışma. Dayanışma ise, her bireyin kendini aşması yol ve yordamının bitmez tükenmez dilencisi.

Kist nedeniyle Hacettepe'deki doktoruma gidip gelmem gerekiyordu; uzun süredir gitmiyorum. Böyle sürmesi daha iyi olur, gibime geliyor.

10 Haziran

Senato BYYO'daki öğretim üyeliğine kabulümü istememiş. Red. İçerdeki 'sol'cu öğretim üyeleri atılıp, 'temizlenip' dururken, aynı nedenle TRT'de yapmadıkları kalmamış bir oyun yazarını ne yapsınlar? Geçenlerde Selçuk bana: "İyi ki ayrılmışsın TRT'den, yoksa sen de içerdeydin. Nasıl bildin sahi?" diye sormasın mı? "Selçuk'cuğum, 12 Mart TRT'ye 12 Mart 1971 tarihinden çok önce gelmişti."

50 daktilo sayfalık ders notlarım da BYYO'da kaldı. Henüz kitabı şusu busu olmayan bir okulun radyo metin yazarlığı dersi. Yeni kurulan iletişim okulu için tarafımdan nerdeyse yirmi yıllık deneyimlerim ışığında yazılmış notlar. Bir kitap. Bunu bulup teksir ettirmek için okula gittim. TRT'deki program öğrencilerimden biri, Aysel orada. O da özerk yayın kurumumuzda barınamayanlardan.Aysel şu sıralar Nermin Hanım'ın sekreterlik işlerine bakıyor galiba. Daha ben Aysel'in yanına girer girmez, odacı kan ter içinde geldi: "Okul basıldı!" dedi. Asker –polis elele SBF ve ona bağlı BYYO'yu kuşattılar. İçerde olanları dışarı, dışarda olanları içeri bırakmadan

tam üç saat arayıp taradılar her yanı. Dışarda yağmur var. Sağanak. Okulu sarmış komando erleri, ellerinde makineli tüfekleriyle, tompsonlarıyla pencerelere, yani oralardan bakan bizlere bakıyorlar. Hal ve hareketlerimizi karşılıklı epeyce tarttık.

Hani sanki onlar bir dünya orada, bizler başka bir dünyayız bu yanda.

Nihayet bir komando yüzbaşısı geldi. Doğru Sekreter Cahit Bey'e: "Kimse yerinden kımıldamasın. Koridorda gezen birini görürsem ona şüpheli şahıs gözüyle bakacağım" dedi ve rap rap gitti. Emir kulu, ne yapsın? Veeee: Zavallı Emniyetçilerimiz! Gözleri altındayız.

Odalara tıkılıp bekledik. Öğretim üyeleri asker-polis nezaretinde toplantıya götürüldüler.

Okulda mecburen –bizim gibi– kalakalmış öğrencileri okuma odasına topladılar; orada arandılar. Ne biçim bir arama oldu, göremedik. Yine bir cesaret, pencereden baktım: Bir manga asker, ellerinde içi boş iki dinamit kovasıyla gittiler. Bu dinamit kovalarıyla bu münasebetle tanışmış oldum. Yağmur azaldı, ama yağıyor.

Serbest bırakıldık. Yağmurda yürümek bana iyi geldi.

Geceyarısı

Karanlık pencereler. Yılların alışkanlığı, hep geç yatan benim çalışma odamın sürekli yanan ışığına 'şüpheli şahıs' gözüyle bakıyorum.

Akşam öğrendik. SBF, BYYO'da sınavlar başlayacak. Tedbiren yurtlar, kütüphaneler çoktandır kapalı. Çocuklar nerde nasıl çalışabildiler ki. Belli değil tabii. Ankara Sıkıyönetim komutanı Sancar, üniversite yöneticileri, yetkilileri bir olay çıkmayacağını taahhüt ederlerse yurtları açacaklarını bildirmiş bulunuyor. Silâhların gölgesinde ille de sınavlar yapılacak ve bu gençler geleceklerini kurtardıklarına sevinecekler, öyle mi? Darbe = Eğitime darbe.

Tank, top, tüfek, her yerde. Her yerde her er 'işbaşı'nda: Darbe = Ekonomiyi çökertme darbesi.

(...) Diyarbakır Sıkıyönetim kumandanlığının sonuncu bildirisi: Fırıncılara ihtar. Pideler nasıl yapılmalı; ekmekler ne derece pişkin ve delikli evsafta olmalı; alt kabuğu, üst kabuğu ne sertlikte pişmeli; içine ne derece yapışık ya da uzak bulunmalı, 'emrediliyor.' Başka bir haber Kayseri kaynaklı: Üç genç daha yakalanmıştır. BYYO kütüphanesinde vurulan hukuk öğrencisi Mustafa Kuseyri'nin takma adlı olduğu öğrenilmiştir. (Pide-ekmek konusundaki ihtarlar Diyarbakır'dakinde de aynı.)

13 Haziran

TDK'dan yazar arkadışımız Tahsin Saraç sık sık uğruyor bana. Seviniyorum. Dün yine çıkageldi. Tek perdelik *Tombala* oyunumu Fransızcaya çevirmesinden beri, yazacağım kısa oyunlar onun başlıca merakı olup çıkmıştı. Onu sevindirdim. Bukadar gel git arasında içimden gele gele, ama 'yine olmuyor galiba' diye diye yazdığım *Çıkış*'ı okudum Tahsin'e.

Heyecandan zangır zangır titreyerek dinledi. Ne yapacağımı şaşırdım. Oyun yazarlığında kendimi aştığımı, hem kat kat aştığımı söylemesin mi? Uzun süredir çöp tenekesini boylayan sayfalardan, gönlümce yazamamaktan doğan sıkıntım dağılır gibi oldu. Bizler, Ankara'daki yazarlar, yazdıklarımızı birbirimize okuruz. Bu, epeydir benim için öyle değil. Gizlenmekteyim. Tahsin'den sonra dayanamadım *Çıkış*'ı 'mon ami de vie' Halim'e verdim.

Bu oyunun her ânının insanın önüne on büyük dünyayı birden açtığını söylüyor. Yazarken kendime güvenimi nekadar elden kaçırdığımı böylece anlamış oldum. Aynı zamanda kendi dışımdakilerin notuna bukadar belbağlayışıma üzüm üzüm üzüldüm. Bir de not düşeyim bari: Yazar, ideolojik kural ve kuramların içinde boğulmamalı. Verili değerleri altedemedin mi, düz anlatı şiirine kavuşamaz.

14 Haziran

Tutuklu bulunan arkadaşların, dostların bütün yakınlarına, bilen duyan gazeteci tanışlarıma teker teker telefon ettim: Kimisi mahkemeye sevkedilmiş, İstanbul'da gözaltına alınıp bırakılanlardan bazıları yeniden tutuklanmış. Güngör Dilmen Londra'dan telefon ediyor; benden haber soruyor. Sevil Avcıoğlu'nu aradım. Şimdi beni bekliyor; işin vodvil yanını sahneler o; iyi gelir. Sabah da Fatma geldi. TRT'nin ilk giriş sınavına katılanlar arasında bulduğum Fatma. "Niye yayıncı olmak istiyorsunuz" sorumu, "Param olsaydı profesyonel devrimci olurdum" diye yanıtlamış bulunan Fatma. Uzman kadro birbirine bakıp kalmıştı; ama Fatma da, parlağından bir 'geçer' notu almıştı. Şimdi kurumda, çok yönlü bakış eğitimiyle işini iyi yapan biri. "Objektif programımı suya sabuna dokunmadan yapmak, çok yönlü bir bakış değil ama, bakışsız bir şey değil mi Adalet Hanım?" sorununun derdinde; Mümtaz'ın 'güzel huzursuz'u... Mümtaz'a, askerî cezaevine şöyle bir not göndereceğim: "Söylesene Mümtaz, şu güzel huzursuzluğumla ne yapmalıyım? Ne yapmalıyım huzursuzluğumu?" Yanıtı şu olacaktır, biliyorum: "Yazdıklarının içine koy onu. Oyununa koy, sandığa kaldır; yarına kalır onlar..." Fatma'yla öpüştük; gitti.

Sabaha doğru

Roger Vailland'ın *Yalnız Adam*'ını okuyup bitirdim. Yalnızlık'ın Marksist açıdan derinlikli yorumu. Roman çalışmamda baş kadın kahramanımın öğrencisiyle yatışı öncesinde sadece "Yalnızız, çok değiliz" dedirtmiştim. Düzeltiyorum: "Yalnızız. Çoğalana kadar birlikte olmalıyız" demeli.

16 Haziran

Dün Halim'le Mamak askerî cezaevine gittik. Arkadaşları görmek istedik. Göremedik.

Oradan İlhami Soysal'lara. Bahriye, bütün tutuklu yakınları gibi, giyecek, gerekli eşyalar, şu bu, nerde kime, nasıl ve nekadar verilmeli uğraşı içinde. Ziyaret günü, 'şu gün' deniyor, o gün olmayıveriyor.

Ortam yeniden çıktı. Mümtaz'ın yerini Muammer Aksoy almış.

23 Haziran

Dün garip bir şey oldu. Romanımın 'O' ve 'Ben' anlatımını içice dokumaya çalışırken zırr kapı. Gidip açtım. Karşımda avurtları çökük, esrarcı halli, gençten biri. Kendisini tanıyıp tanımadığımı, babasıyla babamın Nallıhan'dan arkadaş olduklarını, içeri girip giremeyeceğini sordu. Nallıhan kalmış tâ 1938'lerde. Kimmiş babası? Bu genç otuzunda bile değil; kimdir, nedir, bilemiyorum. "Gitmem lazım, kaçmam lazım abla, para lazım abla" diye öyle bir çaresizlik içinde görünüyor ki, insaniyet nâmına buyur ediyorum. Nerden geliyorsun, nerde yaşıyorsun, ne iş yapmaktasın, okuyor musun, gibi sorularıma yanıtlar karışık; birbirini tutmuyor. Ya gerçekten çaresizse, ya sahiden ölümden kaçıyorsa?

Kendisini yurt içinde gidebileceği en uzak yere kadar götürecek, yedirip içerecek bir para verdim, gitti. Vermesem, gitmeyecek. Neyin nesi? Bir sır. İnsani ilişkilerin bukadar kuşkuya, kaygıya batması rezalet! Rezaletlerin daniskası. (...)

Akşam, şu haber:

Bugün sabaha doğru Altan Öymen'i de gözaltına almışlar. Açıkta işsiz kalanlarla birlikte Anka Ajans'ı kurmuşlardı. Bundan olabilir mi? Yok canım, olur mu? Haber ajansı, henüz çiçeği burnunda bir iş bu. Gidip göremedim bile. Altan, Çetin, taa fakülte yıllarından beri arkadaşlarım. Ankara'yı hep burun buruna, birlikte yaşadık. Keyifli zamanlarımız dahil. (...)

Altan'ı serbest bırakmışlar. Kırk yılda bir, iyi haber.

Temmuz-Ağustos-Eylül

Akdeniz Yok Zaman

7 Temmuz

Doktora gittim, gidemedim faslı bitti. 1 Temmuz'da apandisit ameliyatı oldum. Ne Halim, ne annem. Hiçbirinin ruhu duymadı. Öyle ayarladım. Ameliyat, ölüm kalım arası bir şey. Bunlardan birinden biri olana kadar, yakınlar dokuz doğururlar. Bu işi kendi başına halletmek en iyisi. Zaten Sosyal Sigortalar hastanesinde toptan iki gün-iki gece yattım. Eve gelir gelmez, nerelerdesin'lere cevap: Anneye telefon; "oldum-geldim" demek için. Durur mu, koşup geldi; zaten akşama da Halim'in Adana'dan kaçamak sürprizi oldu. Hepsi çok güzel oldu.

Güzel olmayan, Halim'in ne zaman tatil yapabileceğini hâlâ bilememesi, benim Sezi'ye nasıl yardım edebileceğimi bilememem. Sekiz aylık hamile ve kocası Nuri Çolakoğlu içerde. İşkencede tırnaklarını söktüklerini işitiyoruz; kusup duruyorum.

Leyla Erbil ile Alanya'da buluşma programımız değişti. On gün falan sonra. Sevgi Sanlı da bize katılacakmış. Elâ İstanbul'a tatile ya da Büyükada'da annesini görmeye gitmeden önce bana geldi. Uzun uzun konuştuk. Mehmet'le ilişkisi bakımından derdi çok; bir de... hadi neyse. O kadar uzatmayalım.

Halil Ergün de geldi. SBF kültürel çalışmalarında öyle çok emeği var ki. Fakülte askıda; o daha önce Vasıf'ın kurduğu tiyatroda 'darbe' yılımızın en iyi erkek oyuncusu seçilmişti. Bence Halil sinemamızda, 'küçük burjuva' taşra ahlâkının, köyle kent arasında sıkışıp kalmışların simgesi olabilir. *Sessiz Bir Adam*'ı istedi. "Bu oyun Vasıf'a göre değil, ayrıca ben de ona 'tamam' gözüyle bakamıyorum" dedim. Zaten bıyığı her zaman kirli Veysel alıp götürmüştü. Sevgi Sanlı kısa oyunlarıma pek meftun görünüyor. İlle DT'ye vereyim istiyor. Aman Sevgiciğim, bu saatten sonra kim bakar yüzüme benim?

Ameliyat olduğum gün İlhan'dan bir şiir aldım: *Kuşatma*'sını. Bağevlerindeki Selçuk'tan da uzun güzel bir mektup.

Temmuz'un dokuzu

Tutuklu arkadaşlardan haber aldım. İlhan Selçuk bir yıl hapse. 4 ay da Konya'da sürgünlüğe mahkûm edilmiş. İnsan ister istemez Magosa, Beyrut sürgünlerini falan düşünüyor. İlhan kararı temyiz eder herhalde. Cezaevlerine mektup yazdım. Verirler mi ki?

Çaresizliğimi böyle böyle altetmeye çalışıyorum galiba. Ya da 'dışarda olmanın' vicdan azabından kurtulmaya............................

12 Temmuz

Büyüdüm. Çocukluğum ancak kırkımdan sonra bitebildi: Kadın oldum. Evi terkedip üç dört günlüğüne bir otel odasına sığındığımdan beri eski sarsak, şaşkın, yıkıntıların ne olduğundan habersiz saf safalak biri değilim. Dayanıklıyım.

Temmuz'un on dördü

Geçen gün Halim, Güner, Halil ve ben içerde toplanmış konuşuyorduk. İstanbul'da yepyeni bir tiyatro kurmanın hayalleri içinde yüzülüyor... Halil'le Güner, fikir birliği içinde olmanın sevinci içindeler. Benim de,ameliyattan kalma dikiş alınmış, yataktan tastamam kalktığım bir gün. (...)

Salı gecesi Örsan telefon etti. O da Anka'da ama çok şükür 'henüz' kendi yerinde. Haberi şöyle: Sevgi Mümtaz'la Sıkıyönetim Kumandanlığı'nda nikâhlanmış. Örsan o saate kadar Sevgi'yi görememiş. "Oysa kendisi bu konuda 'püblisite' istiyordu; biz de buna göre davrandık. Milliyet haber verecek ama Sevgi'nin fotoğrafı lazım, sende var mı?" Az sonra Zeki Sözer'le birlikte bana geldiler, fotoğrafı alıp gittiler. (Ah Örsan'cığım, hani geçenlerde ortası boşaltılmış portakalların içine mum yakarak bana baskın yaptığınız ziyarete hiç benzemedi bu ziyaret, değil mi?)

Halim'le birlikte Mümtaz'a, Cezaevine bir tebrik telgrafı çektik. İşte bunu da yaşadık. (...)

Bodrum'lu olmuş bulunan İlhan Berk'imizden mektup aldım. İlhan benden aldığı mektupları öve öve bitiremiyor, nedense. Okurken kahkahalar savuruyormuş. "Sen bir günce tutsan, herhalde çok iyi bir şey yapmış olursun; 'büyük' bir yazarın güncesi olmalı" diyor. 'Büyük' diye dalgasını geçmeseydi, iki yıldır böyle bir şey yaptığımı bildirirdim; ama şimdi artık tabii bildirmeyeceğim.

(...)

Gazetede okudum. Kültür Bakanlığı kurulmuş, başına da Talât Halman getirilmiş.Halman sanat ve edebiyat hayatımızla yakından ilgili, ama uzun süredir Amerika'da. Ordan geldi, bu da fena bir not sayılmamalı, ama onun yerinde olsam, tarihimizin askeri darbe zamanında bu görevi kabul etmezdim. Talât Halman'ın akla gelişinde Muhsin Hoca'nın bir payı olabileceğini düşünemiyorum. Fakat silahın ucunda güdülen TRT yayınlarına bakınca, kültür meselelerimizin özgür ve özerk bir yaklaşımla düzene sokulamayacağını düşünebiliyorum.

(...)

Alanya, Yeşilköy, 20 Temmuz

Leyla Erbil ve kızı Fatoş'la burdayız. 'Benimki' Adana'da, 'Onunki' Antalya'da.

Bekir Yıldız bana *Sahipsizler* adındaki hikâye kitabını göndermiş. "Arkadaşın Adalet bunu okusun da yazı nasıl yazılır, görsün" demiş. Onun *Kaçakcı Şahan*'ını daha önce okumuştum. Urfa ve Fırat yöresi 'köy insanları'nı yazıyor. Mahmut Makal'ın izi, bir 'edebiyat' yolu olarak iyiyse, bu öncesindekilerden bin kat iyi. Ancak, Alman işçileri olsun, Urfa'nın ezilmişleri olsun, bunları göze sokmak niyetinin şiddeti bana göre değil.

Ona ben, pornografiden hiç hoşlanmadığım halde, edebiyat kanalında yazarlık nasıl olurmuş Henry Miller'in *Seksus*'unu oku da gör desem, beni asabilir. Kitabı bitirmek üzereyim.

23 Temmuz

Minibüsle bir uçtan Alanya'ya, öte uçtan Side'ye gitmek, Side'nin Kabaağaçlı Halikarnas ailesine atfen, Suat Şakir familyasınca mukim Pamfilya otel-motelinde, Fransızların dâveti üzre yenilen yemek fazladan zikredilmek üzere, denize girilip girilip çıkılıyor; uyuyup uyanılıyor. Dün gece rüyamda *Aleksi Zorba* ile karşı karşıya geldim. Kan ter içinde uyandım. Zorba, kara-kıllı ve kazma gibi kirli dişlerle korkutucu, üstüme üstüme geliyor; ben de "Yetiş *Viva Zapata*, yetiş *Viva Zapata*!" diye haykırabilmeye uğraşıyor, bir türlü haykıramıyor; kaçmaya çalışıyor, tek adım atamıyorum. Terliyim, perişanım, feci yorgun. (...)

Ahmet Oktay'la Tülay, Güner'le Fikret Ürgüp Side'deler. Kumlardaki Fikret Ürgüp'lü Güner'le bize ne zaman gelecekler meselesini henüz çözemedik. Fakat Pamfilya'daki yemekte Suat Şakir'in oğlu, genç ressamlarımızdan Cem Kabaağaçlı ile, alkolden bulut dumanları arasında çok mesele çözdük. Aile gerçekten bir arada görülüp, böylece anlaşılmaya değer. Akşam yemeğine başlama işi, şöyle bir törenle oldu: Ortalık çeşitli yaşlarda bir yığın çocukla dolu. Gelinler, torunlar, halalar, teyzeler... Avluyu dolduran kocaman masalar etrafına çevrelendik.

Ailenin en yaşlısı, büyükbüyükbabası Suat Şakir Bey, şöyle, nasıl desem, hani şöyle 'haham' kıyafetine benzeyen siyah bir cüppe içinde, evin ine ine bahçeye bağlanan ahşap merdivenlerinde görünür görünmez herkes ayağa kalktı, bir alkıştır koptu. Yanımda oturan Cem'e: "Sizin aile amma da kalabalıkmış" demiş bulundum. Cem de, masadaki bütün hanımefendileri, küçük-büyük beyleri, küçük-büyük küçükhanımları göstererek: "Nerdee, sadece 40 kişi kaldık biz" dedi hoş bir gülümsemeyle. "Yine de ötekilerden kalabalıksınız Cem" 'şakacığımı' fırlattım ben de. "Hangi ötekiler?"

"Cezaevindeki gençler ve idamı istenenler. Onlar orada idamlık sadece 20 kişi, şimdilik."

Şaka nâmına böyle bir hırtlığı nasıl yaptım, bunun cevabı bende yok. Her şeye karşın Cem'in zarif ilgisi güzel. Önünde sonunda bir filmin karesi, bir romanın tek sayfası gibiyiz. (...)

İçerdeki gençlerin sorgusu devam ediyordu. İlk gün savcı uzun bir iddianame okumuştu.

Deniz Gezmiş, İnan ve arkadaşlarının Anayasaya ve Parlamentoya kasdetmek niyeti taşıdıklarını söylüyor, bunun cezası idamdır, diyor. Gençler de sorgulanmalarında büzülüp kekelemeden inançlarından hiç sapmadıklarını, demokrat bir Türkiye Cumhuriyeti'nin kuruluşu adına bugün de aynı fikirleri taşıdıklarını belirtiyor, Savcı'nın iddiasını reddederek: Eylemlerinin hiçbir şekilde Parlemontoyu reddetmek amacı taşımadığını söylüyorlar... Bir aydır 'hücre tutuklusu' onlar. Gazetelerde türlü işkencelere uğradıkları yazılıyor: Böyle neşriyatta bulunan kapatılıyor; çare kulaktan kulağa haberleşmeye kalıyor.

Dün Halim'in doğum günüydü. Erkenden kalktım. Perdenin aralığından gökyüzünün hafif bulutlu olduğunu gördüm. İncekum'a yürüdüm. Halim'i telefonla kutlamak istedim, fakat şantiyede bulamadım. Araziye çıkmışlar.

27 Temmuz

Dr. Ürgüp'üyle Güner gelmeden önce, Sevgi Sanlı geldi. Devlet Tiyatrosu üstüne epey haber getirdi; bu bilgiler üstüne epeyce gırgırımız oldu. Büyük bir ihtimalle Cüneyt Gökçer Genel Müdür olacakmış; Halman eğilimi böyle gibiymiş. Hayat sürüyor! Aslolan yaşamak'mış! Peki idam-idamlıklar? O da 'aslolanın' delinmesi.

5 Ağustos

Ankara'dayım. Ayın ikisinde Halim beni Marazlı'dan bozma Yeşilköy'den aldı, Adana'ya geldik. O orada kaldı, ben uçakla buraya döndüm. Ankara çok sıcak. Herkes tatilde deniz kıyılarında.

Ankara'nın en sevdiğim zamanı. Bu sessizlikte çok iyi çalışabiliyorum. Bana gelip giden arkadaşlar sürekli Talât Halman'ın Kültür Bakanlığı'nı konuşuyor, tartışıyorlar. İstanbul, Başkent bürokrasisinden uzakta; bu sorunlar onları daha az ilgilendiriyor gibi... Tunç Yalman, sevgili Algan'lar gibi masum Türk'ler, tiyatro sanatımızın sorunlarının Polyanna büyüsüyle şıp diye çözüleceğini uman çocuklara benziyorlar.

Gece

Şimdi TV'den öğrendim: Çin Halk Cumhuriyeti'ni tanıdığımız, Türkiye ile ÇHC arasındaki anlaşmanın imzalandığı bildiriliyor. Milliyetçi Çin Sefareti kapatılacak. Kültür Devrimi! Kırılan onca plak, yakılan onca kitap külleri nereye konacak? Bakalım Kültür Bakanımız darbenin kültürüne ne yapacak? Bu arada Muhsin Hoca ile İstanbul'daki yakın çevresinin nasıl olup da bu duruma umut bağladıklarını anlamakta gitgide daha güçlük çekiyorum, Talât Bey'in 'darbeyi' uysallıkla kabulünü anlamlandıramadığım gibi.

Sanatın, kültürel oluşumun kaynağı muhalefet değil mi? Yarının daha iyi olmasının itici gücü bugünün arızalarına gözyummamaktan kaynaklanır, diye bilmekteydim.

Ertesi gün, sabah

Şimdi Milliyet'te Sevgi, Elâ ve Mehmet Keskinoğlu'nun Sıkıyönetim yasaklarına uymadıkları için tutuklandıklarını okudum. Bu, gece bir yerde yemek yerlerken olmuş galiba. Nasıl yani? Ne demek?

9 Ağustos

Güngör Dilmen birkaç gündür burda. Orhan Asena ve başka oyun yazarları bir araya geldik, bildiri hazırlıyoruz. İmzaya açılacak. Uzun tartışmalardan sonra "Hiçbir Kurum genel yönetimden soyutlanamaz" cümlesinde anlaşabildik nihayet. Bakanlıkça hazırlanmış Bölge Tiyatroları kanun tasarısını okudum. Bölge Tiyatroları Genel Müdürlüğü'ne bağlı bütün bölge tiyatroları özgür ve özerkmiş; fakat oyun seçimini yapmakta son söz Kültür Bakanı'nda, (yani politik güçte). Bunun adı, 'özgür sanat' sloganı altında bir uyutmaca...

Bütün bunlar aramızda uzun boylu tartışılıyor, iyi de hüküm, başka ellerde.

Bizim evde Güngör'le Halil, düşünce özgürlüğü şöyle olsun, öyle değil böyle korunsun tartışması sırasında, nerdeyse birbirlerinin üstüne yürüdüler. Biri ötekine faşist! diye bağırıyor, öteki buna cahil fanatik! diye. Bu didişmeler bana, pısıp da kulaklara fısıl fısıl bir şeyler fısıldamaktan çok daha güzel, çok daha anlamlı geliyor.

Halil'le Güner'in hayalini kurdukları yeni bir tiyatroyu Haldun Taner İstanbul'da açtı.

Güner orada İonesco'nun *Gergedan*'ını sahneye koyma teklifi almış. Şu sıra Gergedan'ı gözlere sokmaktan daha iyi ne olabilir? Tiyatro mevsimini dört gözle beklemeye değer.

20 Ağustos

Mümtaz'dan, Mamak Cezaevi'nden çok güzel bir mektup aldım. Dışarda bazılarımızın kendilerini içerdekilerden daha tutuklu duymalarını ancak Mümtaz gibi aklını ufku geniş bir yere yatırabilmişler anlayabilirdi.

Son günler Yıldırım Beyazıt'la Mamak cezaevleri arasında gidip gelip duruyoruz. Emil ve TRT'deki yardımcısı Esin Çelikkan da tutuklu.

Cüneyt Gökçer imzasıyla Bölge Tiyatrosu Danışma Kurulu Toplantısı'na çağrılıyorum.

İTİ'de bu yolda, yani amatör tiyatrolar birliği kurulması için epeyce çalışmıştım. Toplantıya bu nedenle çağrılmış olmalıyım, ancak yanıtım: 'Bu çalışmalara normal şartlar yerine geldiği zaman katılma görüşünde bulunduğum, bu koşullarda katılamayacağım' doğrultusunda oldu. Hukuk devleti istiyorum; astığım astık, kestiğim kestik'çilik değil. DT'ye telgrafı çektim; ardından gazetede danışma kuruluna seçilmiş diğer üyelerin adlarını gördüm. İçlerinde benden başka tek ses olmadı 'özgür sanat' vaadi altındaki niyete karşı çıkan. Oyun seçiminde Bakanlık onayını almak ne demek? Belki kurulda konuşurlar, belki... Anayasa'mızın maddelerinde, hani şu şöyle, şöyle şöyledir'lerin peşinden hemen, ancaaak şu, şu, şu'nlara göre böyle olacaktır maddeleri gelir ya, tasarıdaki 11. özellikle 120. maddeler de öyle: Şartlı özgür düşünce üretimi... Tıpkı adamın birinin çıkıp da: "Ben o bâkir kız'ın hiçbir yerine dokunmadım, hiçbir yerini öpmedim, ellemedim hakim bey, sadece şeyimi onun şeyine köküne kadar soktum, o kadar" demiş olması gibi.

(...) Halim Adana'dan nihayet gelebildi. Yıldırım'a Emil'i görmeye gittik; yine göremedik.

O gözaltından buraya, şu cezaevinden ötekine göçe mecbur ediliyorlar.

1 Eylül

Emil ve Özdemir İnce'den mektup geldi 'görülmüştür' damgasıyla. Özdemir'in şairliği soluk kazanmış. (...) Gazeteden Emil'le Sunuhî'nin TRT'deki görevlerine toptan, yoksa kökten mi demeliyim, son verildiğini okudum. Duruşma bitmedi, hüküm kesilmedi, durun bakalım. Ne durması canım? Sen şu 'darbe' yasalarını hâlâ hazmedemedin gitti be Adalet!

25 Eylül

Eylül'ün ilk haftasının sonunda Yaşar Kemal geldi. Güner telefonla bildirdi; bana bir teşekkür borcu varmış. Çiftlikte başbaşa bir öğle yemeği yedik. Hava çok güzeldi;iki yazarın böyle güven ve barış içinde dostluğu daha güzel. Sorun şuymuş: Yaşar, radyonun kültür-kitap progparamlarından birinde adının anılmasını, romanından parçalar okunmasını sağlayanın ben olduğumu öğrenmiş de... "Ne teşekkürü Yaşar'cığım? Tependeki biri sana: 'Yayınlarda üç Kemal adı yasak! Ona göre davran...' dese ne yaparsın? Kemal Tahir, Orhan Kemal, Yaşar Kemal yasağının duvarını delmez misin?" "Ama kimsenin göze alamayacağı bir şeyi erkekçe göze aldın sen. Sağol."

İçinde bulunduğumuz şartlar altında en doğal şeyin 'erkeklik'ten, 'yiğitlik'ten sayılması da azımsanacak sorunlardan değil. İşte, Yaşar'ın ardından Emil, Mamak'tan, *Barış*'ta çıkan yazım üstüne yazmış bana: "Burda İlhami, Mümtaz, Fakir oturduk, yazını birlikte okuduk ve bazı kadınların bazı erkeklerden daha erkek olduğuna karar verdik" diyor. TRT yeni Genel Müdür'ü Musa Öğün'ün icraatı için yazmıştım da. Kuvvet Komutanlarının sürekli ziyaret ettikleri Musan Öğün'ün, tam 129 kurul üyesinin tepesine tokmak indirip durmakta beis görmeyen Musa Öğün'ün bu icraatları üstüne...

(...) Babam on gündür hastanede. Beyin kanamasından giderse diye korktuk da korktuk. Yürümeyi seven babacığıma kaldırım kıyısında araba çarpmış; bize hastaneden bildirilidi de öyle haberimiz oldu. Kimbilir nasıl taşınmıştır oraya. Müşahede altına alındı. Başında küçük bir yara var ama, çok şükür eli ayağı yerinde; dilinin dönüşü gibi, gözü-kaşı da yerli yerinde.

(...) Çetin telefon etti. Hem de taaa Selimiye'den. Kendisine 'geçmiş olsun' telgrafı çekmiştim ama, eline ulaşacağını hiç ummuyordum. Teşekkür ediyor. Demek ki darbe, uygarlığın zerafetini elden ayaktan düşürtemiyor. Tutukluyken telefon edebilme çaresini bulabilmek ne demek... Ah Çetin, daha gençliğimizde sen, kapının önündeki ayakkabı boyacısının seni gözetlediğinden kuşkulanır dururdun ya; nekadar haklıymışsın!

Ekim: Günsüz ay

Kasım-Aralık

Paris Kedi Brüksel Brel Amsterdam Kanal

Paris, 18 Kasım

Beş gündür burdayım? Neden? Kim bilebilir?

Belki bir kaçıştır.

Maddy'nin ısrarlarına dayanmalıydım. Yanına gelmemeliydim. Evde, bütün masalarda, odada, mutfakta, yatakta, yatak çarşaflarında, Paris'in içinde yürümeyi çok özlediğim sokaklarında, bütün aperatiflerde, Coupole'da, Select ve Aux Deux Magots'da, şaraplarda, peynirlerde, Musée Cluny'de ve Les Halles'de; her şeyde bir ölüyle yaşamak. Kendimi, bitkinliklerimi Maddy'ye belli etmeden, kedisinin yemek tabakları üstünde dolaşmasına bile katlanmak...

Maddy'cik keçileri kaçırmış. Hubert'in intiharı onda, kendisinden hiç ummadığım Alfred Hithcock'luk bir figür yaratmış. Dün bütün gününü, yastığını içine sokacağı bir naylon torbayı aramakla geçirdi. Bu torbanın nerede olduğunu, kimin nereye sakladığını bulmak hayatının en önemli sorunu olup çıktı. Birlikte Criel sur Mer'e gidilecek.Yazlık evlerine.

Hubert'in intihar ettiği mahal, Tréport. Fakat her şeyden önce kedi Zunette'in tırnakları kesilmeliymiş. Yoksa, Criel'den dönüşte mi kesseymişiz? Hubert'in bir metresi varmış da, kocası onun için Maddy'yi öldürmeyi düşünmüş. Bunu nerden mi anlamış? "İşte, işte, bak şuna" diyor; koridordaki ıvır zıvır dolabından bir çekiç çıkarıp gösteriyor. Acaba Criel'e gitmesem mi? Gitmeli. Orası Maddy'ye iyi gelebilir. Tréport'da Hubert'in mezarını ziyaret edeceğiz. Tatil köyünde Fabrice varmış; gidip ona haddini bildirmeliymişiz. Onu evlat edinmiş. Fakat çocuk ödünç olarak verdiği Hubert kabanını hâlâ geri getirmemiş. Gitmeli ve ne yapıp yapmalı, onu geri almalıymışız. Fabrice'in annesine babasına mektup yazacakmış gidince. Mektupta nasıl bir ifade kulanması gerektiği sorunu da bütün gün tartıp biçmekte.

"Almadık" diyemesinler diye, ben mektubu elden götürüp verirsem, bak bu çok iyi olurmuş.

Halim'e hemen her gün yazıyorum. Bütün bunlara pek dokunmuyorum, ama KEDİ!..

Zunette denen o kıskanç varlık. Hep onu yazıyorum. Gelmeden önce, canımı alayazdı.

20 Kasım

Criel-Dieppe: Geldik.

Fabrice'le tanıştım. Sarışın yakışıklı bir genç. Geleceği bir ölünün anısı üstüne kurmak...

Evet, gelirken mezarlığa da uğradık. Eu'dan geçerken tıpkı Hubert sağken yaptığımız gibi Halim için iki şişe Calvados aldık.

Zunette... Ondan korkuyorum. İyi ki Paris'te kaldı. Bir kedinin ruhu... Tek yatakodasının artık boş ya da ben yokken Maddy ile yarı dolu evlilik yatağında yatırıldığım için olacak, Zunette iki arada bir derede gırtlağıma atlayıp beni boğmaya kalkmasın mı? Hem de sevgili hanımı Maddy uzunboylu banyoda kaldığı sırada. Çığlıklarım... Baygınlığım... Kedi kıskançlığı üstüne tezlerim... Geceleri mutfağa kapatılıyordu; mutfak kapısı nasılsa açık kalmış. Hem kapı açık, hem Maddy ortalıkta görünmüyor; demek Zunette'in beni haklamak için aradığı fırsat bu fırsat(mış)...

Hubert, arabasını Criel'den Tréport'a kadar gözleri bağlı mı sürmüş peki? Tréport'un en yüksek falezinden aşağı, arabasıyla Manş Denizi'ne. Arabanın içinde, gözleri bağlı ve üstünde pijamasıyla bulunmuş. Maddy anlatıyor, fakat artık dinlemiyorum. Paris'e dönünce o kediyle ne yapacağımı düşünüyorum. Yarı boş yatağa yatmam artık. Uyumam. Günlerdir uyuyamadığım uykumu şimdi burda uyurum toptan.

Bana üst kattaki konuk odasını verdi. Kendisi alt kattaki tek odada Fabrice'le aynı yatakta yatıyor.

Türkiye'de koğuşlar dolup taşmış durumdaydı. Savcının da idamda ısrarı. İdamda ısrar.

Buraya aktarmalı olarak İstanbul havaalınından uçtum. Lakin pasaportta tuttular. Çıkamazmışım. Neden? "Emiri gösterin lütfen." İki geniş tebessüm. "İyi ama efendim, bir karar, bir şey." "Çıkışınız yok.." Hele durmalıymışım bakalım, durup biraz şöyle sessizce beklemeliymişim. Araştırılacak(mışım). Yarım saat, ayakta. Derken memur, kısa ve kesin: Yanlışlık olmuş. Ad karışması. Çıkabilirsiniz. (Yine soyadıma takıldılar mı nedir?)

Burda da Maddy'ye takıldım. Sanırım uyuşturucu kullanıyor. Fabrice'ten yeni bir Hubert yaratmak istiyor.

Buraya gelirken, iki atlı Renault'ları içinde, Rouen'ı iki adımcık kuzeyimizde bırakıp Normandiya'nın batısına doğru yol alırken bir ara Hubert de yanımızdaymış hissine kapıldım. Halim dahil, dördümüz Criel sur Mer'e ilk gidişimizde, o güzel günlerimizde bana Flaubert'den söz açmış, yazarın doğum yeri Croisset'in çok yakınında olduğumuzu, ömrünün hemen hemen bütününü Rouen'ın bu kasabasında anasıyla babadan kalma yerde geçirdiğini anlatmış, Emma Bovary'nin posta at arabasıyla Rouen'a kaçışlarını nerdeyse romandaki betimleme uslûbuyla anlatmıştı. Bu arada Gustave Flaubert'in *Education Sentimentale* eserinde Paris'le Croisset arasında ne derece ikileme düştüğüne değinmeyi de ihmal etmemişti. Paris'te bir taşra genci olarak Parisli arkadaşlarıyla devrim hareketlerine katılmaya kalkışmış, her bakımdan korkunç bir düş kırıklığına uğramış, Paris'e ve hayata küs, Croisset'ye kapanmıştı. Yazar arkadaşımın bahsettiği romanı neden sonra okudum ve Hubert bana Flaubert'in hayatını mı anlatmıştı, romanın hayatını mı, diye bocalayıp kaldım. Criel'e ulaşmak üzere Flaubert havzasından geçerken uğradığımız kır kahvesinde bir 'balon rouge' yuvarlayan adamın Flaubert mi, yoksa Hubert mi olduğu rüyası yaşamış bulunmam gibi bir şey. İkisi de ölü, ikisi de tanıdık. (...)

22 Kasım

Paris'te olsak kendimi Montparnasse'a atardım. Burda Maddy ve Fabrice'e bağlıyım.

Yemekler evde yeniyor, fakat saatleri belirsiz. Şu anda onlar kaban için yazılacak mektup üstüne tartışıyorlar, ben de oturup Selçuk'a sözümona uyduruk böyle bir hikâye mektup yazdım. Hemen şimdi bir fırtına, bir fırtına ve sağnak. Yürüyüş umudum da bitti.

Brüksel, 26 Kasım

Bugün burdayım. Criel'den Paris'e döner dönmez Zunette'li yerden kaçmanın planlarını kurmaya başlamıştım. Maddy çantamı depoya kaldırmış, üstüne de kilit atmıştı. O nedenle yalanı geçerli bir plan gerekli oldu. İlk iş evsahibim uyurken Hubert'in Fransız Radyo Televizyon'undan arkadaşı Micheline ve Françoise'ı aramak oldu. Akşam buluşmaya karar verildi. Bense Maddy'ye ilk uygun zamanda Türkiye Turizm Ataşeliğinde resmen beklendiğimi, orada benim için bir Brüksel programı hazırlandığını söyledim. Hepsi yalan değil.

Fakülteden arkadaşım Yılmaz Çolpan'la ilişkimiz hiç kesilmedi. Kısa bir süre önce de Paris'teki görevinden Brüksel'e tayin edildiğini biliyorum; Ankara'ya bana telefon edip, Paris'te işim biter bitmez onlara geçmemi ısrarla istediğini de.

Memleketteyken Brüksel için Yılmaz'a fazla umut verememiştim, çünkü Maddy'nin derdine ortak olmak amacıyla geliyordum. Yazık ki düşündüğüm gibi olmadı. Onu avutmak şöyle dursun, kendim de tepenaşağı gelmeye başladım. Buraya gelmeden önce Turizm Ataşeliğine gidiyormuş gibi yapıp Select'te şarabımı içtim; Saint Germain'de Rue Jacop'a inip galerilere baktım; Rue Rivoli'yi yürüyüp sevdiğim pasajlara girip çıktım. Beyoğlu pasajlarıyla kıyaslama imkânı yaratmak keyfinin izinde özellikle üstü kapalı olanları, yine galerilerin, cam çerçeve dükkânlarının bulunduğu, antikacıların göz kırptığı Colbert'le Vivienne pasajlarını. Bir ara Maddy'ye telefon ettimse de, telefonu açılmadı. Eve dönünce bir toplantı için hemen Brüksel'e gitmem gerektiğini falan söyledim. Yaptım bunu işte; kaçtım buraya. Yılmaz ve Ülkü'yü iki küçük güzel kızları arasında buldum; fakat çok yorgun ve düşünceli görünüyor. Sende, dedim, bir Jacques Brel plağı bulunur mu? Meselâ Dönüş İçin Dua'sı ya da Amsterdam şarkısı? Yokmuş ama, şehri dolaşmaya çıkınca, bir plakçıya girip Brel'in Amsterdam'lısını aldık: Amsterdam limanında danseden denizciler vardır, Amsterdam limanında içen denizciler, Gün batımlarında Amsterdam limanında ölen denizciler var... dır, diye diye içimize işleyen şarkısını, girişinde seramikten mozaik kocaman bir Mozart portresi bulunan apartmandaki dairelerinde defalarca dinledik. Aynı fakülteye devam arkadaşlığımızdan kalma Fransız kültürüyle sadece şarkılarda, filmlerde ve tabii edebiyatta buluşabilmenin yalansız coşkusu bu. Yılmaz'ın Fransızcası, öğrenciyken DTCF 1951 solcu-komünist tutuklamaları fırtınasına yakalanmış bulunmakla birlikte, çok çok iyidir. Ankara çalışma odamda, birçokları gibi Yılmaz'la da Fransız şansonları sık sık dinlenmiştik. Demek kiiii, Jacques Brel'e dokunmadan geçilemiyor: Bu sefer de kendimi Brüksel'den Amsterdam'a atmama karar verildi. Her şeye karşın eski dostlarla uzun süre uzak kalınmamalı. Herkesin hayatı başka başka yataklardan başka türlü akmış oluyor; şarkıya türküye rağmen buluşmak güçleşiyor. Neyse ki elimde açık bir uçak bileti var. 1000 km.'lik...

Amsterdam, 29 Kasım

Şimdi buranın Leidsegracht Kanalı üstünde adı Leydsche Hof olan külüstür bir otelin külüstür bir odasındayım. Her gittiğim yere kendimi götürsem de, Maddy acısı içime yerleştiği yerde durup duruyor olsa da, otel odamdan memnunum. Brüksel'den gelirken nerdeyse uçağı da kaçırıyordum. Koşmaktan bitkin düşmüşüm. Dinlenir dinlenmez 145 kanallı bu şehrin keşfine çıkmak için sabırsızlanıyorum. Hele Rijsk Müze'de başta

Rembrandt, Hollanda'nın, Orta-Avrupa'nın dâhi ressamlarıyla buluşmak için can atıyorum.

17. yüzyıldan Jan Vermeer'in kapalı odalar ışığına kavuşmak büyük bir şans benim için.

Ertesi gün

Keşfettik Amsterdam'ı. Her zaman bu işi kendi kendime yapardım. Kendi kendime araya sora bulduğum şeyler bir daha aklımdan çıkmaz çünkü. Fakat bu sefer burdaki zaman dar, sırtımda-göğsümde bir ağrı; bunu gözüm tutmadı. Otobüs turu aldım. Rotterdam'ın Den Haag'ını içermeyen 'ucuzundan' bir tur; çünkü büyüğü tek güne sığmıyormuş.

Tur otobüsüne Damrak denen –tren istasyonu önü– bir alandan binip kenti boydan boya; ine çıka dolaştık: Rembrandt'ın yirmi yıl kadar içinde yaşayıp çalıştığı evine gittik. Hayallemesi bize ait.

Derken üç asır atlayıp Anne Frank'ın evi ziyaret edildi. Küçük evin dar dik merdiveni çıkıldı; hatıra defterinden sayfalar, çatı katındaki odanın küçük musluğu seyredildi. Kraliyet Sarayı, Merkez İstasyonu, Beyefendiler Kanalı ve İmparator Kanalı ile Prensler Kanalı; yani artık üstlerinde dolaşılabilir soylu zengin kanallar iyice gözümüze sokulduktan sonra ötekilerin giriş çıkış 'kapılarına' işaret kondu. Gele gele geldik Elmas Fabrikası'na...Elmas işleyen işçiler. Bunlar artık mecbûren ya ihtilâl eyleyecekler, ya hırsız olacaklar: Aklıma başka bir şey gelemedi.

Turist grubumuzda sanki aptallık rolüne çıkmış bir Japon, iki adet zenginlikliğiyle kendilerinden emin Amerikalı ve hiç susmayan karıları, herkesle hemen haşır neşir olabilen bir Yunanlı, öğrenciye benzeyen iki şirin genç kız, kafasında sarığıyla bir Hintli var. Rijsk Müzesi öyle geniş ki, yeniden yeniden gelip gitmek gerek. Rembrandt Bölümü'nde her tablonun önünden ayrılmak istemiyor insan, ama rehberin verdiği hayli ayrıntılı bilgiler, grubun kendi aralarında yüksek sesle konuşup duran üyelerinden ötürü, kendi adıma benim burnumdan geliyor. Neyse, işte müze kataloğu: 250 salonun hepsini kapsamamakta doğallıkla, ama seçme şansı adam olmak isteyenler için geçerlidir. Buralara yine gelmeliyim.

Maddy'ye Brüksel için veda ederken dönüşüme gün vermek zorundaydım, çünkü bodruma kitlediği valizimi bana vermedi. Dönüş günümde verecekmiş. Paris'e dönüş günü değişmemeli, çünkü beni ona göre bekleyecek; 'işe gideceğim' dediği ve hiç gitmediği işine 'o gün gitmeyerek' bana kapıyı açmak üzre evde oturacakmış. (Anahtar vermemiştir.)

Tur dağılımında Damsak'da bir otel lokantasına girdim; orada çok yaşlıların ve geziye çıkmış mütekaitlerin yemek yiyişlerini seyretmekten başka bir şey yapamadım, çünkü bir domuz pirzolası ısmarlayabilmek bir saatimi aldı. Yemeyi yarım bırakıp kenti yaya keşfetmeye çıkayım dedim; müthiş bir sağanak boşandı; iyi oldu, yemeği bitirip biraz dirildim. Taksi elde edip, otelime göçtüm. Yanındaki orta halli bir kahvedeyim şimdi. Kahvem ve Calvados'tan konyağımla başbaşayım. Grupla orda da şöyle bir tur atıldı ama aklım fikrim çiçek pazarında kalmıştır.Yarın erkenden –yağmur dinsin dinmesin– çiçek pazarına, laleleri değilse bile Hollandalı sardunyaların tarihini keşfetmeye gideceğim. Bir torba da lale soğanı alabilirim fakat bu soğanlar Ankara'da hiç işe yaramaz.

Kahvede, caddeye bakan camın önündeyim. Şimdi camın önünden Hipi kılıklı bir karı koca, sırtlarında çocuklarıyla geçtiler; öylece oturmuş onlara bakıp duruyorum diye mi acaba, kadın bana dilini çıkardı. Heykel gibi oturmaya devam ettim. Camlı kahveler bu amaçla yapılmış değil midir yani?

Paris, 5 Aralık, Pazar

Yine adı soyadı yerli yerinde bir gün. Ankara'da değil, Maddy'ye attığım yeni bir yalanla artık tam istediğim biçimde Paris'teyim. O benim valizimi alır almaz Ankara'ya gittiğimi sanıyor. Bense, dışardan Maddy'den kaçak bir telefonla Halim'i bilgilendirdikten sonra, kendimi Parisli anılarımın kucağında yaşamaya bırakıyorum. 1963'lerin üç ayını kaplayan Paris zamanımla üç beş günlüğüne el sıkışmak gibi bir şey bu. Tedavideyim.Bizim 'kaybolmuş kuşağımıza' da boheminden yuva olmuş Montparnasse'da bir otel odasındayım; 1920'lerin İngiliz Amerikan 'sürgünlerini', içimden yampirik bir tebessümle yadetmekteyim. İngilizlerin 'soyluluk' ahlâkından sıkılmış, ama kökleri onlardan kalma zenginliklerin sonuncu kuşak üyeleri: Başta Paris'te galeri açıp milleti para gücüyle emrine almış Gertrude Stein meselâ, ki Avustralyadan göçmüş yoksulun yoksulu J.Rhys'ın yüzüne bile bakmamış, hepsinden iyi yazar olduğu çok sonraları dillenen Ryhs ancak vücudunu satarak gururunu korumuştur. Derken yine bu dönemin Amerika'nın yaramaz, oturduğu yerde duramaz içkisever Hamingway'i, *Muhteşem Gatsby*'den öç alamamış Scott Fitzgerald'ı Arşidük bıyıklı bir bankacının kızı, özgür ruhlu cinsi cazibe'lerden Anais Nin'i bu arada tasavvur etmekteyim; yetmedi kitapçılara girip çıkıp haklarında belge-bilgiler toplamaktayım. Nin'in kendi istediği kadar kadar açık, dilediği kadar da kapalılığını toplayıp –çıkarıp, çarpıp– bölüp durmaktayım. Ancak, onlara daha iyi sataşabilmem için Sartre'ın Raspail Bulvarı üstündeki ayak izlerini çiğneyerek Saint Germain-des-Prés'ye, Rue Jacobe'daki Hotel Angleterre'in oralarına doğru inmek gerekir ki, dün gece buraya gelişimin sabahında, yani bu sabah ilk iş olarak bunu elbette yaptım, Tanrı beni affetsin diye de, saat kulesine sahip, Gotik-Roman melezi Saint Germain Kilisesi'ne girerek orada bedavadan bir Bach konseri dinledim. Kilise deyip geçmeyelim; Genç grupların, öğrenci orkestralarının konser salonu orası. Bizim haşmetli camilerimizde, akşam namazından sonra, ut, tanbur, ney, kemençe, kanun sesleri birbirlerinden alıp vererek Itrî'den, Dede Efendi'den, II. Selim gibi sultan bestecilerden nekadar 'derunî' bir oda müziği konseri verilebilir meselâ. Kiliselere, yerine zamanına göre org dinlemeye girdiğimde, Bach'ın Harp Konçertolarından biri ile Dede Efendi'nin Mâhur Peşrevi yanyana çalınsa amma güzel olur haa, diye düşünmeden edememişimdir. Müzik bilgim yok, fakat kulağım var: Ayrıca, ikisi de dine sımsıkı bağlı imparatorluk saraylarının 'mülkü' bu musikiler... Bestecilerin çoğu imparatorluk sarayının memuru...

Öğle yemeği için Lipp'e oturdum ve böyle şeyler karalayıp durdum işte. Kahve-Lokanta Lipp'e girdin mi, buranın ünlüsü Choucroute yememek olmaz. Salamlı şaraplı lahanayı öyle iştahla yedim ki, buna kendim bile şaşıp düştüm. Maddy'nin mutfağında yemekler üstünde gezinen, yalanıp kaşınan kedi beni savaş sırasında açlıktan sürünen insanlardan beter etti.

Yılların dostu Maddy'den binbir numarayla kaçışımın utancını şöyle taşıyabiliyorum:

"Ona kendisinden başka kimse yardım edemez." Françoise'daki yemekte Micheline'in görüşü de tam bu merkezdeydi. Güzelim annesiyle babası bile kızlarından kaçmış, ortalıktan yokolmuşlar. Belki Fabrice'in ona bir yardımı dokunur.

7 Aralık

Yirmi yıl önceki ilk Paris'imin ilk mahallesi Quartier Latin'i ziyaret etmemek olmazdı.

Bütün günü bir croque mösyö ile geçirdiğim zamanlarım. Güzel bir kız olduğumu gittiğim her yerde yanımda özgür ruhlu bir delikanlı bitmesiyle keşfettiğim 'aaah o günler!' Şimdi ise Quartier'nin '68 olaylarında uğradığı zayiatı bulmanın izini sürmekteyim. Panthéon'daki ünlü ölülerin çağın uyanışını hissedip etmediklerini dahi tahmine çalıştım. Büyük yazarlar, büyük askerler ve sivil devlet adamları arasında Victor Hugo'nun sesi daha yüksek çıkıyor gibi geldi bana. Babası Napolyon'un generallerinden olduğu için değil tabii. General oğlu olup da, insanlığa *Sefiller*'i, onların hal-i pür melâlini Jean Valjean aynasında miras bıraktığı için. *Melâli anlamayan nesle âşina değiliz!* Kalemimin ucundan ansızın Haşim'in damlaması çok garip. Arasam, bağırsam çağırsam, sahi nasıldı o, diye kıvranıp dursam, çıkıp gelmezler de, öyle durup dururken *Akşaaam/Yine akşam yine akşaaam* olur çıkar.

Luxembourg Parkı'nı 'melâli anlamayan' diye diye dolaştım. Odéon'a inmeden yukarı çıktım. Çünkü akşamüstü Select'de Coşkun Tunçtan (George Daniel) ile buluşacağımızı hatırlayıverdim. Bütün bunları şimdi Select'de onu beklerken yazıyorum. Radyo oyunlarımı getirip kendisine vermemi istemişti. İki tanesini getirmiştim, verdim, gitti. Fransız radyosunda *Yaşamak* oyunum yayınlanmıştı ama, Coşkun'dan bir sonuç çıkabileceğini ummuyorum. O gitti, ben de Unesco'da Aysel Öymen'e telefon ettim. Aysel memleketten bir yığın önemli haber verdi. Hükümet istifa etmiş. Erim de tabii. Mahir Çayan ve dört kişi hapisten kaçmışlar. Bunda ordunun parmağı olduğu söyleniyormuş. Emil'in ikinci mahkemesi 14 Aralık'da imiş. (...)

Ankara'ya Roma üstünden döneceğim. Biletimi Roma'dan aktarmalı yapıp oradaki İbrahim'le Sevim'i göreceğim.

Ertesi sabah

Külüstür Cimarosa otelindeki odamda istediğim saatte yatıyor, istediğim saatte kalkıyorum. Özgürlük bu işte. Bağımsızım. Dün gece çok güzel bir film gördüm: *L'Adieu à Venise.* Visconti'nin Thomas Mann romanından yaptığı harika bir film.Yaşlı aydının güzellik tutkusu plajda rastladığı allahın güzeli delikanlıya akınca, buna eşcinsellik 'konusu' mu diyeceğiz, yoksa Visconti'nin iktidar gücüyle iktidarsızlık arasındaki onarılmaz uçurumu sorgulamasının yeni bir ürünü mü? Ben böyle algıladım ve için için Türkiye'de darbenin yüzündeki boya er geç akacaktır ferahlığını yaşar gibi oldum. Belki bunda dün aldığım haberin de etkisi var.

Bu akşamüstü Odéon'da *Le Septième Commandement*'ı görmeye gidiyorum. Ondan önce rue de Seine'de oturan hocam Güzin Dino'ya uğramak istiyorum. Bakalım beni kabul edecek mi? Onların çevresi çok kendilerine mahsus. Théâtre de Ville'de (Belediye Tiyatrosu'nda) *La Guerre de Troie n'aura pas lieu – Troya Savaşı Olmayacak* diye bir oyun oynanıyor. Burdan ayrılmadan önceki hedeflerimden biri de o.

Kendini Yazsın Şarkımız

Ankara, 24 Aralık

İki haftadır evimdeyim. Her şeyden önce Halim'le buluştuk. Eleleliğimizin 17. yılı kutlandı.

Sonra Halim yine doğru Adana'ya.

Haftalardır her şeyden söz ediyorum, asıl işim artık sadece yazmak, oyun yazarlığı değilmiş gibi günlerimin içinde ondan yana ses soluk yok. Bunun defteri, dosyası sadece kendisine mahsus da ondan canım. Sonuncu oyunum *Kendini Yazan Şarkı*'yı 23 Eylül'de bitirmişim. Son sayfanın altına attığım tarih böyle diyor. Vasıf Öngören, 'tezgahımda ne var ne yok'lu merakının sonucu bir kopyasını aldı gittiydi. Bir kopyasını da Halil Ergün'e vermem farzoldu ama, oyunu ona verirken en başa yerleştirdiğim Nâzım Hikmet'in Çocuklara Dokunmayın Efendiler'li şiirini silip çıkarıverdiydim. "Nâzım Hikmet sırtından artı not kazanmaya niyetlenmişim gibi" anlaşılmasın diye. Halil'e böyle dedimse de, derdimi anlatamadım. Galiba *Kendini Yazan Şarkı* yazarının sansürüne uğradı sandı. Yok hayır, öyle değil; bu şiir oyunun özüne çok uygun düştü de ondan. Düşündüğüm oyunu yazmaya oturduğum gün, şiir kendiliğinden çıkagelmişti. Öyleyse şu korkup pısmak halim ne? Çabuk tarafından kahraman olmak da içinde yaşadığımız dönemin gündeminde de, ondan olmalı.

Eve dönüşümde öğreniyorum: Vasıf oyunu sahneye şair kardeşi Veysel Öngören'e koyduracakmış!

Veysel şiirleriyle yatsın kalksın daha iyi.

Ayhan bu oyunun oyunlarımın en iyisi olduğunu söylüyor. Şu herşeyin belirsiz, karman çorman olduğu dönemde ziyan olmasından korkuyor.

Beklan geldi. Saçlarını kazıtmış. "Bundan daha iyi yapacak bir şey bulamadım" diyor.

Yeni yılı o da böyle saçsız sakalsız karşılamak istedi demek ki...

Doçentler, profesörler, yazarlar, içerde kim varsa, hepsinin saçları kazınmıştır. Herkes er'attan ibarettir. Görün işte, içerdekilerle dışardakiler pekâla böyle de dayanışabilirler efendiler!..

1972

Temmuz-Ağustos-Eylül

Göl Pervaneleri

(...)
Bu yılın ilk altı ayındaki günlerin kaydı, yerini *Ölmeye Yatmak* romanımı farklı biçimde kurgulama taslağına bırakmış. Millî Kütüphane'deki 1938-68 arası gazetelerden, özellikle Ulus'tan yaptığım 'alıntılar' buna dahil. (...)

10 Temmuz, Pazartesi

Yoğun çalışmalar. Üstüste olaylar. Notetmeler... 'Notetmek' yazmak değil ki. 'Günlük tutmak' da, yazmak istediğini istediğin kıvamda yazamamak demek. Günlerin bu gününde de yumurtanın kabuğunu böyle bir gaga vuruşla delmiş olayım.

İşte Kızıldere olayları. İşte Nurhak'ın göz perdesini yırttığımın halkı. İşte kurgusu Bulgaristan'a uçak kaçırmalı korku filmi.

İnsani duyguları kadar aklı fikri de yerli yerinde Halit Çelenk'in bahçesindeki üç gülü korur gibi koruyup savunmasına karşın, işte onun Deniz Gezmiş, Yusuf Aslan, Hüseyin İnan güllerinin kabaralı postallar altında çiğnenip ezilmesine kahrolasıya tanıklığı... Asılmalarına terleyip titremeden cevaz verebilmiş şeyettiğimin dünyası işte!

Dev-gençlerin yakınlarına yazdıkları mektuplar zulüm devrinin tarihine geçsin; bu damgayı bu infaz tarihinin alnından hiçbir silahlı el silemesin!

Ülkelerinin insanları yarın daha güzel yaşasınlar diye, salt bu uğurda kendilerini deney kobayı etmek dışında zerrece 'hainlikleri' olmayan kurbanların asıldıkları günün gecesi: Başkent insanlarının gece vakti topluca buluştukları nekadar yer varsa, hepsine girip çıktım. Bazılarında Selçuk Baran da yanımdaydı. Dans edenler,gülüp oynayanlar. Bunların da hemen hepsi genç; isyanlarını bastırmak, yanan yüreklerine su sıkmak için mi böyle yapıyorlardı, yoksa (çok şükür diyelim, şükür allahıma) yakınlarına çarpmamış asmaklı kesmekli infazdan haberleri mi yoktu?

Kör kuyuya yuvarlanmak denen şey, o gece patlayıvermiş frenimle yuvarlanıp gidişim gibi bir şey olsa gerek. Bir defter başına çöküp sayfalarında mızmızlanıp durmaya kendime hak tanıyamayışımdan ya da...

Mart ayından bugüne kadar gövdem dayanılması güç ağrılar içinde. Bunu sorun edinme hakkını da tanıyamıyorum kendime.

Derken, hafif bir umut ışığı. Bülent Ecevit'in CHP Başkanlığı sorumluluğu altında bir şeylerden sözedebilme gayreti...

Emil bir ara gözaltında kalmıştı: Uçak kaçırdılar 'suçlaması'na uğrayarak Altan'la birlikte yeniden duvar arkasına buyur edilmediler mi? Yakınlarının içerdekileri haftada bir arayıp sorma 'özgürlüğü' de ortadan kalktı.

Nuri'nin hiçbir yanının tutmadığı haberleri hep gelmekte; TRT'nin hiç direnmesiz ellerini havaya kaldırış manzarası da 'görülmüştür': Teslim! "Emrinizdeyiz!!!"

Baskıya tepki normal. Bu 'normalliği' kapatılan birçok dergiye karşılık yeni edebiyat dergilerinin çıkmasında görebiliyorum sadece. *Yeni A* gibi meselâ.

(...) Başbakan, Ferit Melen. Anayasa'nın 3. kez değiştirilme önerileri. Önerilen değişiklikler gerçekleşirse, seçim olmuş olmamış; ne demeye gelir ki, 'darbe' hükümlerinin makyajla iyidir, güzeldir, vatanseverdir gibi gösterilmesinden başka? (...)

Kardeşim Güner, Mart başından buyana Paris'te. Acılar bizde insanı insan yapacak sanat uğruna tartışıp birbirimize girme takati mi bırakmadı nedir, ondan çok şefkatli, yumuşak üsluplu mektuplar alıyorum. Meteliksiz kaldığını da biliyorum, çünkü: "Bir köyde inşaat işçiliği yapıyorum; uyuyacak bir yatak, bol yemek veriyorlar, bu da çok iyi işte" gibi abla yüreği hoplatacak şeyler de yazmıyor değil...

(...)

Halim Adana'dan döndü.

Bütün bu yaşananların bana bir faydası oldu: Kumsalların kum taneciklerinden biri, mini mini minnacık biri gibi hissediyorum kendimi. Yerkürenin gözle görülemez bir zerresi.

Abant, 31 Temmuz

Yurdum son iki haftadır burası.

Sadece Ankara'nın boğucu sıcaklarından kaçmış değilim. Sık sık buluşup içki havuzunda yüzdüğümüz arkadaşlarımı biraz özlemek istemiş de olabilirim. "Yazmak kaçmaktır" gibi bana bıkkınlık vermiş bir laf vardır; onu tersyüz etmek iyidir: Kaçmak yazmaktır. Üstelik Vasıf Öngören de 'alındığından' beri yersiz yurtsuz, işsiz güçsüz kalan Veysel'le bir sergide tanıştığım ve bana gelip gitmelerinden hoşlandığım Metin Altıok'la Füsun'u 'sanki yokmuşlar' yapabilmeyi becererek. Onlar içkiyi yenemeden içki onları yeniyor olabilse de, Metin'in yerliyerinde bir aranağme gibi, şiirlerinden birini, üstelik de 'önemsiz'mişe getirerek okuması bana 'yok canım ölmedik daha, pekâlâ varız işte' dedirtebiliyor. En zoruma giden Veysel'in kopan düğmelerini dikmek...

Burası serin, en güzeli çok sakin. Beynim romanımı tıkır tıkır inşa edebilen bir hal aldı... Çok iyi çalışıyorum. Galatasaraylılar Abant kampında. Ama odam onların talim yerlerinden uzak. Bazı akşamüstleri benim tarafa doğru ilerlemiş bulunabiliyorlar; kızar gibi oluyorum. Fakat yakışıklı futbolculardan biri yazar olduğumu biliyormuş meğer; hoşuma gitti. Kızmak ne kelime! Bu bilgi çalışma hızımı öyle bir arttırdı ki...

2 Ağustos

Dün bütün gün çalıştıktan sonra, akşamüstü yürüyüşüme çıktım. Sabah gölün doğusundan batısına yürüdüğüme göre, akşam tersi olacak: Tarihi köşkü tavaftan sonra bu yana. Suda seyrine doyamadığım, adını da kendim koyduğum 'mavi göl' pervaneleri. Mavi olan göl değil, kanatları tülsü ufuk maviliğindeki pervaneler. Uçan ince, zarif çekirgeler mi, şeffaf kanatlı kelebek bebekleri mi bunlar, bilemiyorum. Yürüyüşümde otların arasında bir de yeşil kurbağa gördüm. Şöyle yüzük taşı gibi bir şey. Bukadar küçük bir kurbağa hiç görmemiştim. Onu kendi haline bırakıp tepeye tırmandım. Göle, tepenin ormanlık eteklerine bakıp durduysam da aklım fikrim romanda. Romanla şimdi bulunduğum ân arasında bir bağ kurmaya çalıştım; kuramadım. Demek roman kendi çevresinin çitini sağlamca çekmiş. Yazarının elkoymalarına direniyor. Bu iyi bir şey bir bakıma. Bölümler kararsızlık içinde sallanmıyor demektir.

Otele döndükten az sonra Halim telefon etti Ankara'dan. Yarın yine Adana'ya yolcu. Çukurova'yı sulama projesi daha hızlı gidiyormuş. Cumartesi buraya gelmeye çalışacak. Eve birlikte döneriz.

Sabah

Gündoğumu yürüyüşleri nefis. Şimdi döndüm. İştahla hemen masanın başına geçtim. Artık romanın genç kahramanı Engin'le, onu o yapan geçmişiyle de tanıştık. (...)

Çalışarak okuyabilen Fakülte öğrencisi Engin. Bir karış üstündeki aydın takımından öç mü almak istiyor? Neden? Belki şundan:

İkinci Dünya Savaşı bitmek üzere ve 1938'de ilkokulu bitiren Cumhuriyet kuşağı, hem birbirinden çok değişik, hem birbirinin aynı durumdalar, yöneticilerden de Amerika'yla dostuğumuzu dinlemekteler. Ça ça ça öğreniyor, Betty Grable seyrediyorlar, derken Küba'da Che-Castro hemen hemen on yıl sonra da Avrupa'da, özellikle Paris'te muhalif güçler '68 yılına damgalarını vuruyorlar. Bu damganın gölgesi öğrenciden Engin'in de üstüne düşmüş bulunuyor. Hem Cumhuriyet'e âşık, hem onun gayrıdemokratik buyruklarından ötürü huysuz...

(...)

Saat 18.00 olmuş.

Futbolcuların akşamüstü voleybolu bu sefer tam da penceremin altında seyretmekte nedense.

İnip kendime bir çam altı bulsam. *Ölmeye Yatmak*'ın iç romanına ait saat 8.20 faslını yazsam. Yok canım, saatin sekizi olur mu? Daha erken,çok daha erken olmalı...

Şeffaf mavi kanatlı göl pervaneleri ya da kelebekleri. Helikopterlerin inceleri, çok çok çok zarifleri. Hep onlar. Şimdi önümde yalnız onlar var.

5 Ağustos

Öğle vakti çok şiddetli bir yağmur yağdı. Öğleden sonra Halim geldi; yağmur sonrasının en güzel zamanında. Birlikte göl turu yaptık; dönüp başbaşa yemeğe benzeyen bir yemek yedik. Kendimi tatile çıkmışım gibi hissettim. Yarın Ankara'ya dönüyoruz.

8 Ağustos

Ankara'dayım. Çalışmam Abant'daki gibi sürekli ve yoğun değil. Olamayacak da.

Claude Mantel'ler yeniden canlanan Akdeniz aşklarıyla Alanya'nın İncekum evine maaile gitmişlerdi. Henüz dönmemişler. Süveyda ile Güner evin boşalmasını sabırsızlıkla bekliyorlar. Hep birlikte orda olabilmek iyi de, 'konsantrasyonum'un sağlığı bakımından hiç iyi değil.

(...) Akşama doğru Nili telefon etti. Emil çıkmış, onlardaymış. Fırlayıp gittim. İçerde yapılanlardan sonra Emil'in sağlam yanı kalmamıştır sanıyordum; iki ayağının üstünde durabildiğini görünce sevindim. 'İki ayağının üstünde' lafın gelişiymiş meğer. Paçalarını sıyırdı, çoraplarını çıkardı, tabanlarını görmemizi sağladı: Yer yer yanan sigara bastırılmış gibi. TRT Dış Yayınlar Bölüm başıyken neden uluslararası bilgileri havi o kitabı hazırlayıp dağıtmışlar; kimlerle hangi yollardan haberleşiyorlarmış???

Eh artık, güldük ağlanacak halimize. Bir yayın kurumunun işi bu değil mi? Hem de dış dünyadan haber alma, iç dünyadan haber verme bölümünün?

Çıkmadan önce soğuk suda yürütmüşler. Bu çok olağan bir şeymiş. 24 saat yüznumarada oturtmak, bir koridorda iki gün boyunca kuru sandalyede 'bekletmek' gibi 'olağan şeyler'...

Neyse, uçak kaçırıcılar'dan Altan Öymen de bırakıldı. O iyi ki 'özerk'ten devlet kurumunun gazetecisi değildi; pek hırpalanmamış. MİT'in sorgulama usulleri, bizim Halim'imizi bile selimliğinden etti. Öfke onun midesine vurur. Kusup duruyor.

Henüz daha Dış Yayınlar'da çalışan Nili, Samsun'a gitti. Oradan Yeşilköy evine gidecekmiş.

11 Ağustos

Halit Çelenk Bey'in büyük kızını da tutuklamışlar. Annesi Şekibe Hanım'a telefon ettim.

Tam da nişan hazırlıklarında idiler; nişanlısıyla birlikte alınıp götürülmüşler. 12 Mart'tan buyana ülkede tutuklananların sayısı 5000'i bulmuş.Bunların 600'ü subaydan oluyor, Selimiye'de bulunuyormuş. Sağmalcılar Cezaevi müdürü de, Sağmalcılar'ın Balkanlar'ın en büyük, en modern hapishanesi olmasıyla övünmekte. Şimdi artık böyle övünülecek bir şeyimizi bulmuş olduk. Hapishanelerimizin büyüklüğü, eşittir diktanın büyüklüğü...

(...) Günlerden Pazar. Ayın 13'ü. Süveyda İstanbul'dan telefon edip 18'i gecesi Alanya'ya gidilip gidilemeyeceğini sormuş bulunuyor. Karar alındı: O, Güner, ben ve Halim aynen o tarihte yapılacak gece yolculuğunun sabahında Doğu Akdeniz'li Alanya kıyılarındayız.

Burada ise İTİ'nin, Uluslararası Tiyatro Enstitüsünün yazılacak yazıları, Başar Sabuncu'nun çözülecek sorunu, Vecdi Sayar'ın ODTÜ'nün yanısıra tiyatromuzla yakın ilgileri dolayısıyla İTİ'den beklediği yardım için aranacak düzgün yollar. Aksayan çalışmalarım ... Gerginim.

Alanya, 24 Ağustos

Günler akıp akıp gitti. Halim bizimle iki gece kalabildi, Çukurova'yı sulama işinin başına koştu. Güner'le Süveyda'nın yıldızları pek barışmadı. Güner, Side yönündeki Mocamp'da eski tüfeklerimizden Muvaffak Şeref'i, kendisine konyaklı nohut pişirirken görmüş.

Muvaffak Bey ertesi gün bize geldi. Ayışığında mükemmelen yedik içtik; kendilerinin deneyimlerine kulak vermeye çalıştım, ama nedense Süveyda'nın ona: "Atatürk'ün adını ağzınıza önünde saygıyla eğilerek alın" diyeceği tuttu. Muvaffak Şeref Bey, her yanı dökülen arabasıyla bizden kaçmak zorunda kaldı. Ertesi akşamüstü kendisinden özür dilemek, gönlünü almak amacıyla Mocamp'a yollandık. Meğer buranın yolüstü yiyip içme yerini İstanbul'un ünlü George'u işletiyormuş. Masamız donatıldı; açıkta, güzelinden beton terasta 12 Mart'ın gözden ırak kaçkınları olarak çalıp söylemeye durduk: Hasan Ali Yücel'in masamızdaki yakınına hürmeten, *Sen bezmimize geldiğin akşam neler olmaz*'la başlayıp, *Mani oluyor hâlimi takrive hicabım*'ı ses tellerimize havale etmiş bulunuyorduk ki, Süveyda bu sefer hepimizi birden azarladı: "Bir kere Atatürk'ün Çankaya bağlarında at sırtında öyle, hele sen eski tüfek, hele senin ima ettiğin gibi, ona buna gözdikmişliği yoktur! Toplanın da kendinize gelin bakalım! Yoksa ben kalkıyorum!" deyip fırladı, gidip korkuluklara dayandı; sigarasının dumanını havaya havaya savurdu. Ben Süveyda'nın büyük Atatürk aşkı yine kabardı, diye düşünürken George masanın öteki ucundan; "Hanım, güzel hanım, sen Mehtap çekiyorsun!" diye seslenmesin mi? George'un teşhisi suskunlukla karşılandı.

Neyse,iki gün sonra hepimizin koruyucu meleği Süveyda'yı barış içinde Antalya'ya, uçağa doğru yolcu ettik.

Ettik de, dönüp baktık ki, bütün şişeler boş. İçecek su bile yok. İçme suyunu, buna özel bidonumuzla Alanya'dan getiriyoruz. Minibüsle. Süveyda olsaydı, çıt demeden bu işin altından sağ salim kalkardı. Yokluğuna en çok üzülen Güner oldu. *Godot'yu Beklerken*'i AST'da oynarlarken, nasıl yaptıysa, kasığında fırlamış fıtığına rağmen, su bidonunu boş götürüp dolu getirmek ona kaldı çünkü. Aslında 'boş götürdü, hiç getirdi' demek daha doğru. O gitti, ben de evi biraz derleyip toplama işini yaptım; gözüm kulağım Güner'in minibüsten ineceği yerde. Bu yer ise, karşı tepeden getirttiğimiz ve annemin özeniyle yapılmış yolüstü çeşmesinden yarım parmacık akan suyu, Aslan ailesinin özel mülk edinerek topraklarını sulamak üzre biriktirmeye mahsus çeşmeye yakın komşu havuzun yanı. Havuzsa, börtü böcek, yılan çıyanın yuvası çok kirli durgun su havuzu. Herneyse, baktım Güner kan ter içinde yoldan buyana gelmekte. Bidonu taşımasına yardım etmek için ona doğru koşuyorum, ama elinde bidon falan yok; sadece soda şişeleri torbası. "Güner, bidon nerde?" "Orda canım, minibüsten indiğimiz yerde, havuzun yanında bıraktım. Şimdi Mustafa, Hasan biri gelir, taşıtırız." Torbayı yere bırakıp geri gittik. Gittik ki, ne bidon var, ne bir şey. Taa Alanya'lardan fıtığa rağmen taşınıp getirilmiş mis gibi içme suyumuz bidonuyla birlikte o pisin pisi havuzun içinde yüzmekte...

İki arada, bir derede kim yaptı bunu? Nerden bildiler onun orda durduğunu? Sorularımızın yanıtı:

Gözetlendiğimizden artık eminiz. Buralarda köylerin çoğu için "Tarikat sahibidirler" deniyor. Tarikatsa tarikat, iplerdeki mayoları, havluları nasıl çalıp gidiyorlar peki? Bu da mı 'Allahın emri?' Ya İncekum kumsalında boydan boya Türk İntikam Tugayı (TİT) imzası?

Bu arada Mavaffak Şeref Bey'i yoklamaya gittik; "Rahatsızlandım" deyip İstanbul'a dönmüş.

(...)

Evin arkasına yeni katırtırnakları dikmeye başladım. Sıcağa ve susuzluğa dayanıklı, sıvama mor çiçekli bitkiler...

4 Eylül, Pazartesi

Cuma gününden beri Ankara'dayız. Kederliyiz. 29 Ağustos Salı günü bir süredir İzmir'de bulunan Nafi Bey'i, Halim'in babasını kaybettik. Bundan önceki gün, sabah erkenden kalkmıştım. Güneş kızgınlaşmadan katırtırnakları dikme işimi keyifle yapmaktaydım. Güner henüz uyuyordu. O sırada mülk sahibi Ali dayının oğlu Hasan geldi. Köy PTT'sine benim adıma bir telgraf gelmiş. Halim'den ve nasılsa İzmir'den. Onu verdi. "Babamın ağır hasta olduğunu bana Adana'ya bildirdiler. Bir haftadır İzmir'deyim. Sen Antalya'dan uçakla Ankara'ya dön. Gelemiyorum."

İzmir'e telefon için köye koştum, orda beni yeni bir telgraf karşıladı. Yine Halim'den: "Babamı kaybettik."

Nili'nin kocası Aydın da yeni gelmişti. Arabasıyla o ve Güner beni Antalya'ya götürdüler.

İzmir otobüsüne bindim. Benim hareketimden sonra Aydın, Halim'e "Adalet şu saatte kalkan şu otobüsüyle İzmir'de" telgrafı çekmiş. Terminalde Halim ve kızkardeşini karşımda görünce şaşırdım. Ağlaştık. Halim'e iyi geldiğimi hissettim. Kayınpederim, gerçekten de beyefendiden Nafi Bey gömüldü. Müjgân Hanım perişan. Damadı abim çok iyi destek oluyor. O bir hafta boyunca Halim'e yemek bile yapmış. Halim gerçekten bitkin. Karşıyakadaki sahil evlerine başsağlığı ziyaretleri... Her yandan tepsi tepsi, tencere tencere gelen yemekler. Bu arada, hele böyle bir zamanda, derdini kimseye açmayan annemden bir telefon: "Adalet, baban hasta, hepinizi yanında görmek istiyor."

Güner bizim evde Side'de rastladığı Sezer Tansuğ ile kalabileceklerini, evi onunla birlikte kapatabileceklerini söylemişti, o nedenle geri dönmeyi düşünmedik bile. Halim, annesi, ben bir arabada, doktor abim bir arabada son sürat buraya. Babamı gözyaşları içinde bulduk. Onu sarsan Nafi Bey üzüntüsü olabilir. Zaten doktor oğlu da, psikolojik bir sarsıntı bu, dedi.

Babam hepimizi yanıbaşında bulunca yavaş yavaş düzeldi. Yaşlılığın ölümle pazarlığı böyle bir şey mi acaba?

7 Eylül

Dün gece Mümtaz'ı gördük. Sevgi sivil cezaevine nakledilmiş. Bu gün öğle vakti Mümtaz'la onu görmeye gittik. Burası tam anlamıyla sinemalık. Cinsel cinayetler dizisinin kadın kahramanları, ailenin namusunu temize çıkarma kurbanları, çocuk boğma suçlarının kadınları, 'toprak kapma'yı temyize havale ediciler, yankesiciler... Kapının önünde kadınları ayrı, erkekleri ayrı sıraya sokan gardiyan hele!? İçerdeki kadınlardan dışardaki erkeklerine gönderilen çaylar; "Len kardiyan kardaş, al ver şunu benim körolasıca Murtaza'ya; alsın içsin bakalım bu çayı geberesiye..."

Sevgi'yle yarım saat görüşebildim. Askerî cezaevinden sonra burası ona, hem de bütün cümbüşüyle, yayla gibi gelmiş. Ne olsa sivilliğiyle sivil halkının yanında (...) *Yeni Ortam* yeniden çıkacak. Biselman gazeteyi sürekli çıkarabilirse basına değişik bir ses gelebilir.

Muhsin Hoca birkaç gündür burada. Yarın İTİ'de buluşacak mıyız acaba? Bana oradan haber gelecek. Yoksa İstanbul'a dönecek mi Muhsin Bey?

9 Eylül

Emil dün gece bize yemeğe geldi. Çok daha iyi görünüyor. Muammer Sun da üç haftadır içerdeymiş. Bundan hiç haberimiz yoktu. Kimbilir daha kimler... Biz otururken Halil Ergün ile Vecdi Sayar adındaki delikanlı da geldi. Vecdi, Yeni Ortam'ın Ankara Sanat muhabirliğini yapacakmış. İstanbul'dan Hayati Asılyazıcı da beni orda yazı yazmaya çağırmıştı, fakat yanıtlamaya bile vaktim olmadı. Vecdi, hevesli bir genç. Dün gece Halim'le yeni açılan bir kafeteryaya gitmiştik. İlhami ile Bahriye de oradaydılar. İlhami'nin cezaevinden çıkışından beri bu ilk görüşümüz. Hemen dinlenmeye tatile gitmişlerdi... Salı akşamı onlardayız.

Halim'e başsağlığı ziyaretleri sürmekte. Sonbahar bu yıl erken düştü Ankara'ya.

10 Eylül

Öğleyin Güner telefon etti. Yeşilköy'den dönmüş. Evi Sezer Tansuğ ile kapamışlar. Orada kalakalan yazılarımı, biten roman dosyamı ve bozulan radyoyu da getirmiş. Yazılarımı getirip verdi. Hiç değil yazılarıma, *Ölmeye Yatmak* dosyama kavuştum. Herkes ilkin hikâyeleriyle 'ad yapar' da sonra romanı basılır. Bense edebiyat dergilerinde tek hikâye yayınlatmış değilim. Şimdi kim alır da basar bir oyun yazarının romanını? Güner "Cem Yayınları fena değil, oraya bir gönder istersen" diyor. Hiç acelem yok, ama yayınlanmadan da bu kitaptan kurtulamayacağım. Her ele alışta yeniden etrafında dönüp duruyorum. Orasını çiz, burasını boz, o kelimeyi bununla değiştir vb... Bunun sonu yok ki.

Adı için bile hâlâ kararsızım.

12 Eylül

İlhami'lere Güner ve Halim'le gittik. Orada hem İlhami'nin-hem hemen 'hepimizin' ücretsiz avukatı Gülçin Çaylıgil'le tanıştım. O kadar istiyordum ki kendisiyle tanışmayı.

Orada Güney adında bir mühendisle de tanıştık. Güney Bey 'içerde' dört ay kalmış. Bu dört ayını, hepimizi güldürmeyi başararak anlatıyor. Mimar ve Mühendis Odaları Birliği'ndeki 'eylemlerinden' ötürü tutuklanmış.

17 Eylül, Pazar, Gece

Çarşamba sabahı Halim'le İstanbul'a gittim. Çok soğuk, yağmurlu bir günde indik uçaktan.

O kadar az birlikte olabiliyoruz ki, şu kısa uçak yolculuğu bile ikimize iyi geldi. Halim ücretli çalıştığı şirketin Taksim bürosuna gitti, ben de araya taraya ancak Gezi Oteli'nde bir oda bulabildim. Oteller dolu, çünkü İstanbul'da uluslararası kongre var. FİJ kongresi. Basın özgürlüğü tartışılıyor. Basın, yayınlarından ötürü suçlu görülenlerin affını istiyor. Hükümet sözcüsü ise - İsmail Arar - : "Bu gün burda oturup da Sıkıyönetim altında böyle bir kongre yapılabilmesi özgürlük değildir de nedir?" gibi parlak bir fikri beyanda bulundu. Sanki hiç gazete kapatılmamış, sanki yazarlar çizerler hapse konulmamış, sanki 'gık' diyen suçlu sayılmamış da...Sanki seçim hak ve hukukuna dayalı TBMM darbenin hamuruyla yoğrulmamış...

Çantamı otele bırakıp Hayati Asılyazıcı'ya gittim. Geçen hafta Ankara'da bana uğramış, bir roman yazdığımı Güner'den öğrenmiş de, bunu yeni kurduğu Sinan Yayınları'na verip vermeyeceğimi sormuştu. İlk yayını Oğuz Atay'ın *Tutunamayanlar*'ı. Her yeni kitabı hemen okuduğumuz gibi, bunu da okumuş: "Ahh işte romanımız bellenmişin, birbirini tekrarın ötesinde böyle bir şey olmalı!" diye iç geçirmiştim. İç geçirdim, çünkü bunun benim ilk romandan önce yayınlanmasını hafifçe kıskandım. Hayati zaten oyun yazarlığımı pek beğeniyor, burdaki 'şanımı' biliyor; romanıma umudu burdan kaynaklanıyor olmalı. Kendisine teşekkür ettim. Kitabımı yeniden gözden geçireceğimi, hiç belli olmaz, adını bile değiştirebileceğimi söylemiştim. Bekleyelim bakalım. Doğrusu, kimselerin olumlu yaklaşmadığı, benimse yılın en sevdiğim eserinin *Tutunamayanlar* olduğunu açıklamış bulunmamın da sorumluluğunu hissetmekteyim. Fakat Cumhuriyet'imiz ideolojisini sorgulayan bir roman, yeni kurulmuş Sinan Yayınları'nı ikileme sevkedebilir.

Hayati'ye gittiğimde Oğuz Atay da çıkageldi. Tanıştık. Uzunboylu konuştuk. Basının ilgisizliğine karşı öfkelenmiş görünüyordu. *Yeni Ortam* yeniden gündeme geldi. Geleceği pek parlak görünmüyormuş. Mümtaz ve İlhami burada yazmayı kabul etmemişler. 'Ölmeye Yatmak' için Hayati'ye, bunu kendisine verirsem, 'toplanır mı, toplanmaz mı ölçüsünü tayin' bakımından okutucaksa yalnız hukukçusuna okutabileceğini, fakat asla bir yazara ya da basından birine vermemesini özellikle rica ettim. Oğuz Atay romanına saygı ve sevgilerimi sundum; ayrıldık. Otele gelirken Veysel Öngören'le karşılaşmayayım mı?

Hani sanki öldürülenlerin, ortadan silinenlerin dirildiği ân. Sarılıp öpüştük. Sahnesiz, yersiz yurtsuz kalmış durumda. "Küçük Sahne'ye sığındım" diyor. *Kendini Yazan Şarkı*'yı ne yaptığını, ne yapacağını sormadım bile. Bu konuda kendisinden ses soluk çıkmadı zaten.

Böyle şeyler ana sorunlarımızdan değil artık.

Perşembe sabahı Halim, çok erken saatte Ankara'ya döndü. Güner'den ayrıldıktan sonra Ayazpaşa'da, Kızkulesi'ni kucaklayan eski bir İstanbul evinde oturan Tezer'e gittim. Yeni evlendiği filmci çocuğu tanımıyorum. Tezer aklı başında görünüyor.

THY'ye dönüş yerimi ayırtmaya gittim; rezervasyon memuruyla itiş kakış olduk.

Dün öğle saati için otobüse bilet aldım. Baki Süha Edipoğlu ölmüş. Yıllarca birlikte radyoculuk ettiğimiz, dalgın dalgın yürürken bir atkestanesi ağacına toslayınca hemen fötr şapkasını çıkarıp "affedirsiniz" diye ağacı selamladığını dahi gördüğüm şairimiz Baki Süha.

Onun o güzel diksiyonu. Şu ortamda biraz sesi çıksaydı, olmaz mıydı? İşte ölüm.

Akşamına Leylâ, Mehmet, Fatoş (Erbil'ler)'le buluşuldu. Ankara'da Sevgi Leylâ'yı çekiştirir, İstanbul'da Leylâ Sevgi'yi. Aman bu kadın hikâyecilerin birbirlerinden nerdeyse nefreti!

Şu şuydu, bu bubuydu'ları... Yorucu. (Sevgi'nin atraksiyonları da dedikoduya müsait tabii.)

Harem'de otobüse binerken BYYO'dan iki öğrencimi, Ahmet'le Gürhan'ı gördüm. Hürriyet gazetesinde iş bulmuşlar. Bu yıl 3. sınıf öğrencisi onlar. Metin yazarlığı dersinin hiç hocası yokmuş. Çocukları sınava benim ders notlarımdan sokmuşlar. Onlar işin matrağındalar.

Ben şaşkınım. Öyle ya, nasıl olur da Senato'nun 'ders veremez' diye refüze ettiği birinin ders notları, sınavların konusu olur; bu notlar geçerliyse, hazırlayanı nasıl geçersiz olur?

Mahkemelik bir konu.

Bugün Mümtaz'la yanyana Sevgi'yi görmeye gittik. Mümtaz'a anlattım bu durumu. Kim neden sorumlu belli değil ki. Kuyudaki devlet dönemi. Yeni takma adlar bulmakta verimliyiz.

Cezaevi'nden dönüşte eve kapandım. Toz pislik içinde her yan. Derleyip topladım. Halim'in kirli çorapları çok birikmiş. Bu iyi, bu kötü; şuna değmiş, buna değmemiş, diye diye ancak yarısını yıkayabildim. Ne olsa şantiye çalışanından mühendis çorapları bunlar. Adana'dan az sonra gelmesini bekliyorum. Kolayından biraz yemek, temiz ev, temiz çorap... Daha ne olsun? Romanımın kahramanına bu açıdan da baktım mı, o Cumhuriyet'in aydın kadınına?

Baktım canım, baktım ... Hani Üniversitedeki dersinden çıkınca eşinin sevdiği şeylerden alıp gelmiyor muydu eve?

19 Eylül

Dergicisi, hikâyecisi, tiyatro oyuncusu, oyun yazarı, çevirmeni, yani 'kadın' türünden yazar, sanatçılardan bir grup benim evde toplandık.

Ülker Köksal, Nezihe Meriç, Sevim, Gönül Orbey, Jale Birsel... Yazmaklar,okumaklar ve temsil etmekler üstüne konuşuldu. Jale, Ülker'in oyunu *Sacide*'nin Sacide'si oldu ya, bir baktım, Ülker'in kendisi de Sacide olmakta. Ya da zaten o olmuş da, yazmış. Yazdığı oyunun içine öylesine yerleşmesi çok hoş.

20 Eylül

Ali Özoğuz geldi. 1961-63'de yaşadığımız Meydan Sahnesi serüvenimiz. Şimdi Gazanfer Özcan'ın Ankara seyircisini fethine yardımcı oluyormuş; beni oraya davet etti. Geçmişten anılarımızı seslendirdik. Ali'nin zekâsını, kendine has fıkralarını öyle özlemişim ki...

Son iki gecedir hiç uyumadım. Çalışıyorum. Gündüzakşam arkadaşlarla yaşadığım sefanın borcunu ödemem gerek.

Romana yeni yeni birçok etiket yapıştırdım: Deri Değişimi, Saksı Çamı, Büyük Mevsim Temizliği bunlardan bazıları. Bu sonuncusuyla Ölmeye Yatmak arasındaki çekişme uzun sürdü. Henüz iki tarafan biri kazanmış değil. Bazı yazarlar önce adını koyar, sonra yazarlarmış. Ben ilk yakaladığım adı, işin sonunda bırakanlardanım. Ad niye önemli oluyor ki? Herhalde okuru avlama açısından... Aslolan ambalajın içindekiler değil mi?

22 Ekim

Güney'den dönüyoruz. Çoktandır 'bitti' dediğim romanı Yeşilköy'de elden geçire geçire daktiloda üç kere daha yazdım. Üç kopya. Yolda aldığımız gazeteden Mümtaz'ın yeniden tutuklandığını öğreniyoruz. Ankara'ya varınca onu yine bulamayacağız. Öfkeden çıldırıyoruz.(...) Ertesi gün. Akşamüstü. Annemle babam geldiler. Bana bir kucak kırmızı gül getirdiler. Yarın kızlarının doğum günü. Babam daha iyi, fakat çok duygulu. Annem, alınganlaştığını söylüyor. Şekeri var. Ona şekersiz komposto yapıyoruz. Buna içerliyor.

6 Kasım, Pazartesi

Olup bitenler: Halim geçen Cuma gününden beri Kars'ta. Adana bitti, şirket işi Kars'a odaklandı. Evde tek başına kalmaktan korkan, yanıbaşında hemen koluna gireceği bir koca arayan, tek başına çay içmeye bile gidemeyen kadınlar vardır. Onlardan değilim. Çocukluktanberi yalnızlığa düşkünlüğüm katmerlenerek artmakta. Cumartesi sabahı, yazı makinamla başbaşa olmanın keyfi içinde başına geçtim. Tak tuk-tak tuk 14.00'e kadar çalışmışım. "İyi oluyor, iyi oluyor" nakaratı dudaklarımda, mutfağa bir şey yemeye gittim, içeri girdim girmedim burnumdan oluk gibi kan fışkırdı. Havul bez, elime ne geçtiyse burnuma bastıyorum, bunlar ânında kana doyup her yan kana bulanıyor. Akıl ettim, önce mutfağın yanındaki sokak kapısını açtım; sonra yine ordaki telefondan annemi aradım. "Anne bir ân önce gel" demesini başardım. Banyoda iki kalın havluyu burnuma sarıp yere yattım. (Gerisini hatırlamıyorum hakim bey.) O gün bugündür yataktayım.

Kanama iki gün sürdü. Abim bana iğne yapmış. Arkadaşı Dr. Orhan da gelmiş; o da Dr. Ziya Tinel'i çağrıyor; burnuma tampon konuyor. Kan durdu, fakat halsizlik fazla. Anneciğim çok yoruldu. Halim Kars'tan dönene kadar hiç başımdan ayrılmadı. Halim Salı akşamı dönünce annemin yanımda olması ona iç rahatlığı sağladı. Bir insanın üç günde bukadar eriyip bitmesi şaşırtıcı doğrusu. Kanamanın nedeni anlaşılamadı. Dr. Tinel: "Fazla yorgunluktan âni bir tansiyon fırlayıp düşmesi olabilir" diyor.

Sözde romanım kolumun altında, 1 Kasım'da İstanbul'da olacaktım; hâlâ gidecek durumda değilim. Fakat kitabın etiketi artık kesin: *Ö l m e y e Y a t m a k*.

Birçok arkadaş beni görmeye geldi. Emil İstanbul'da; *Yeni Ortam*'da yazıyor. Çok da iyi. Kalkıp beni görmeye gelmesi büyük sevinç. En şaşırtıcı olansa 'erkekten uzman' Rıdvan Çongur'un yanında Erzurum Radyosu'ndan Adnan Vangölü ile çıkıp gelmesi. Hani şöyle birbirlerini sevmekten vazgeçemeyen insanlar vardır. Bizim Çongur çelebimiz de öyle. Askerlerle gayet uyumlu görünüyor, yine de kızılamıyor ona. Erzurum'a gönderilmesi, Rıdvan için hiç beklemediği bir sürgünlük; fakat artık bir makam sahibi olmaktan memnunmuş gibi görünmekte. Adnan bezaten pırıl pırıl, ruhu kadar fikri de duyarlı bir çocuk. Beri yanda Ankara Sıkıyönetim Komutanlığından yayınlanan bildiriler: "Tutuklulara işkence yapıldığı söylentileri çıkarılmaktadır. Vatansever halkımızın bu asılsız haberlere inanmayacaklarından eminiz. Bu sözler gerçeğe aykırıdır, milletimiz bunlara sakın kulak vermesin." Gerçeğe aykırıymış! Böyle bildiriler eğitimsiz gardiyanları bile kışkırtmaz mı? Gerçeğe aykırıymış! Geçtik içerde yapılanları, dışardaki tutuklu yakınları daha beter işkence altında. Yirmi gündür, çocuklarının, eşlerinin, babalarının, kızlarının nerde olduğunu bilmiyorlar. O Nizamiye kapısı senin, bu nizamiye kapısı benim: Efendim oğlumuzu bulamıyoruz, tutuklandığını işittik. Acaba?.. Efendim, eşim sağ mı, ölü mü acaba?.. Babası evet, bu çocukların babası. Sağ mıdır?

(Her kapı duvar.) Efendim, kızımla damadımızı ziyarete gelmiştik, eşiyle evet eşiyle yüzbaşım, acaba?.. Yaa ziyaret günü değişti demek? Tüh tüh tüh, biz de taa Tokat'dan çocuğu komşuya emanet edip gelmiştik efendim, ne yapsak ki?..

İşkence yok öyle mi? Üç gün üç gece kuru sandalye üstünde gözetim altında tutulmak, kuştüyü yatakta misafir edilmek mi acaba? Gözaltındakilere cezaevi piyangosunun çarpmasının bir 'sevinç kaynağı' olması işkence değil öyle mi?

12 Mart'tan buyana insanların insanlık haklarına yapılan tecavüzlerin unutulmasından korkuyorum. 'Vatansever milletin' bu çağdışı tutumu olağan karşılaşmasından korkuyorum. Gemisini kurtaranın kaptan olmasından.

(...)

Ecevit, CHP'den Melen hükümetine verdiği beş bakanıyla dönemin sorumluluğunu partisinin daha fazla paylaşamayacaktır. Hele III. Plan görüşmeleri sırasında Melen'in CHP yeni Başkanını küçümsemeye getiren davranışları üstüne, beş CHP bakanını 4 Kasım '72 günü hükümetten çekme kararı aldı. (Keşke daha önce hiç katılmasaydılar.)

(...)

İsmet Paşa 49 yıllık partisinden, sırtlarındaki çok boyutlu tek parti tarihi yüküyle birlikte, istifa ettiler. TBMM'de sadece senatör olarak kalacaklarmış. (Paşa da keşke parti başkanlığı elden çıkınca istifa etselerdi, demek istiyorum, fakat diyemiyorum. Kimbilir 49 yıllık kaç çatal höyük var bu tarihin içinde...)

(...) Mümtaz Soysal o gün bugündür içerde. *Anayasa-ya Giriş* kitabının 'suçu'ndan ötürü açılan davadan Yargıtay onu beraat ettirmişti; dava geri dönmüş. Savcı aynı 'suç' ithamında ısrar etmekte. Hiçbir şey mantık içi değil ki. Bu ders kitabı SBF'de Kurul onayıyla kaç yıldır ders kitabı olarak okutuluyor. Kurul üyeleri Üniversitede derse devam; onlar neden 'suça ortak' sayılmıyorlar peki? Hattâ 'suça tahrik' suçlularından?..

Sevgi Adana'da sürgünlüğünü yaşamakta. 3 ay 10 gün. Adres: Sevgi Soysal, Sürmeli Hotel. Adana.

11 Kasım

Yine yataktayım. Ayağa kalkalı iki gün olmuştu, 40 derece ateşle yine serilip kaldım. Ateşli ağrılara dayanıyorum, ama annemin, Halim'in önüme çorba, çay, ıhlamur getirip götürmeleri hoşuma gitmiyor. Muhtaçlık duygusu moral bozucu. Tedirginim.

(...) Türkiye'nin McCarthy'si diye tanınan T. Feyzioğlu, Ecevit'i 6 maddelik bildirisiyle dikta rejim sahiplerine jurnal ediyor. Atı çizgi çizgi boyayarak zebra diye satanlardan değil mi o da, faşizmi yeni doğmuş temiz bebek, goncaları umut dolu gül gibi milletin kucağına uzatıyor. Millet de gözünü açacaksa açsın artık. Onun daha güzel yarınları adına kimler kendini kurban etmedi, kimler intiharın eşiğine kadar gelmedi? Bir ses olsun da bari vicdan borcunu ödesin. Millet derin sularda boğulmak üzre olan insanın, kendisini hayata çekmeye çalışana da asıla asıla ikisini birlikte derin sularda yokeden cahillik korkağı sanki. Çıkardığı davetiye yüzünden ekmek parasından da oldu işte. (Ah şu Jandarma-muhtar korkusu aaahhh!)

Serpil'le pek buluşamıyoruz. Onlar da mağazada ilk adımlarını şaşırtmama savaşında. Mağaza demek, sabah dokuz, akşam on dokuz resmen açık demektir. Ayhan da Güner'den çok bana kızgın galiba. Ben hastayken bir kucak çiçeğiyle bizim evde, sağlamken baba evinde çiçeksiz karşılaştığımızda bıyıklarını kemirmeye başlıyor çünkü (!) ......

15 Kasım, Çarşamba

Halim Pazartesi Adana'ya gitti. Annemle başbaşayız. Ayağa kalkıyorum, ama henüz çalışamıyorum. Dün akşamüstü genç bir arkadaş geldi. "Abla, Ekmekçi'yi de götürmüşler" dedi. Hemen telefon ettim. Meğer *Yeni Ortam*'ın Ankara'da satışı yasaklanmış. Bunun da kapatılacağına ilk işaret. Hedefleri açık: 'Sol' S'sine bile yer olmayacak Türkiye'de. Sözüm ona 'demokratik' Türkiye Cumhuriyet'inde. Başında artık sosyal demokratlığına değinmiş Bülent Ecevit'in bulunduğu CHP'ye tahammül yok: MGP, DP, CP, CHP'yi kapattıracak köpüklü kışkırtmalar içinde.

Önceki gün, Ergun Köknar aradı. Hani Ordu'da ilk bölge tiyatromuzu kurmaya gönderilmişti ya; bundan ses soluk yok. Fakat Hürriyet benden *Çatıdaki Çatlak* oyunumu istiyormuş. Daha altı yedi yıl önce Devlet Tiyatrosu'nda oynanırken zamanın Kültür Müsteşarı Adnan Ötüken'in sansür koyup devletin sahnesinden alelacele kaldırttığı oyun. Sansür yetmemiş, sağcı gazetelerden birinde de "Bu oyunun yazarı evde kalmış, erkeksizliği başına vurmuş bir kadındır. Piyeste 'orospu emekliliği' falan gibi laflar geçiyor; yüzüne kimsenin bakmaması başına vurmuş belli ki" gibi pek 'derinlikli' bir yazı patlatmıştır. O günler Ankaralı yazar arkadaşlardan çoğunun, kendiliklerinden direnişimin yanında yer almalarını unutamam. Unutulmamalı. "Hürriyet ne için satınalmak istiyor bu oyunu Ergun?" "Kelebek ekinde fotoromanı yayınlanmak isteniyor abla." Fena mı, halka yayılacağız işte. Fakat halkımızdan kaç tanesi gazete alıp okuyor acaba? Biz onun yanına ineceğimize o buyana çıksa, daha iyi olmaz mı?" Epeyce ikircikli bir şey. "Bir düşüneyim Ergun." Donkişot'un hayalleri ruhuma işlemiş olduğu için, düşüne düşüne yeldeğirmenlerini yerle bir etmeyi düşünebiliyorum. *Çatıdaki Çatlak*'ı satmıyorum.

12 Ekim gecesi TRT TV'sindeki Sahnelerimiz programında, Sanat Seviciler derneğimizin TV ödülleri töreni yayınlanmıştı. Pek alengirli bir yayındı, fakat bu ödüllere katılmayı reddedenlerin adları dahi anılmadı. Okuduğunu her zaman çok güzel okuyan sanatçı Cüneyt Gökçer, Anouilh'ın *Beckett* oyunundan *Benim sadık köpeklerim* tiradını okudu nedense.

19 Aralık

Ölmeye Yatmak'da hiçbir şeyi yüceltmek istemedim. Kahramanlardan hiçbiri pir-ü pâk ötekinin üstünde değil. Bütün çabam, 'hayatın ta kendisine sığınmak' yönünü tayinde oldu. Anlatının bütün türleri birbiriyle uyumlu bir bütün ortaya çıkarsın istedim. İçten dışa, dıştan içe; dünden şimdiye, şimdiden yarına paslaşmaların yankısı bir ses alaşımı olsun. Bunu sahne oyunlarımı yazarken de hep istemiştim, fakat tiyatroda 'tek' değilsin. Romanda iyisi kötüsüyle tam kendin olabiliyorsun.

(...) Gripten kalktığım gün babama araba çarptı. O tehlikeyi atlatınca, kitabımı Hayati Asılyazıcı'ya götürmek için İstanbul'a gittim.

Hayati'yi gördüm. *Yeni Ortam*'ı Hürriyet'in desteklediğini öğrendim. Avukat Mehmetcan Köksal'la tanıştım. 'Kadın'lardan hikâye yazarı Ayhan Bozfırat'ın kocası imiş. Hayati, son oyunlarımdan *Kendini Yazan Şarkı*'yı Sinan'da yayınlamak istiyordu da... Mehmetcan Bey bana bu oyunda 'suça övgü' suçu bulunacağını söyledi. Üzülerek *Kendini Yazan Şarkı*'yı yayınlatmamamı ve hiçbir yerde de oynanmamasını öğütledi. Başı derde girecek tek başına ben olsam, neyse. Dekorcusuna, dekor taşıyıcısına kadar 'Suça övgünün suç ortakları' diye içeri atılmayacakları ne malûm. Buyur işte, Adalet. Geri çekilmeler başladı. (...)

İstanbul'da Leylâ'larda kaldım. Hızla ünlenen Bekir Yıldız'la dostlukları artmış gibi. Cağaoğlu'nda bir matbaası varmış; bu ortamı biliyor olmalı. Romanımı Sinan'a bırakmakla iyi etmediğimi söyledi. "Sen bunu burda bırak, Leylâ ile Cem'e götürür sorarız" önerisinde bulundu. Bakalım. Onda kalırken Leylâ *Ölmeye Yatmak*'ı okumuş bulundu. Görüşünü: "Çok cesur bir iş yapmışsın" biçiminde belirtti. İstanbul'da ilk oynanışında ummadığım bir yankı yapmış olan (1964) *Evcilik Oyunu*'nu eleştiren mi desem, anlamlandırmaya çalışan mı desem, böyle bir yazısı yayınlanmıştı. Tek perdelik *Kozalar* oyunumun kendilerini tutuklayan kadın kahramanların 'bir delik gerek, bir delik gerek!! diye yırtınışlarını, o sınıfa pay vermek gibi yorumlamıştı ama, bakalım. Henüz hiçbir yerde, hattâ Yeni Dergi'de bile tek hikâyem yayınlanmış değil. Arkadaşlığımız korunaklı.

Geçen hafta Hayati'ye mektup yazdım. Telefonlarıma çıkamaz oldu çünkü. O kadar ısrarla aldığı romanımı ne yaptığı/ yapacağı üstüne tek kelime yok. Ondaki kopyayı ya Bekir'e ya Leylâ'ya geri vermesini istedim. Önümüzdeki yıl Cumhuriyet'in şu 50. yıl 'katılımcıları'nın alışveriş meselesi olmasa, yayın gecikirse geciksin. İstanbul'da Devlet Operası sanatçılığından ayrılma bir tanışa rastladım; "Şimdi geldim ben de, İsviçre'den döndüm de..." dedi. "Opera temsili mi vardı orda?" Hayatının rolünü oynuyor galiba, gayet ciddi: "Opera yok ama, saat fabrikası çok" dedi. Elinde bir 'bond' çantası var. Cebinde de bir saat varmış. Onu çıkardı: "Bakın bu saatte, her saat başı Atatürk'ün başını görebilirsiniz" dedi. Ayakta bir saat bekleyecek değilim elbet, eliyle bir saat ileri aldı saati; ağır ağır, bir Atatürk portresinin hayali belirmeye başladı. Bir saat daha ileri: Aynı şey.

Bond çantası bunlarla doluymuş. Öyle de açıkyürekli ki: "Önümüz Cumhuriyet'in 50. yılı. Silahlı Kuvvetlerimizin üst kademesine kurucusunu anmalık böyle armağanlar çok gerekli oluyor. Bunun için yaptırdım bunları. Yüz tanesinin yeri şimdiden hazır!" açıklamasında bulundu valla billâ... Nekadar vatansever bir sanatçıymış! Bir yıl öncesinden her şeyi düşünmüş. Aziz Bey'in kulakları çınlasın: Her yanımız güldürü dolu. (...)

Uğur Alacakaptan 6 yıla, Uğur Mumcu 5 yıla muhkûm edildi. Hemen yenibaştan tutuklandılar. Alacakaptan Mümtaz'ın avukatı. Onu savunamasın diye yapmışlardır bunu. Uğur Bey çoktandır CHP'li oysa.

26 Aralık

Sabah duran kar öğleye doğru yeniden başladı. 'Yarına umutlu bakmak' edebiyatı da canımı sıkıyor artık. TÖS davasında Fakir ve arkadaşları 8-10 yıl arası yemişler. Gazeteler çoktan birer baykuş olup çıktı. Umut nerde?

Leylâ'dan mektup aldım. Hayati *Ölmeye Yatmak* dosyasını vermemiş. "Basmak istiyorum. Okuyacağım demiş. Cem Yayınevi'nin '73 programı da doluymuş. Hiç bilmiyordum. Demek Cağaoğlu yayıncılarında önden rezervasyon yapmak gerekiyor. Ya da kuyruğa girip beklemek. Bol bol çeviri kitaplar yayınlanıyor; yerliye sıra geç geliyor belki. Halim, oyun yazarı olarak sırtta taşınırken romanla hesaplaşmaya kalkmama pek olumlu bakmıyordu. Haklıymış demek.

Güngör Dilmen: "Remzi Kitabevi'ni neden düşünmüyorsun peki?" demişti. Neden sahi? Oysa bütün Orhan Kemal'leri, Yaşar Kemal'leri burdaki yayınlarından okumuştum. Cesaretimi kıran bu mu yoksa? Düşüneyim bakalım. Güngör bir de Yankı'nın sahibi Kemal Demirel'le görüşmemi söylemişti. Öyle ya, orada oyun da basılıyor. Kemal Bey edebiyatta kaliteye düşkün bir kimseymiş. Derdi 'ille satmak' değilmiş. Demek kendileri saat başı güneş gibi doğan Atatürk ticareti yapanlar sınıfından değil. Yazık ki bende de Polyanna'cılıktan eser yok.

Her yıl sonunda insanların kendisiyle hesaplaşması adettendir. Bu yılın sonunda benim çıkardığım artı-eksi, toplam=şu hesabım bu olsun bari. Toplama çıkarmalarda mutlaka yanlışlar yaptığımı bilerek...

1973

Ocak-Şubat-Mart-Haziran-Aralık

Ölümlerden Dirimler

5 Ocak 1973

Ölmeye Yatmak doğduktan sonra küvete alındı da, hayata bakıp bakmayacağı hâlâ belli değil. Sinan Yayınları'ndan ses soluk yok. Hadi Cem Yayınları'nın bu yılki balonun dans karnesi doluymuş, ama beni dansa davet eden Sinan Yayınları 'müsteşarı'nın kendisi. Müsteşardan kavalye(m)in bacağı mı kurşunlandı nedir, topallıyor; adım atsa mı, atmasa mı, dönse mi, döndürse mi belli değil. Kimbilir, belki de dansa davetine pişman oldu...

Canım neyse neyse; geçen yılın son günlerinde İlhan Selçuk, İlhamî, Doğan Avcıoğlu serbet bırakıldılar ya, şen ona bak. Davutpaşa'dan çıktılar. Ne hüzünlü bir çıkış; daha doğrusu İspanyol oyun, roman yazarı Alfonso Salvador Sastre'ın bir eserinde söylediği gibi:

Ne hüzünlü bir başlangıçta her şey.

Yılbaşı gecesi aile töre ve törenlerine uygun olarak önce büyük Sümer'lere gidildi; hem armağanlar alınıp verildi, hem de başta babamın 'bâyan'ı İsmet Hanım'ın hindi fırındası olmak üzere, yenilip içildi. Geceyarısından sonra ilk torun Fuat'ın Mınımına'sı –Büyükanne– ile Bıdıbıda'sı –Büyükbaba– dinlenmeye terkedilip ortanca Sümer Dr.Cazip'lere yollanıldı; yemeksizin içildi; oradan da küçük Sümer'lerle birlikte ortanca sıradaki ve kadın türünden Ağaoğlu Sümer'in evinde plak dolabı başına çöküldü; Brassens'ler, Edith Piaf'lar arasında Gönül Yazar'dan 'Buruk Acı'lar da dinlenip tekne kazıntısı –küçüğün küçüğü– Güner Sümer'in kulakları çınlatıldı. Ne olduysa oldu da, yeni yıl bir türlü ta içten patlama kahkahalarla karşılanamadı. İçki ise hepimizi hiç yapmadığı kadar tekmeleyip tokatladı. Her birimizi sağa sola yığasıya becerdi bu işi.

Her şey böyle sarsıcı değil canım. Meselâ dün dergi A'da Ergin Günçe'nin 'Pi Sayısı ve Özgürlük' başlıklı yazısını okudum; çok çok sevdim. Düşüncenin bukadar iyi, bukadar derinlikli anlatılmış olması beni heyecanlandırdı. Erdal Öz'ün *Güvercin* adlı öyküsünde, anlattığı şeyden çok, anlatma biçimi rahatsız etti beni. Yapay, acemi, nasıl desem, şey işte, aşınmış, evet aşınmış bir üslup ve kurgu. Oldu, uygun söz tam bu: Aşınmışlık.

Yalnız Erdal'ın öyküsü değil; biten yıl edebiyatımızdan okuduğum kitapların çoğu bana, 'eskimiş' değil de 'aşınmış' anlatılar gibi geldi. Arada bir iki farklı örnek yok değil, fakat bunlarda da fazla bir 'kendini beğenmişlik' kokusu alıyorum ki, bu itici. Mavi'cilerin başlangıcı çok daha samimi idi. (...)

Sabah, Güner'den mektup: Ayın 15'inden sonra dönmek istiyormuş. Paris'te bir arkadaşının odasını paşlaşıp durmak mı canını sıktı acaba? Paris köylerinden birinde bir 'iş' bulamadı mı? "Döneceğim, bana bir tren bileti gönder anacağım" diyor.

21 Ocak

Bayram tatilinde Halim'le Alanya'ya, köye gittik. Coğrafyamızın güneyinin buz tuttuğunu ilk defa gördüm. Hava yağışsız, toprak don, tepeler kar-buz. İlk iki gün soğuktu, çok soğuk.

Son iki gün ise ılık, güneşli. Evde kocaman ocağımızı sürekli yaktık. Yazları arazide nekadar sökülüp atılmış ağaç kökü varsa alıp geliyor, ocağın başına yığıyorum. Hele kupkuru çam kozalakları, hele onlar! Maden kömürü bunların yanında haltetmiş. Köklerin budakları arasında yanışları da öyle güzeldir ki, seyrine doyamam. Yine doyamadım. Ellerimizde kadehlerle kurtların tahtalarını kırt kırt kemirip durduğu eskinin eskisi berjer koltuklara yangelince, insanın kendini Amerikan 'home life'lı filmlerin başrolünde hissetmemesi mümkün değil!..

Ankara'nın isinden dört günlük bir kurtuluşla ciğerlerimiz bayram etti ki, iyinin iyisi asıl bu işte. İyilik sağlığa işaret ise: Romen yazar Gheorghiu'un *25. Saat*'ini okudum. Kitapta tek keyif kaçırıcı nokta, bütün roman kahramanlarının her yerde ve bütün toplama kamplarında durmadan rastlaşmaları. Bunun dışında ve tabii yazarın romantik bakışlı 'insan' anlayışına anlayışlı yaklaşılırsa roman ilgi çekici. Bürokrasinin katılığını, despotluktan doğma kepazeliklerini çok iyi sergileyen bir roman. Bunu bitirir bitirmez El Cordobes'in hayat öyküsünün romanı *Yasımı Tutacaksın*'ı okudum. Bir dönem İspanya'sının belgesel tutucaklarla panoramasını çizen bu kitabı okumayı çoktandır bilerek geciktiriyordum. Çünkü Dominique Lapierre gibi bir gazetecinin kaleminden çıkma romanın edebiyat niteliği taşıyamıyacağını düşünüyordum. Pek de yanılmamışım, çünkü belgelerin romana yerleştirilmesi benim *Ölmeye Yatmak*'taki kurgu anlayışımdan farklı. Fakat yoksulların hayatları pahasına yükselme, sınıf değiştirme, yukarda, daha yukarda olma, şöhrete ulaşma hırsını dünya çapında bir toreador aracılığıyla öyle bir çekicilikle yansıtıyor ki, elden bırakılamıyor.

Son günler hiçbir şey yazmadım. Galiba ilk romanımın yayınlandığını görmeden de yazamayacağım. İstanbul'a gideyim; Hayati ile yeniden bir karşılaşalım bakalım, ne olacak.

Ortada şu Cumhuriyet 50. Yıl meselesi olmasa unut gitsin. Çekmecede bekleyen dosyalarımı her zaman sevmişimdir. Taa öğrencilikten kalma 'eserlerim'in naftalinsiz bir sandığa terkedilmiş olunmalarını hele!

Güner'den mektup geldi. Yarın yola çıkıyormuş. Pierette'le gönderdiğim 'şey'e teşekkür ediyor. Eline biraz para geçmiş olması ve buradan bazı yeni teklifler almış bulunması moraline iyi gelmişe benziyor.

Alanya köyü, diyordum. Suyu getirdiğimiz yamacın güzel ormanını boydan boya yakmışlar. Halim'in 'bol ürün toplayacağını umduğu' portakal ağacı fidanlarıyla benim sardunyalarımı da başıboş hayvanlar yine yemiş bitirmiş, ezip çıkmışlar. Bahçedeki duş demirini mutfakta kilitlide tutuyoruz artık. Köylüden halkımızla kaynaşamadık, İstanbul'dan yazarlıkla kaynaşıp kaynaşamayacağım ise muğlâk. Sahi yahu, Cağaloğlu Ankara yazarını bir türlü ciddiye almamıştır. Ya Batı'dan, yani İstanbul'dan olacaksın, ya iyice Doğu'dan. Evropalı Cumhuriyet'imiz İstanbul'un arada kalmış sınıf yazarlarını benimseyebildiği kadar benimsemiş değil mi zaten? Lozan'dan buyana şöyle, hafif tepeden bakarak. İstanbul'u yaz, hangi azınlığından olursan ol, cevhersindir. Nerde öteki romanlık coğrafyalar… Burda öbürleri dedin mi, al sana Fatih'ten Harbiye'ye, Harbiye'den Bodrum mavi yolculuklarına… Bir tek Orhan Kemal Çukurova'yı İstanbul'a taşıdıysa, arada sıkışmışlar sınıfından olduğu içindir; yine bu sınıftan Osmanlı İstanbul'unun yenileri kabul buyuran mahallelerinden birinde dahi *arada kalmış* olmasındandır.

Bunlar Dert Dökme Defterleri'nin günleri saatleriyle kayıtlı kalamaz. Anlatıp durma; otur yaz.

25 Ocak '73

Dün İTİ'ye Türkiye'de Tiyatro bültenini hazırladım. Geçen yıl Haziran'da Helsinki'de yapılan uluslararası toplantı 'tiyatronun özgürlüğü' üstüne idi. Uruguay'da sanatçılara edilenler bizde de geçerli.

Bugün Sezer (Duru) geldi. *Kozalar*'ı Almancaya çevirmek istemiş, çevirmişti. Alman radyosundan oyun ve yazarı hakkında açıklayıcı bilgiler istenmiş. Bu, oyun orda oynanacak demektir. İsteneni hazırladık.

(…) Cumartesi İstanbul'a gideceğim. Sol bacağımdaki ağrı ve çekilme hali çok arttı. Siyatikmiş. Her sabah bir iğne yiyorum. Çalışamıyorum. Nezihe'nin evinde Ülker, Jale (Sacide kardeşler) Selçuk, Sevgi Sanlı toplanıyorlarmış. Meriç "ille gel" diyor, ama ne mümkün…

Zaten buluştuğumuzda da öteki kadınlardan tek farkımız, birbirine yemek tarifleri yapmak yerine, ne gibi bir şey yazmanın tasarlandığının anlatılması. Anlatan anlatana, ama ortada somut bir şey yok.

Nezihe'nin Dost'u yine de somut bir şey. Yazdığını bastırma kâbusu yaşayacağını da sanmıyorum nedense. *Seçilmiş Hikâyeler*'de atılmış tohumları düşünmek lâzım.

Ah, daha taa Tuna Caddesi'nden yakın komşumuz, gayretkeş Salim Şengilciğim benim!

Hayati telefonla da bulunamıyor.

Aynı gün: Geceyarısı

Uyuyamıyorum. İğnelerin faydası yok. Avuç avuç ağrı dindirici haplar yutuyorum hapı yutmalarım üstüne.

Son haberler: Vietnam savaşının sona ermek üzere olduğu bildiriliyor. Gazetelere bakıyorum: Ateşkes emri yarından sonra yürürlüğe girecekmiş. Bağımsızlığına düşkün, bu anlamda gözü kara bir ulusun 20 yıl süren direnmesi sonucu elde ettiği bir zafer bu. Esirler 60 gün içinde serbest bırakılacakmış. Nixon dün sabah (çarşamba) Türkiye saatiyle 5'te radyo ve TV'de yaptığı açıklamada: "Kâbus sona eriyor" demiş. Kâbus sona eriyor evet, ama nelere, kaç milyonlarca insanın yaşama hakkına malolarak.

Washington hükûmeti 1954'de Cenevre anlaşmasını bozarken Vietnam halkının iradesinden çok, Amerikan çıkarlarına yönelik bir politika izlemeye kararlı Vietnamlılarla işbirliği halindeydi. Diem'i bu amaçla Güney Vietnam'ın başına getirmiş, orada sözümona seçimler uygulatmış, bu 'ısmarlama seçimle' onu yönetimin başında tutmuş; Diem'den beklediği kadar yararlanamayınca Van Tiyö'ye her türlü yardımı yapmıştı. Amerika halkının ve dünya kamuoyunun baskısı karşısında, ama asıl VanTiyö'nün de artık Amerika'ya yeterince yararlı olamadığını görerek Kuzey Vietnam'la anlaşmak zorunda kaldı. ABD'nin çoktan düşen maskesiyle ortaya çıkan çirkin yüzü ve geride son iki yıl içinde Vietnam'da sivil ve asker üç milyondan çok daha fazla olduğu tahmin edilen insanın ölümü. Amerika'nın 'gönüllülerindeki gönülsüzlük' üstünde duran yok tabii. O başka bir hayata saldırı biçimi.

Saygon'dan bildirildiğine göre, 1965-'72 Ekim'i arasında Güney Vietnam'da sivil-asker 1 milyon 350.000 ölü, 1 Ocak 1961-6 Ocak '73 yılları arasında Amerikan savaş alanlarında ise 46.000 kadar ölü, 305 bin kadar yaralı sözkonusu. Bu insanların ve yakınlarının ruhsal yıkıntılarını tasavvur etmek işi ise biz 'seyircilere' kalmakta...

Amerikan uçakları yalnız 1972 yılı içinde Kuzey Vietnam'a 1 milyon 84 bin 359 bomba atmış. Silah üretimi iki yanlı iyi çalışmış!.. Kuzey-Güney= SSCB= ABD (Doğu - Batı).

Ne savaşıdır bunun adı? Soğuk Savaş.

Yani işte şimdi, Vietnam barış anlaşmasının Paris'te paraf edildiği, aynı dakikalarda Washington ile Kuzey Vietnam başkenti Hanoi'de ilan edilirken yalnız kalan –satılmışların sonu– Güney Vietnam Devlet Başkanı Nyugen Van Tiyö, barışın sürekli bir barış anlamına gelmediğini beyan etmiş; bu arada Güney Vietnam halkını "komünistlerin bir oyununa karşı dikkatli olmaları" için uyarmış bulunmaktadır.

Barışı Nixon'un özel danışmanı, Nazi Almanya doğumlu Dr. Henry Kissinger ile Kuzey Vietnam'ı temsilen, heyet başkanı, Kuzey Vietnam Polit büro üyesi Le Duk To elele, birlikte sağlamışlar'mış. (...)

Çin Hindi komünist partisine 1929'da girmişti. 'Le Duk To da bir zamanlar Hanoi tarafından emperyalistlere ve derebeylerine karşı büyük nefret besleyen eski, çok da inançlı bir komünist olarak tanımlanmış. Fransızların Dienbienphu savaşından sonra bölgedeki nüfuzları son bulmuş, bu sefer de Amerikalılar sahnede görünmüş'tür. (O halde Fransız aydınlarının peşlerine başka ülke yazarlarını da takarak Vietnam'a Yürüyüş'lerini bir de aynanın tersinden değerlendirmek gerekiyor, değil mi Fatma İnayet Hanım?)

27 Ocak

Vietnam'da barış ilânı.

Koskoca bir kuşak savaşta doğdu, savaşta öldü. Katliam zamanının akışı; cesetleri akarsular kıyılarına çarpa çarpa, açgözlü okyanusların miğdesinde hazmı taam eylene ede! XX. yüzyıl bilançosu, bir toplukıyım bilançosu olacağa benzer. Oldu bile. Amerika'nın bir ulusun çocuklarına silahların saçtığı dehşetle kıydığını düşünürken, kendi ulusunun çocuklarını da silahların gölgesinde terör tohumlarıyla besleyip büyüttüğünü asla ve kat'a unutmayalım.

4 Şubat '73

İstanbul: Hayati roman dosyamı aradı taradı: Bulamadı; kime verdiğini bilemedi.

Fakat zerafetini asla elden bırakmadı: "Bulacağım canım, tabii bulacağım. 23 Ekim'den önce yayınlayacağım."

Güzel bir tesadüf eseri, onu kendim buldum. Elimde kala kala tek kopya var zaten. Asıl önemlisi Sinan Yayınları'na verdiğim kopya. Çünkü bu, noktası virgülüne kadar 'yayına hazır' kılınmış tek kopya.

Maçka Otel'deyim. Ağrılarım rahat yüzü göstermiyor. Yağmur yağmur… Zırrr, telefon.

Arayan anavatanını İstanbul yapmaya çalışan Güner'miş: "Ne yapıyorsun bu akşam?" "Uzanıyorum." "Hadi canım sende, roman aşkına otel odalarında pinekler oldun. Kalk gel buraya. Bir sürü iyi arkadaşla beraberiz." "Nerede?" "Çiçek Pasajı. Entelektüel."

Buna sezgi mi denir, ne denirse, belleğimin yüzünü iki defa gördüğüm Oğuz Atay zili çaldı:

" Şey... Oğuz Atay da orda mı?" " Burda. Hem de yanıbaşımda. Hayrola? Onu gözün mü kesti, nedir?" Sezgim parmağını bellek zilime dayamış, çınlayıp durmakta: "Konuşabilir miyim onunla?" Karşılıklı ilk romanları yayınlanmış ve yayınlanamamış iki roman yazarı olarak telefonda gayet mesafeli bir üslupla konuştuk. "Acaba Oğuz Bey, editörünüz Hayati arkadaş size şey..i vermiş olabilir mi? Hani dosyamı oraya bırakmaya gittiğimde siz de vardınız yani, ondan, şeyy yani... Nedense ofiste bulunamadı da, hani olur ya, acaba........" "Roman dosyanız bende Adalet Hanım."

Çarpılıp kaldım. İyi ki canım ciğerim Hayati'ye: "*Ölmeye Yatmak*'ı okuduktan sonra istediğin hukukçuya gugukçuya gösterebilirsin, ama yayından önce bir yazara okutmanı istemem; yayınlanmadan önce basın falan, kimseye okutma lütfen" demişim. Keşke önüne gelene okut, deseymişim!

Basından bana, oyun yazarı şânımdan ötürü, sorulduğunda yılın en beğendiğim kitabı olarak *Tutunamayanlar* adını vermiştim. Bu seçimimde nerdeyse yalnız kaldığım için, aynı derecede şaşkındım.

Telefonda Oğuz Atay'a dosyamı bana verip veremeyeceğini sordum; hemen getireceğini söyledi. Bir şaşkınlık daha. Evi Maçka'ya çok yakınmış meğer. "Ama yağmur?" "Farketmez, hemen getiriyorum."

Otelin barında hem içtik, hem dertleştik. Ben Sinan

Yayınları'ndan çıkınca Hayati ona, oracıkta oyun yazarlığımı bir araba övdükten sonra: "İstersen, buyur romanına bir de sen bak" diye vermişmiş. Fakat *yazık ki* okumaya vakti olamamış. Haftalarca roman metnini bulamayan ortak dostumuz ya kime verdiğini unutmuş oldu, ya unutmadı da benim ricamı hatırlayıp saç baş yoldu, diye bu olayı hoşgörü sütunuma kaydettim. Salt beklemekten kurtulmuş değildim ki: Oğuz Atay'la edebiyatımızın roman bölümü üstüne, geçmişten yarına açılan uzun güzel bir sohbetimiz oldu. *Tutunamayanlar*'la benim yayınlanamayan roman arasında tuhaf bir benzerlik olduğuna da değindim. Bu ikimizin de resmi ideolojiyi ironik biçimde sorgulayışımızdı. Kendisine de açıkladığım gibi, Oğuz bu sorgulamayı yer yer oyun ve karnaval havasına taşıyarak da yapıyor; ironinin sınırlarını grotesk ya da ironi boyutlarına kadar rahatça genişletiyor. Kurgusundaki 'kimlik'lerin sözde değişimi yazarın bilincindeki kadar; kahramanların hayalleri ve düşleri ya da –anlatıcısına bağlanabilecek soydan– kendi kendileriyle 'dalga geçmeleri' daha az. Sahnede seyrek görülen bir şey de kadın kahramanların iç dünyaları. Bütün 'erkek' yazarlarımızın hiç kadınsız edemezken, bir yandan da, için için ondan yaka silkmeleri... Bu, Atay'da da biraz farklı renkte, ama yine var. Tabii bunlar bir yazar-okur olarak benim ilk izlenimlerim. Fakat özellikle bu açılardan incelenmeye hak kazanan bir roman yazmış Oğuz Atay. Bunları konuştuk. Bendeki 'fark'ın ne olduğuna pek merak göstermedi. Onun o sıradaki büyük ve taze acısı, 'kritikler' tarafından romanına beklediği önem ve ilginin gösterilmemesinden doğma. Beni hâlâ heyecanlandıran ise, resmi ideolojinin at gözlüğü takılmış biçimde tek yönlü rap-rap'laşmasından duyulan tedirginliğin edebiyatımızda 'sivilciler çıkarmaya başlamış bulunması'. Sivilce iyidir. Hem 'sivil'dir, hem 'ce'dir; gözle görülmektedir ve gecikmeden tedaviyi gerektirir.

(...)

İstanbul'dan nihayet Remzi'nin kapısını çalmayı becererek döndüm. Hem de Yankı'nın Kemal Demirel Bey'i ile de görüşerek. Tek perdelik üç oyunumu istedi benden. Bir tek Ankara'daki Bilgi Yayınevi tek tük oyun basma hevesindeydi; demek Yankı'nın da böyle bir eğilimi varmış. Kemal Bey'le kurduğumuz diyalog eski Bizans'ımızın şaşırtmaca esen rüzgârlarıyla büsbütün sersemleyip kalmamam açısından ayrıca umut verici.

10 Şubat

Hava birden isinden pasından sıyrıldı. Parlak güneşli, mis gibi günleri Ankara'mızın.

TBMM'de Anayasa değişiklikleri görüşülüyor. Meclis dün Güvenlik mahkemeleri kurulmasını reddetmiş. Güvenlik ve Sıkıyönetim Mahkemeleri kurulmasıyla ilgili iki maddenin kabul edilmemesi, yani (5. maddenin değiştirilmesi ve yeni iki geçici madde eklenmesini öngören kanun teklifi): 1. Devlet Güvenlik mahkemeleri kurulmasına ilişkin 136. Madde, 2. Sıkıyönetim kalktıktan sonra da mahkemelerinin sürmesini sağlayacak geçici iki madde... Peki böyle olunca, ne olacak.? Canım işte adı 'sıkıyönetim kalktı' olacak. Meclis beş gün sonra yeniden oylamaya geçecekmiş. Toplumun sivilleri sanki yabancı işgalciler; 'Onlardan resmen –millîce– kurtulma savaşı' gibi şeyler dolanıyor zihnimde. Böyle gelmiş, –iyi oldu, güzel oldu– lâkin niye hep böyle gider(miş)? Neden hep öyle gidecekmiş?

(...) Umut verici bir haber: Askerî yargıtay Mümtaz'ın davasında suç bulamamış. Karar ayın 26'sında galiba. Coup d'Etat olunca, hapistekilerin hangisi suçlu, hangisi suçsuz, kim dövüldü, kime sövüldü, encam'ından suval olunmaz (mış). *Yeni Ortam* geçen hafta işkenceleri delilleriyle yayınlamaya koyulmuştu; hemen Sıkıyönetim'ce konuya yayın yasağı konuldu.

Madanoğlu davası başladı. Davalarından önce kaç kişiyi gözaltında, 'MİT yuvaları'nda 24'er saat, 48'er saat ayakları zincirli, gözler bağlı tuttuktan sonra, 'buyrun davaya'...

Şafak (Aydınlıkçılar) davası da başladı. Sistemin değişmesinden yana olanlar kendi aralarında dahi bir bütün olamadıklarına göre, *Böl Yönet* mekanizması iyi çalışmış demek, diye düşünmemek elde değil.

26 Şubat

Haftalardır 13 Mart'da askerden Cumhurbaşkanımız Sunay'ın yerine kim geçecek, o tartışılıyor. Komutanların 21 Şubat bildirisi AP'lileri azarlar nitelikte. Demirel: "Bildiride bizi ilgilendiren bir şey yok" demesine rağmen, nasıl oldu da birden demokrasi havarisi kesilip, komutanlara kafa tutmaya başladılar. Üstelik İsmet Paşa gibi omuzlarında tarihten sorumluluk yükü de yok. Politika bu mu demek? 'Sırası değil, kaç!' 'Tam şimdi sırası atıl ileri,konuş!' Halkımızın seçtiği Demirel, darbeye sessizce katlanmadı mı da, ancak şimdi, "Cumhurreisi seçmek komutanların tekelinde değil" demeye getiriyor. Anayasa, güvenlik mahkemeleri, komutanların seçime pek de yüzvermeyen tutumları ortada. Her şey kapalı.

Cunta = Üstü örtülü derin Devlet. Çok yıldızlı kurtarıcılarımızın niyetleri nedir; toplumdan gizli.

Hoş sen de bayan Adalet Ağaoğlu, 'halkımızın' bu Anayasayı bağırlarına basmayacaklarından pek emin değilsin ya. (...)

Mümtaz'ın kararı bugün. Sevgi'nin sürgünlüğü bitti; doğru bize geldi. Emil de bizimleydi.

Sevgi Soysal'ı olgunlaşmış, büyümüş buldum; sanki 'bu hal' ona daha yakışmış.

Umalım da Mümtaz'ın tutukluluk kararı bugün artık kalksın.

Bu sefer İstanbul'a Halim'in işi için gittik. Birlikte Muhsin hocayı ziyaret ettik, Leylâ'larla, Güner'le buluştuk. Bekir Yıldız'ın yeni kitabı *Beyaz Türkü*'deki öyküleri yazarının yeni bir aşamada olduğunu gösteriyor. Oturup uzunboylu konuştuk. Bu görüşmeden sonra, akrabası Osman Şahin'le Adana'ya gidiyorlarmış da, Ankara'dan geçerken bize uğradılar. Bekir, kendi matbaası Asyalı'da çıkacak olan *Bu Dünyadan Bir Atlı Geçti* öyküsünü benim sahne oyunu yapmamı istedi. Yok canım artık! Urfa yöresinden, oraların kültüründen çarpıcı sesler taşıdı edebiyatımıza, ama benim tarzım, olay aktarımından çok, insanı yöresellikten öteye bir düşüncenin izinde kovalamak, her yankının iplik ucundan tutarak arayıp sormak üstune.

Osman Şahin, bu anlamda bana daha duyarlı gibi geldi, fakat aman aman, Bekir duymasın!

Zaten biz otururken Veysel de çıkagelmişti. Bekir'le birbirlerine girdiler. Her ikisi de 'benim doğrum en doğrusudur' davulu çaldıklarına göre, ziyaretlerinin kansız bitmesine şükretmiş bulunmaktayım... Bu akşamın yumurtasına gagayı vurunca ortaya çıkan civciv ya da incim şu oldu: *Doğu ve Güneydoğu Anadolu'muzun iki göç arasındaki zamanı böyle bir zaman olmalı.*

27 Şubat

Mümtaz Soysal'ın tutukluluk kararı dün kalktı. Bugün telefonla konuştum. Tutuksuz ama davaya yeniden bakılacakmış. İlhami de *Yeni Ortam*'da yazmaya başladı. N. Erim'e göndermeli 'Kandıralılara' diye atasözlerini altalta dizerek ördüğü yazısı hep belleğimde kalsın isterdim.

4 Mart, Pazar

Şubat bitti, Mart başladı; bacağımın, belimin ağrısı arttıkça arttı.

Uyku durak yok. Halim Adana'da.Yarın dönecek. Leman'ı görmeye gittim. Ağırnaslı kızı Nuran yeniden tutuklananlar arasında. Gürler'in Cumhurbaşkanlığının kesinleştiği söyleniyor. Demirel'in 'demokrasi/ parlamento' adına çıkışlarında umut zerreleri toplanmaya çalışılıyor gibi. Fevzioğlu'nun tutumu büsbütün iç karartıcı. Sanki Ecevit'e karşı bir oyun kurulmakta: Güçbirliği! imiş. Satır'la kucaklaşıp öpüşerek. Gittikçe büyüyen bir ur görür gibi oluyorum. Hızla bütün hücreleri istila eden bir hastalık. Ur. Bir gün her şey düzelebilir; rejim kurtulabilir; göstermelik 'demokrasi' geri gelmiş gibi olabilir, ama gittikçe genelleşen ahlâki çöküntü, bilmiyorum artık kaç nesilde onarılabilir.

Kim demişti, şimdi hatırlayamıyorum, Brecht mi söyledi, yoksa Bergson mu? *Bir toplumda hemen herkes ahlâkın aynı kuralına uymuyorsa, o toplumda bir karakuyu meydana gelir; ahlâk kurallarını biçleyenler birbirinden ayırdedilemez hale gelir, yani kural denen şey anlamını kaybeder,* demişti. Remzi Kitabevi'ne gittiğimde oradaki 100 liralık Kültür Serisi yine dikkatimi çekmiş, bunların arasından bir adet *Ahlâkın Ahlâksızlığı*'nı kapıp çantama atıvermiştim. (Tabii 100 lirayı ödeyerek.) Söz burdan aklımda kaldı, desem, henüz okumaya fırsatım olmadı ki. Şimdi karıştırıvereyim dedim ama, kitabım son bölümü olan 'Ahlâksal Duruş Olarak (Attitude)' İstihza'ya takılıp kaldım. İroniyle istihza arasında gidip gelirken, bu da Oğuz Atay 'ironisiyle' itişip kakışma damarımı yine dürtükledi. Karıştırdığım kitabın bu bölümünde ahlâk kurallarını anlamsız kılan genel hallerden bahis yok. Dikkatimi çeken, Fr. Paulhan'ın *La Morale de l'Ironie*'sini Fransızcadan dilimize çevirmiş Sayın Mehmet Naci Ecer'in ilk bölümlerde Société'ye hep 'cemiyet' demişken, bu bölümde 'toplum' demeye başlaması. (Yayın yılı: 1969) Bu da bilincimi derhal dilimizin 'öztürkçeleştirilmesi' ideolojisinin baskınlaşması hallerine doğru çekti.

(...)

Geçen gece Petek Oyuncuları'nda *Antigone Diye Bir Küçük Kız*, oyununu seyrettik.

Halim'in deyimiyle: 'Ne şiş yansın-ne kebap...' Yarın 'düşünce özgürlüğü'ne kavuşmuş gibi olunsa da, tiyatrolarımızın ister istemez saplandıkları bataktan kolay kolay çıkıp bellerini doğrultabileceklerine inanamıyorum. Korkunun kucağında içine yuvarlanılan rehavet'ten sıyrılmak kolay olmayabilir.

Dün Remzi Kitabevi'nden mektup aldım. Remzi Baba'nın damatları olduğunu öğrendiğim editörlerden: Nejat Ebcioğlu ve Erol Erduran Beyler.

Ölmeye Yatmak'ı incelemeye devam ettiklerini, sonucun yakında bildirileceğini yazıyorlar.

İnceleme bu denli uzun ve derin sürdüğüne göre romanım herhalde bir hukukçunun elinde.

Fakir Baykurt'un kitapları hep orda. Onlar da bukadar incelenmiş midir acaba? Değildir canım. Fakir TÖS başkanıyken, herhalde okul kitapları da bastığını sandığım bu yayınevi temelden 'olur'un izinde yürümüştür, yoksa başa mı çıkar?

Yazar olarak benim bunları düşünmeye 'mecbur' bırakılmış olmam ayrı bir sorun. Yazarken kendimi nasıl da 'kendini aşmış' duyuyordum; yayınlatma meselesi dert olup çıktı. İnceleme sonucunda kitap 'sakıncalı' bulunursa, bu yazara böyle açıklanmayacaktır herhalde. Nezaketen "Hernekadar ilgi çekici bir kitapsa da, yazık yayınlayamayacağız" denecek, 'Bu İŞ'de burda bitecektir. Oyun yazarı, diye iyilik sağlıkla dolu adımın kaale alınabileceğine birazcık güvenmek istiyorum ama, o da devrin Kültür Müsteşarı ağzından 'bu yazar evde kalmış, cinsel bunalım içinde çirkin bir kadındır' damgasıyla damgalanmış bulunmakta. İyi oldu da 'darbe oldu', bu da ordan yuvarlandı gitti işte, bile diyemiyorum.

Bunların namına utanmaktan yorgunum.

9 Mart

Remzi Kitabevi'nden haber bekliyorum. Siyatiğim dehşet ağrıyor. Buna rağmen her öğle saatlerinde asansörle posta kutumuza bakmaya iniyorum, kitaptan bir ses var mı, diye...

Sanki yazı hayatına adımını ilk atanlardan biriyim. (...)

Dün gece Asaf Çiğiltepe Tiyatrosu'nun açılışında (AST'ın yeni adı) Erol Toy'u gördüm.

Romanımın adı bile ortalığa yayılmış demek. Erol bana, onu *Yeni Ortam*'a tefrika edilmesi için vermemi önerdi. Israr ediyor. Ekmekçi de böyle bir şeyden bahsetmişti. Gözlerimi sımsıkı kapıyor, karanlıkları görüyorum.

Şu dönem bitse. Bu arada *Kendini Yazan Şarkı* oyunumu yeniden bir gözden geçirsem...

28 Mart

Beyni oyan diş ağrısından daha şiddetli ağrılar. Doktor tavsiyesi üstüne on gündür fizik tedaviye gidiyorum. Bir yandan ağrı dindirici ilaçlar. Fizik tedavi Mithat Paşa caddesinde bir apartman katında. Katın kapısı felaket ağır; belime kılıçlar saplanıyor.

15 Mart'da İstanbul'a Halim'le gittim. Remzi Kitabevi telefon etmişti. Kitabımı basmak istiyorlar, fakat başlarına 'biraz bir iş' gelmesinden çekiniyorlardı. İstanbul'da görüştük; anlaştık. Birkaç cümleyi çıkarmamı önerdiler, kabul etmedim. Çok saygıyla karşıladılar. Baskı döneminin tedirginliği. Buna rağmen anlaşma yapıldı. Kitabım Mayıs ayında çıkacak. İstanbul dönüşü kalçam ve bacağımdaki ağrı o denli azıttı ki, Remzi gibi önemli bir yayıneviyle anlaşmamızın iç ferahlığını bile yaşayamadım.

Bazı geceler ağlayıp sızlıyor; ölmek istiyorum. Yedi katlı bloğun 6. katındayız. Çık işte balkona, at kendini aşağıya. Ohh! (Ya hemen ölünmezse?..)

13 Martta bir kâğıda yazdıklarımı buraya geçiriyorum:

Cumhurbaşkanı seçimi. Gürler paşa, iki gün önce Genelkurmay Başkanlığı'ndan çekildi; kontenjan senatörü(!) oldu. Pazarlık 'gizli' olsa da sonuç belli: Meclis'in 'reformu' neyse, o demek. Demirel, kafasındaki adayı açıklamıyor; yutkunuyor. TBMM'de Gürler'e oy verilip verilemeyeceği tartışılıyor; darbe tokadı yemiş Demirel'imiz partisinin oy vermeyeceğini 'ihsas' eyliyorlar. Cumhuriyet'imiz karadan-denizden-havadan 'koruma kanatları' altında. Demokrasisi olmazsa olsun, yeter ki 'Laik Cumhuriyet'e parmak ucuyla dahi dokunulmasın? Cumhurumuz büyüdü, şişmanladı, torun torba sahibi oldu; Meclis'inin çatısı çatırdıyor, ailesinin geleceğini sivilinden uzman ellere bırakalım, ölçsünler-biçsinler... diyen falan olmasın, sakın haaa!

(...)

28 Mart. Devam:

Dün gece iki analgol birden alarak bir iki saat uyuyabildim. Uçaklar tepemizden gümbürdeyerek geçiyor. Çankaya'ya yakın bir yerde oturmamız, tankların tırmanışına da tanıklığımızı zorunlu kılmakta. Sunay'ın 'tedvire tayinen' cumhurbaşkanlığı süresi doldu.

TBMM'de iki üç haftadır süren Başkan Seçimi turnikesi kitlenip kaldı. Gürler'in 'tayinen senatörlüğü' işe yaramadı. Sunay'ın aynı yolda yaya kalışı gibi... Bugün bu uçaklar neden o kadar gümbürdeyip durmakta acaba? Öğleden sonra saat 15.00'te başladılar, tam da Meclis toplanma saatinde.

1 Nisan '73

Siyatik ağrılarımla başbaşayım. Dört gündür güçbelâ Remzi Kitabevi'ne gönderilmesi gerekli biyografi, romana 'önsöz' gibi kısacık yazılar yazdım. Bir roman için 'önsöz' denen şey neden gerekli acaba? Onların ilkesi böyleymiş. Belki de bir yazarın ilk kitabı için böyledir; yine de ödüne karşı bir ödün vermek gerekti; yazdım geçtim.

İstanbul'dan Tomris Uyar geldi. İki geceyi birlikte geçirdik. Biri Selçuk-Ayhan Baran'larda öteki bizde. Selçuk'larda boylu boyunca yere yattım, halılarda yuvarlandım; bizdekinde yemek masası üstüne çıkıp uzandım (sert yerde, hattâ tahtada yat, diyor doktor.)

Ayhan Baran'ın bizim şerefimize okuduğu aryalar ahh'larıma ooof'larıma karıştı. Çok yazık.

(...) Oda kapılarından biri söküldü. Onun üstünde yatıyorum. Yattığım yerde, hiç aklımda değilken, *Ölmeye Yatmak*'ın devamı olacak bir şey kurup duruyorum. Gözümün önüne hep bir mezarlık sahnesi geliyor. Ölen birinin ardından başsağlığı dileklerini kabul edenler falan... Acaba çeşit be çeşit herkesin birarada bulunacağı yer, camideki 'cenaze' değil de, üst kademeden bir yerdeki bir düğün merasimi olamaz mı? Bu kitapta Türkiye Cumhuriyeti'nin sisteminde, bütün kurumlarında yürümeyen ne varsa, bunu düğün ahalisinin dünle bugün arasındaki günlük hayatlarından sahnelerle 'besteleyebilmeliyim'... Çeşitlilik genişliğindeki bir kaos ortamının 'bilinmezlikleri' ancak böyle aşılabilir: Bilinir kılınabilir.

Yankı, çevirdiğim *Durand Bulvarı* ile tek perdelik üç kısa oyunumu (*Bir Kahramanın Ölümü - Çıkış - Kozalar*) yayınlamak istiyor. Kemal Bey romanımı önemli bulmuş, özellikle bir otel odasında dakika dakika yürüyen iç roman bölümleri 'ruhunu okşamış'. Fakat anlatının bütün türlerini içiçe kurgulamamı yadırgamış. Yadırgansın tabii, tabii yadırgansın.

Benim derdim, birbirinin tekrarı her şeyden uzak durmak. Kendimi bile tekrarlayamam ben. Arayış. Yaratının anlamı bu: Arayış.

3 Nisan, Salı

27 Mart Dünya Tiyatro Günü için Milliyet soruşturmasına: "Bugün duvarları çok çok iyi korunmuş tiyatromu-

zu belki bir süre sonra güneşlenmeye çıkarabileceğiz" demiştim. Dün sabah DTCF'den Tiyatro Araştırmaları Enstitüsü'ne, öğrencilerine hayran kaldığım bir sabırla emek veren Sevda Şener arkadaşım telefon etti. Benim 'her zamanki' karamsarlığıma karşı, 'her zamanki iyimserliği' ile: "Bayram yine de bayramdır. O gün bugüne rastlasa da gün, tiyatro hayatımızın bayram günüdür" dedi. Sevgi-saygı dolu böyle atışmalar ne güzel. Çünkü ben de ona: "Ama bazı dönemlerde bayramlar kutlanmak için değil, yaratıya özgürlüüük, diye bağırmak için bayramdır, önemlidir!" demiş bulundum. Belki de ısmarlama bayram 'nutukları'na tepkimden ötürü huysuzlandım böyle. En fazla Sevda'nın kendini aşkınlığına güvenerek tabii. Sessizce üretken Sevda.

TBMM'de hâlâ Cumhurbaşkanı seçilemedi. AP yeni yeni formüller getiriyor. Geçelim bunları. Cumhurbaşkanımız Sevda Şener'lerimizden biri olsun işte. Seviyeli uyum mu, burda işte.

14 Mayıs '73, Pazartesi

İşte yine adı soyadı, hattâ göbek adı belli bir gün daha. Yok canım, tek parti CHP yerine Anadolu küçükburjuva partisinin (AP) iktidar olduğu gün bugün, diye değil.

(...)

Bugün disk kaymasından ameliyat oldum. Meğer çektiğim acılar siyatikten değilmiş; belkemiğimin disklerden biri sol tarafına kaymış, sinirleri bastırırmış. Fizik tedavi hekiminin teşhisi yanlış olduğu gibi, ağrı dindiricilerin miğdemde delik açıp ülser eylemesi cabası. Bu felaketi yiğenimin karısı Dr. Emel'in farkedip de başucumdaki bütün kutuları çöpe atması boşuna değilmiş. Yiğenim Dr. Emin Çobanoğlu bana Dr. Nurhan Bey'le asistanı Dr. Ertekin'i tavsiye ettiler. Röntgenlerimi fizik tedaviciden 'sözümona edeplice kurtardım', Nurhan Avman'a götürdüm. Tombul, tatlının tatlısı, doktorların doktoru dünya çapındaki değerlerimizden Nurhan Avman, doğru teşhisi koyup doğrunun doğrusu ameliyatı yaptı. Belkemiğine saplanan o kocaman iğne, fıtığı boyayan o alet dayanılır gibi değilse de yapılması gerekli.

Acıyla içli dışlı olmuşum zaten; narkozla uyutulmak çok işime geldi. (Ameliyattaki o uyku halinin rahatlığını tattıktan sonra insan pekâla uyuşturucu müptelası olabilir.) Sol ayak parmağım da felç olmak üzereymiş ki, güzel yani mahir eller bana elkoydu böylece. Uyandım, her yanım pembe bulutlar. Başucumda üstüme eğilmiş sevgili güzel yüzler.

Bütün dostlarım art ardına ziyaretimde. Hele Necati Cumalı'nın tâ İstanbullardan telefon edip, bana disk ameliyatını öve öve bitirememesi yok mu; beni balkonlardan atlamaya kadar bezdiren acılardan kurtarıcı meleklerimden biri de o. Bu arada bir de Halim'le nörolog Nurhan Avman'dan kaçamak İstanbul'a uçup belimi Tarabya otelinde beni urganlara bağlıyarak çeken (Sarıyer'de biri varmış da, hele ona bir çektirmeliymiş de...) iki kasap uşağına teslim olmuşluğum gibi tarafımdan işlenmiş cahilâne bir iş var maalesef! Urganlı çekiciler iyi ki ikiye bölemediler beni. Ama bilime teslim olmamı çabuklaştırdılar.

(...) Hastaneden çıkalı 10 gün oldu. Evde yatıyorum. Bir ay böyle tamamlanınca, kalkıp istediğim gibi yürüyebileceğim. Ertekin Bey sık yokluyor. Güven içindeyim.

Ölmeye Yatmak'ın postadan çıkacağı günü bekliyorum. Tahta üstünde yattığım günlerde dizilmiş kolonlar postayla gelmişti; düzeltileri 'kan revan içinde' yapmıştım. Kitabın kapağı nasıl bir şey acaba? Taşradan bir ilkokul bitirme grup fotoğrafı resmedilse ne iyi olur. Ya da düz, yazı kapak. Resimsiz kitap kapaklarını çok severim. Gri mavi mat karton üstüne enlemesine bej, boylamasına gece mavisi estetik çizgiler... Romanın adı üstte kapital punto, yazarın adı onun altında daha küçük ama italik punto olmalı.

Bekliyor, bekliyorum...

Kudüs'den Şili'ye Roman

3 Haziran, Pazar

İlk defa dün sokağa çıktım. Sezer beni Kuğulu Park'a götürdü. Güneşte oturdum; kuğulara laf attım; ağrısız sızısız. Havuza, kuğuların arasına atlayıvermek geldi içimden. Kanapede boynu bükük oturup durmaktansa, Sezer'i RE-VE'ya çağırdım. Parkın karşısında, her ikimizin de evine iki adımlık yerdeki 'Café-Restaurant'ımız. Orayı çok severim. İyi bir öğle yemeği yedik. Aylardan beri yine kısa, ama "şimdi bunları kim getirip-götürecek, nekadar yük oluyorum yakınlarıma" diye iç sızıları çekmeden yediğim ilk 'sahici' yemek. Sezer'le kardeşlerimiz ve onların 'tuhaf' ayrılmaları hariç, her şeyden konuştuk. Boşanma konusunu yokmuşa, 'hiç olmamış'a getirdik. Sezer'in Alman medyası ve ZDR ile yakın ilişkileri var galiba. Yeni bir oyunumu daha çevirmek istiyor. Yoruldum; ona ve ağaçlara tutunarak eve gelip yattım.

Önceki gün Halim Adana'ya gitmeden önce beni Nurhan Bey'e kontrole götürdü. Değerli doktorum, eğilip ağır kaldırmamak koşuluyla her şeyi yapabileceğimi söyledi. Ağır ağır yürüyüşlere de başlayabilirmişim... Bundan sonrası için öneriler: Sabahları kalkınca yere yüzükoyun yatacağım, bacaklarımı havaya kaldırıp indireceğim, kaldırıp indireceğim. Yere birden eğilmek iyi değil; ne yapacaksam diz kırarak yapacağım.

Artık her şeyi yerden reverans ya da balerin hareketleriyle alıyor koyuyorum. Zaten hayatımız boyunca bu böyle olmalıymış. Nurhan Bey'in mavi gözlerinde derin bakışlar. Hele: "Bu disk kayması, bu bel fıtığı en çok balerin ve sekreterlerde, bir de tabii yazarlarda görülür" demesin mi, kanatlarım kabardı, uçacak hallere geldim.

Yanından ayrılınca Halim'le tanıştığımızdan buyana yerleşmiş geleneksel yürüyüşümüzü yaptık: Elele. Fakat uzunboylu değil, kısacık.

Hayat arkadaşım bu aralar çok yoruldu. Annemle babamı ameliyattan hiç haberli kılmadık. Onları, sıcaklar fazla bastırmadan, Mayıs başlarında Alanya'ya göndermemiz iyi oldu. Ayhan işi gücü arasında sık uğruyor. Bir o, bir Serpil, nöbetleşe derken eş-dost ziyaretleri arasında günler akıp gidiyor. Başta Tevhide teyzem, Melahat teyzem, büyükanneciğim bile. İlgileri eksik değil. Sevda, Ülker, Nili, Mübeccel, hele Sevgi ile Mümtaz'ın hastaneye anemon ve papatya karışımı çiçekler getirmeleri. En sevdiğim çiçekler, hele papatyalar!

Bu arada, bana kendi durumumu unutturacak kadar üzücü bir olay: Emil Galip *Yeni Ortam*'a artık yazmıyor. Adı 'kavgacı'ya çıktı. Yakın dostları bile ona Makyavelizm öneriyor. Bense Emil'ler çoğalsa, 'ben-ben'ciler koalisyonu azalır, diyorum. Bu da insanın parmağını başkalarından önce kendine doğru uzatabilmesini bekliyor.

6 Haziran

Geçen hafta Remzi Kitabevi'nden telefon edildi, *Ölmeye Yatmak* bu hafta çıkıyormuş.

Yatakta Rezvani'nin *Americanoïaques*'ını çevirmeye başlamıştım. Bu bana, eli kolu bağlı oturmaktan çok daha iyi geldi. Yalnız Fransızca takma adları adapte etmediğime pişmanım. Cannes kıyılarındaki erkek kadın yaşlı 'clochards' (sokak serserisi, alkol düşkünleri) çiftine Edi ile Büdü diyebilirdim pekâlâ. Halbuki Fransız takma adları Loupiote ile Cypriuche'u olduğu gibi bıraktım. Geçelim Edi ile Büdü'yü, ya da Büdü ile Edi'yi pekâlâ Kopil'le Kambur, Piliç'le Horoz, Zurna ile Davul gibi bir şeyler uydurabilirdim. Rezvani'nin Amerikan emperyalizmiyle, CIA'siyle, işkencelerle tatlı tatlı dalga geçen ama en öfkeli çıkışlardan daha etkili bir muhalif anlatımı var. Rezvani'yi ilk defa geçen kış Paris'te, TNP'de oynanan Capitain Shell-Capitain Eçço adlı oyunuyla tanımıştım. İmgesi bol, petrol *şirketleri* arasındaki çekişmeyi ve içyüzlerini birer 'Kaptan' figürü aracılığıyla seyirci bilincine işleyen bir oyun. 'Anarşist' bir yazar, denebilir, ancak anarşizmini çürümüş yasaların karşısına geçmekten öteye, yıktığını yapmakla bütünleyen, sonrası adına yapıcı bir yönü var.

Americanoïaques fantezi bir kısa roman, fakat gördün ya Adalet, yazar kitabına Arthur Rimbaud'dan bir şiir üfleyerek başlamış. Hani sanki 'bismillah' der gibi. (Rezvani, İran'da İranlı bir anneyle Rus bir babadan doğmuş, 1928'de.) Yaşıtsınız. Ona göre: *Dünyadaki şiddet ve kötü-*

lük, bir barbarlık sonucu değil, fakat zaten ölmüş, çoktan çürümüş bir kapitalist toplumun fırtınaya boraya karşı eteğine tutunup da kendini ayakta tutmaya çalıştığı somut bir silâhdır. Yokoluşu ve çaresizliği karşısında duyduğu korkudur onu şiddete zorlayan. Korkutucu sessizliği bozmak için yapılan gürültü gibi. İşte hakkında yazılanlar onun dünyasını, zamanımıza bakışını böyle açıklıyor. Keşke kitabın başına alıntıladığı Rimbaud şiirinin hangi şiiri olduğunu bilebilsem, bulabilseydim. Şöyle çevirmeye çalıştım. Galiba bunu çevirirken yaşadığım derin sessizlik onu hissetmeme yardımcı oldu:

Dünya faltaşı gibi açılmış şaşkın gözlerimiz önünde
tek bir karaormana indirgendiğinde
tek bir kumsala unutmaya yabancı bir çocuk için
ve aydınlık aşkımız için şarkı dolu bir eve
bulacağım sizi... 'hepinizi'...

Tek bir kumsala 'pour un enfant fidèle' deniyor Fransızcasında; ama ben 'sadık' yerine 'unutmaya yabancı' bir çocuk için, diye çevirdim nedense. Vefakâr da denilebilir. Ancak, bir çocuk sözkonusu olunca, sanki oyun dili kullanıyormuşum gibi bir türlü bu tanımı 'çocuk'a yakışır göremedim. Hâlâ öyle. Sonra acaba 'vous'dan –'siz'den– kasıt 'vous tous' yani 'hepinizi'mi?

Takma adlardan tut, daha ne çok nokta var çeviride rahatsızlık duyduğun...

12 Haziran

Epeydir *Kudüs Ey Kudüs*'ü okuyorum. *Yasımı Tutacaksın* yazarlarının yeni bir belgesel romanı. Kitap başlarında toreadorun hayat romanı kadar rahat akmadı, fakat giderek hızlandım.

Gazeteci Hemingway'in *Klimanjaro'nun Karları* romanındaki küçük küçük bölümler –hikâyeler– nekadar yazarın içe dönük politik ve toplumsal hesaplaşmaları ise, gazeteci Dominique Lapierre'le yardımcısının belgesel romanı da tersine o kadar dışa dönük, soğuk savaşın başlarında ABD+Ortadoğu bilinmez hesaplarına yaklaşmayı denemiş bir kitap.

Kafamda yepyeni sorular yaratıyor. Adları sık sık anılan Filistinliler, örgütler, Arap-Filistin çatışmaları yanısıra beni en fazla etkileyen bölüm, İsrail kurulmadan çok önce, ABD ve Almanya'dan gizlice gönderilen, denizden karaya da gizlice çıkarılan 'koli koli' montaja hazır silah fabrikası parçaları. İsrail, Filistin'e karşı varlığını sürdürmek için demek tâ ne zamandan silah fabrikaları sahibi kılınmış? Hani burda çeşitli 'sol'cularımızın İsrail devletini 'Sosyalist-Komünist bir devlet kurulmuşcasına alkışladıkları, kendi adıma benim de Güneydoğumuzun derinlerinde emperyalizme karşı bir devletin varlığına sevinmiş bulunduğum İsrail.

Bir seferinde Tokyo'daki ABU –Asya Yayın Birliği– toplantısından dönerken Tel-Aviv'den aktarmalı,orada iki gece kalabileceğim bir uçuşu seçmekle duyduğum tanıklık sevincim hele!.. İsrail'in silah fabrikası kurma projelerindeki akıl almaz 'girişimler' *Kudüs Ey Kudüs*'ün büsbütün 'ibreti âlemlik' bir yanı.

16 Haziran

Birkaç gün önce Yankı Yayınları'ndan Kemal Demirel Bey telefon etmişti. Benim üç kısa oyun dizilmiş. Yakında çıkacak, dağıtımı Ekim ayında yapılacakmış. Kemal Bey büyük incelik gösterdiler. Dizildiğini bile bilmiyordum. Meğer bana bir sürpriz yapmak istemiş.

Bugün de Remzi Kitabevi'nden Nejat Ebcioğlu Bey telefon etti. Romanım çıkmış. Bana postalamışlar. Heyecanlıyım, oyun yazmaktan romana geçişime üzüm üzüm üzülen Halim benden de heyecanlı. Pazartesiyi iple çekiyoruz.

18 Pazartesi

Öğle vakti postadan 16 adet *Ölmeye Yatmak* çıktı. Kapağın çok kötü olacağını sanıyordum. Hiç de itici değil. Belki de bana öyle geliyor. Fon beyaz. Adım üstte, fakat allahtan çok büyük punto değil; romanın adı altta çok büyük puntolarla bordo renk. Asıl ilginci, bir ressamın, yanılmıyorsam, suluboya yaptığı orijinal bir resim. Çevresinde belli belirsiz birkaç öğrenci başı görünen, 'öğretim üyesi' ya da öğretmen halli –resmileşmiş– tayyör etek kılıklı ve kolunun altı kitaplı bir kadın ki, asıl hepsine baskın görünen, hayallere dalıp gitmiş gibi bir kadın başı. Resim arka kapağa da yürümekte: Bu 'taşkınlıkta' Anıtkabir bile seçiliyor.

Tısım çıkmıyor. Kitabı yatağımın içine aldım, durmadan okuyorum. Ne tuhaf, yazılıp da oynanmış bir oyunum, sahnelenmesi sonrasında hemen biterdi. Benden çıkıp giderdi.

Bu, bitip yetmiyor. Her bakışta ya bir mürettip hatası ya da kendi hatalarımı buluyorum. Biri çıkar da okursa, diye ödüm patlıyor. (Okunsun istemiyorsan, niye basılsın diye yandın tutuştun peki?) Benden çıkıp gitmesini istiyordum da ondan.

23 Haziran

Kızılay'a indim. Hem de ilk kez, kendi kendime. Romanımı bir kitabevi vitrininde görmeyi öyle istiyormuşum ki. Bu da hakkımdaki yeni keşfim! Dosdoğru Zafer Çarşısı'ndaki Toplum Kitabevi'ne gittim. Remzi İnanç'la kucaklaştık, oturdum. Kalakaldım. Şimdi ne yapacağım? Annemin 'gökgörmediklik etmeyin' sözü beynime vurup durmakta... Gerçi bundan önce Kızılay'a, Sakarya'daki Ak Kitabevi'ne girmiştim, ama Halim'le. Yanımdaki kitabevine bir kitap almak için girmiş olabilirdi doğallıkla. O gün bukadar korkmadım. Zaten romanım da henüz yoktu Ak'da. Burası daha çok ithal mallar satar. Ulus'taki ilk Başkent Hachette'inin yerini tutmaya çalışıyor. Yerli bir 'ilk roman'a sıra gelinceye kadaar.

27 Haziran

Romanımı ilk okuyan Halim'se ikinciler Nili Tlabar'la Mübeccel Tekin. Onun yazar abisi Necati Cumalı'dan gelme bir alışkanlığı, 'bilirkişiliği' vardır. Halim, oyundan roman yazmaya geçişime kuşkuyla baktığı için beni lüzumundan fazla pohpohlamakta ise de, 'başkalarının' notunu beklediği apaçık. Nili ile Mübeccel ise yakın arkadaşlarım. Kitabı ellerinden bırakamadan okuduklarını söylüyorlarsa da, yüzüme karşı ne diyecekler ki? Düşüncelidirler. Nili dün gece beni RE-VE'mize götürdü. Romanı 'gerçekten' kutluyor.

Mübeccel ayrıca bir kucak çiçekle eve geldi. Başkahraman Aysel'in 'kuşağımızın' nefis bir simgesi olduğunu söylüyor; hep onu, onun hesaplaşmalarını anlatıp duruyor bana.

Halim birkaç gündür Adana'da. Şimdi yeni bulduğumuz 'küçük bakıcım' Zehra ile kalıyorum. Çok başım dönüyor. Geçer herhalde. Yatak mıknatıs gibi beni kendine çekmekte... Geçer herhalde. Nili ile yemeğe bu hali yenmek için çıkmıştım, lakin henüz üstesinden gelemedim.

Emilciğim mahkemeleri için birkaç gündür burda. Veysel'le birlikte Halil Ergün'ü de içeri almaları üstüne caba. Halil'e bir *Ölmeye Yatmak* göndermeliyim. Tiyatroları kapandı, *Kendini Yazan Şarkı*'yı Vasıf Öngören'siz olmak koşuluyla oynayabilme aşkı bağrında kaldıydı da, romanımı pek merak ediyordu. Göndereyim bakalım,eline verecekler mi? Pazar günü sol bacağımda garip bir cansızlık hissettim. Nurhan Bey'e telefon ettim. Bir süre için bunun normal olduğunu söyledi. Hattâ hava değişikliklerinde sızılar da hissedebilirmişim.

Remzi'nin yeni bir inceliği: Yeni yazarlarını çok öven bir mektup, ardından 16 adet kitap üstüne romanımdan 20 adet daha geldi. Çoğunu 'içerdekilere' gönderebilirim.

Acaba romanımı hiç bilmediğim okurlar satınalıyor mu? Okunuyor mu? Oyunlar oynanınca alkışların azlığıya da bolluğundan izleyicinin tepkisini hemen anlarsınız. Edebiyat okurluğu gizli kutu. Hoş, kitap okurluğunun bukadar düşük olduğu bir toplumda bol bol 'şak şak'lansam bu ne demeye gelecek? Tiyatro salonları sadece büyük kentler künyesine yazılı olduğuna göre, bu sanatın izleyicisi 'seçkindir'; üstelik de yerli her şeye çarçabuk burun kıvırma hastalığı taşımaktadır. Böyle bir ölçüye güvenilebilir mi? Evet: O'nu direnişine karşı yerli malı olarak yenebilmek en sahici onaylanmadır bence.

Remzi, diğer yayınevlerine göre en az 'Şu çıktı, bu çıktı' gibi ilân veren bir kurum. Asıl geliri okul kitapları basmaktanmış, ondan öyledir deniyor. İyi de,daha ilk adımlarında Nazım Hikmet'leri, Orhan Kemal ve Yaşar Kemal'leri bize ulaştırmalarına ne diyeceksin? Şunu diyebilirim: Onlar baştâcı, önemli yazarlar! İyi ya, ben de önemli bir kitap yazdım. Kıyıya çekilip art arda iki kere okuduktan sonra *Ölmeye Yatmak*'ın yazılması gecikmiş, fakat edebiyatımızda yeni bir kapı açma cesareti göstererek yazılmış bir roman olduğuna inandım. Düşündüklerimi büyük oranda uygulayabilmişim. Bu tem'a artık ele alınmalıydı ve böyle ele alınmalıydı.

Bu deney sana yepyeni şeyler de öğretti: Roman kanallarını anlatının bütün türlerine başvurarak çoğalttın, ama, yan kişilerin iç dünyalarına, dıştan içe çarpanların onlardaki yankılarına fazla kulak vermedin. Ali hariç. Baba Salim Efendi, başlıbaşına iyi bir yan figürün karakter haline gelmesini gösterebilirdi meselâ. İki kültür arasında sıkışmışlık hali az şey mi? Babanı düşünseydin, yeterdi. Babanın hakkını yedin Adalet. Onun ve onun gibilerin.

(...)

Emil Yedi Gün'e girmiş. İlk yazısı da benim kitap üstüne. Olumlu bir yaklaşım. Böyle düşünmese hiç yazmazdı değil mi?

11 Eylül '73

Şili'de sosyalist başkan Allende'ye darbe. Faşistler egemen. Allende'nin intihar ettiği söyleniyor. Yok canım! Ya öldürdüler, ya işkence altında... Pablo Neruda ağır hasta. Şili sosyalistlerini bir stadyuma toplamışlar. (Ateş! Tamamsınız hainler!) Al sana yaratıcı büyük tanık El Greco. İşte hâlâ daha insanlığın kirli tarihi...

Üç gün sonra:

"Allende öldü." Haber bu. Neden "katledildi" denmiyor peki? Dünya tarihinde ilk kez seçimle işbaşına geçirilmiş bir sosyalist lider, ITT (Elektrik ve Bakır) peşkeşçileri ve leş kargalarının elele dümenleriyle devrildi. Seçimle falan değil, kanlı darbeyle; sosyalist işgücü, üretken sivil kurşuna dizilerek.

Epeydir Türkiye Yazarlar Birliği'nin yeniden kurulması için çalışılıyordu. Birliğe sendika denilip denilmemesi İstanbul'da epeyce tartışıldı. 'Sendika' denirse birlik kurulamazmış. Anayasa, hak-hukuk derken pekâlâ kurulabildi(k) işte. Kendime hakim hale gelince İstanbul'a gittim; son toplantıya katılabilmiş oldum. Aziz Bey'in gayretleri unutulamaz.

12 Ekim

Ortadoğu savaşı 7. gününde. Filistin 'işgalcilere' gidin diyor; giden yok, ilerleyiş var anlayabildiğim kadarıyla. Arapların Filistin'den sürülüp çıkarılmalardan buyana süregelen bu gerginlik, geçen hafta açık bir savaşa dönüştü. 'Yaşasın İsrail'in Silah Fabrikaları!'

Bize gelince: 14 Ekim'de seçim var. 'Kurtarılmış Cumhuriyet'imiz' için sandık başına!

Seçim gezileri en yoğun noktasında. Ecevit liderliğindeki CHP'nin hiç beklenmeyen ölçüde bir başarı sağlayacağı sanılıyor. Başkanın *Toprak İşleyenin/ Su Kullananın* şeklinde dile getirdiği 'köylü efendimizdir'den doğma projenin sloganı ağızdan ağıza geçip duruyor. Arada, TİP'in TBMM'deki 15 milletvekiliyle nasıl olup da toprağa gömüldüğünü soranlarla 'unutmuş olanlar' içiçe. Türkiye sosyalistlerinin bir kısmı CHP'ye oy vermenin sosyalist düşünceye ihanet olduğunu, diğer bir kısmı da, bugün gerçek bir sosyalist örgüt olmadığına göre, sosyalist oylarının ortanın solundaki CHP'ye gitmesinin tek çare olduğunu savunuyor. (Peki, sosyalist denen adamın bilinçli adam olduğuna da inanılıyor mu ki, oyları vesayet altına alınmaya kalkışılıyor? Ayrıca ben köye, köylüye yaslanmakla, böyle bir zamanda, ekonomi cenneti kapılarının açılıvereceğine inanamıyorum. Bu çağda yani. Sezgim belki de yanıltıyor beni.

Aynı gün, akşam 19.30

Dışarda kıyamet kopuyor. Ecevit'i öğleden sonra indiği Esenboğa'da karşılayanlar onu evine kadar getiriyorlar. Bülent Ecevit Taksim'deki mitingten dönüyor. Orada da konuşmasını büyük bir kalabalığın coşkuyla, bol alkışla dinlediği anlaşılıyor. İsmet Paşa'dan sonraki CHP liderine bu büyük ilgi çeşitli açılardan değerlendirilmeye değer. Dışarda altı oklu arabalar, büyüklü küçüklü flamalar arasında "Halkçı Ecevit! Halkçı Ecevit!" nâraları. Kentli heyecanı yanıltır. Burda görülen, 'orda', ötede başka olabilir. CHP il, ilçe temsilcileri Başkent'e akmış olabilirler, yine de nabızlar 'taşrada' çok farklı atabiliyor artık.

16 Ekim

TC Devleti 14 Ekim '73 seçimlerinde CHP, TBMM'de çoğunluk partisi oldu.

Toplum değişim istiyor. Davullar zurnalar bunun için. Bu iyi bir uyarı ya da fırsat. Böyle bir işaretin hakkı verilmeli. Darbeden buyana iki yıl geçti; toplumun sıkıntısı azalmadı, arttı.

Gece Ankara'nın hemen bütün basın mensupları, okur yazarları, aydınları CHP'nin önünde toplanıp sonuçları bekledi. Yazar çizer ve teknokratlar takımından biz de oradaydık. TBMM dışındaki muhalefetin içindeki sıralara girmesi en serinkanlı dileğim. Soluğu yarıyolda kesilen TİP'e hayatiyet kazandırılmalı; TİP de provakosyonlara karşı daha uyanık, 'dışardan ısmarlama' sola daha derinden ve sorgulayıcı yaklaşmalı. Bir gözlemim pekişti: 'Yabancı' yanımıza tebessümle ve elimizi sırtımızı şöyle usulca bir okşayarak yaklaştı mı, hemen yayılır, ikramı basarız. İşte şu Batı önündeki kompleksimiz, bitmedi yetmedi. Batı'nın çağdaş uygarlık izine kör kalalım demiyorum; ırkçılık-milliyetçilik gibi bulaşıcı hastalıklara karşı bağışıklığım var sanıyorum; Batı'nın yani AB'nin içinde olalım da, gözümüzün tutmadığı şeylerin, aleyhimize alınan kararların hesabını sorabilme hakkını kazanmış olalım.

(...) Şili'deki katillerin binlerce kişi üstündeki hayvani işlemleri sürmekte. İnsanların temel haklarına saldırıya karşı duyarlı olmalıyız. Meselâ TYS'den Şili halkına, uluslararası planda bir dayanışma mesajı görderebiliriz.

Seçim sonrası 'sıvıl hükümet' kurulamadı daha

26 Aralık

Bu gün saat 16.00'da İsmet İnönü'yü kaybettik.

Kurtuluş Savaşı'ndan bugüne, Osmanlı paşalığından Cumhuriyet Başbakan ve tek parti Başkanlığına kadar türlü umutlar/umut kırıklıklarına, zafer ve geri çekilişler dönemlerine 50 yıldan fazla saniye saniye tanıklık etmiş bir canlı tarih, toprağa gömülerek yok edilemez. Lozan anlaşması sırasında, Osmanlı İmparatorluğu artığı diye küçümseyerek 'TCD yoktur' demeye getirenlere karşı direnerek anlaşmayı: "İşte burdadır, vardır" imzasıyla imzalamış bulunması, Cumhuriyet'in önündeki bütün kapıların bugüne kadar açık durmasını sağlamıştır. Paşanın kaybı, bu kazanımın değerini biçmek için bir uyarma olabilir, diyor; Osmanlının müslüman kadını Mevhibe Hanım'ı, islam devletiyle laik devlet arasındaki değişimleri hem de hep gözler önünde, önde ve serinkanlılıkla omuzlarında taşıması içine düşen Lozan anlaşması günlerindeki zarafetiyle düşünmeden edemiyorum.

Beni bunları hayal etmeye iten başka bir şey var. Akşama doğru kaybettiğimiz İsmet İnönü'nün ölüm haberini TV'yi izlerken almıştık. Annemle babamın bizde oldukları akşam. Babam kanapede oturmakta, ben yanındayım. Uzunun uzunu bir sessizlik ardından babamın duyulur duyulmaz bir sesle: "Kurtuluşta İsmet Paşayı Bolu'dan Ankara'ya kaçak getiren jandarma erlerinden biriydim ben" demesi. Baktım, gözlerinden yaşlar akmakta. Babamın ağladığını ömrümde bir kere bile görmemiştim ben. O 'babaya çocukların önünde ağlamak yakışmaz' eğitimi almışlar sınıfından. Babamın gözyaşları belki de kendi tarihinin ruhuna dokunuşuydu, en hassas yerine. Önümüzde hiç ağlamadığı gibi, "Kurtuluşta şöyle savaştık, böyle savaştık" diye bir cümlecik bile övünmemiştir. Her şey son kerte doğalmış demek. İnönü'yü 'eşkiyalardan' kaçırmaları da, gıda yerine günlerce kuru incirden başka yenecek bir şey bulunmaması da...

İsmet İnönü, 28 Aralık günü Anıt Kabir'e, Atatürk'ün karşısındaki katafalka konacak.

Yeni yıla ilk romanımda Cumhuriyet ve ilk kuşaklarını ameliyat masasına yatırmamdan iyi bir sonuç alınmış olmasının huzuruyla giriyorum. *Ölmeye Yatmak,* okur tarafından onaylandı. Hem de günümüzün en güçlü iki edebiyat eleştirmeninin muhalefetine rağmen.

1974
Ocak-Kasım

Romandan Öyküye Yolculuk

1 Ocak-10 Mart '74

Geçen yıl olup bitenleri günü gününe haftalarca yazmadım. Yazamadım.

Edebiyatımızda, özellikle öyküde 'toplumsal gerçekçilik' tartışmaları nerdeyse her yanı kapladı. Ya da ben öyle hissettim. Oyun yazmakla haşır neşir olduğum yıllara roman tuzağına düşmemle ihanet ettiğim duygusu, darbenin bende yarattığı sancılara eklenen ayrı bir sancı oldu. İlk romanın yayınlanmasıyla bu yeni tarlayı artık terkederim, biter bu konu, diyordum. Hiç de öyle olmadı. Yayınlanmış bu romandan çok uzağım şimdi. Oysa bunu yaratırken çok şey öğrendim. Hâlâ da ona verdiğim emeğe bağlıyım. Uzaktan uzağa... Basından, kritiklerden falan önce okurda böyle bir yankı yapabileceğini ne umdum, ne bekledim. İşin önemli yanı 'içerdeki' devgenç kültür derneği etkinliklerinden bilip tanıdıklarımdan, dostlarımdan aldığım *Görülmüştür* damgalı mektuplar... İçlerinde şöyle diyenler var: "Biz devrimci şiir dışında kalan edebiyatı hep küçümsedik. Hele romanı. Biz okumak deyince, zorunlu olarak ders kitaplarından artan zamanlarda Lenin, Engels okumak, Kapital'le hesaplaşmak, onları tartışmak, Gramsci'yle dost olmak gibi bir şeyi anlar olmuştuk. Şimdi burda (ötekiler zaten yasak), *Ölmeye Yatmak* elden ele dolaşıyor. Bizi edebiyatla ve romanla dost kıldınız. Değişime derinden ışık tutabilmiş şiirle elele yürüyen asıl edebiyattır, diye düşünmeye başladık."

İşte sadece 'dışarda'ki yankılar değil, en fazla 'içerden' bana yansıtılan bu yaklaşım, bende de toplumsal gerçekçilik anlayışına daha yakından eğilme hevesi uyandırdı. İlk işim tâ 1968'de –kısa oyunlar da yayınladığı için yakınlık kurduğum– De Yayınları arasından alıp da sadece göz gezdirdiğim Ernst Fischer'in *Sanatın Gerekliliği* adındaki inceleme kitabına kapaklanmak oldu. Yakın arkadaşım Sermet Çağan'ın yakın arkadaşı Cevat Çapan çevirisi bu kitabı rahatça okumanı sağladı, değil mi? Öyle de, ilk ağızda incelemenin 'Sanatın Görevi' bölümüyle başlamasındaki 'görev' lafı yüzümü buruşturmama neden olmuştu, ama geçen yıl bunu yeniden aldığımda şu satırların altını çizmiş bulunduğumu görüverdim. Sayfaları çevirdim. İşte şu satırlar: *Sanat, başlangıcında hemen hemen din ve bilimle* aynı *şeydi. İkinci gelişme döneminde –iş bölümü, sınıf ayrımı ve her türlü toplumsal çatışmanın ortaya çıkması döneminde– sanat bu çatışmaların niteliğini anlamanın, var olan gerçekliği tanıyarak değişik bir gerçekliğin ne olabileceğini sezmenin, insanların ortak noktaları arasında köprü kurarak bireyi yalnızlıktan kurtarmanın başlıca yolu oldu. Sınıf çatışmasının daha da yoğunlaştığı günümüzün burjuva düzeninde sanat toplumsal düşüncelerden kopma, bireyi kendi umutsuz yabancılaşmasına doğru daha çok itme,güçsüz bir bencilliği kışkırtma ve gerçekliği, yanlış tanrıların büyü törenleriyle dolu aldatıcı bir efsa-*

neye dönüştürme eğilimindedir. Günümüzün toplumcu düzeninde ise sanat belirli toplumsal gereklere uyma, açık seçik bir aydınlanma ve düşünce yayma aracı olma eğilimini göstermektedir. Ama üçüncü bir döneme varıldığında sanatın başlıca görevi ne büyü, ne de toplumu aydınlatma olacaktır."

Anlayabildiğim kadarıyla Fischer, edebiyat eserini Marksizmle vuruşturuyor, Baudelaire'i ve Kafka'yı da bu dürbünün ışığında tartıp biçerek sanatın yolundan bütün insanlığın yaratıcı kesileceği 'gerçeğini' vurguluyor. Geleceği bukadar yakından böyle aydınlık göremeyecek kadar karamsarım ben.Hiç Polyanna'cı olamadım. Fischer'in geceden hemen sabahına pembe dünya vaadinde durakaldım. Belli, durakalmışsın: *Sanatın Gerekliliği* kitabının son sayfasında şu satırların da altını çizmişsin :

Sanatçılık yaşantısı bir ayrıcalık değil, özgür ve çalışan insanın doğal bir niteliği olacaktır. Bir başka deyişle, 'toplumsal dehâya' kavuştuğumuz bir dönem olacaktır. (...)

Neyse ki o dönem de orada, o kadarla kalamayacak. Onun da devamı olacak, çünkü benim gibi Prometheus öğretisine belbağlamayanlar da vardır belki ya da olacaktır. Sanatın insanı insan kılacağına, bu yüzden de gerekliliğine elbette inanıyorum; insanı hayvandan ayıran tek şey, bu yaratıcılık. Yaratıcılığın yeryüzüne ateşi getirmek demeye geldiğini damarlarımda hissediyorum.Ama yaratısıyla 'Büyük Tanrı'yı kızdıran bir yaratıcının bunun borcunu ödemeye yargılı kılınmasına ne denmeli? Taşı yukarı taşı, geri yuvarlansın. Taşı yukarı taşı, geriye yuvarlansın. Tekrarın tekrarı. Aynı'nın aynı'sı. Bu 'sabrın', bu 'sonsuz' katlanışın önümüze hümanizma elleriyle nerdeyse yepyeni bir büyük tanrı gibi öne sürülmesinden, bu 'katlanış simgesinin' mitleştirilmesinden hoşlanmıyorum.

Hoşlanmıyorsun çünkü, Prometheus'un üstünde 'Büyük Tanrı' buyruğu olmasaydı, tâ başta şu 'küçük tanrı' katlanışı olmayacaktı. Taşı neden 'yenilmeme' gururuyla habire yukarı, dağın tepesine taşıma 'cezasına katlanılıyor' da 'Büyük Tanrı'yı aşağı indirip yoketme bilincine sahip olunamıyor? Üstelik sonuçta 'brand new' bir 'Büyük Güç' olacaksa? Zeus'un kellesini uçurmak gerekmez. 'Büyük Güç ' kavramıyla kedinin fareyle oynaması gibi oynayarak üstün gücü hiçlemek yeter. Dokunulmaz kahramanlığı dokunulur kılmak yeter.

İnsanın sanatta, yaratıda asıl aşkınlığı budur, diyorsun sen değil mi? Öyle mi? Evet mi, yoksa delirdin mi? Keşke. Delilik dedin mi, esirmek değil ama, buhran sahibi olmak iyidir. MEB Klasikler dizisinin *Deliliğe Övgü* kitabı *(Erasmus)* öğrencilik yıllarından beri aklımda.

Doğru, ama sadece adı... Adı aklında ya,şimdi uzanıp bakabilirsin. (...)

Delirmiş falan değilim. Sadece 'toplumsal gerçekçilik' tartışmalarını sorgulamaya başladım; bu soyut tartışmaları kanıtlayıcı örnekler arandım. (Günlerin notunu tutmaya boşverdirmiş bir mesai.) İşe, ister istemez Dostoyevski, Tolstoy ve Gogol'lerin bazılarını yeniden okumakla başladım. Elimde mevcut Çehov öykülerini bunların yanına koydum. Hem de onun *Hoppa Kadın* hikâyesinden toplumumuz 'küçük burjuva' takımına yansıyan yüzünü bir çeşit yerele adapte ederek 'Sessiz Bir Adam' adı altında yazmış bulunduğun kötünün kötüsü oyunun 'kötülük' nedenlerini arayarak... Aslında sen işini daha da kolaylaştırmak için *'toplumsal gerçekçilik'* örneklerini yalnız öykülerde, dahası bu tartışmalar sırasında yazılmış yerli öykülerle tartıp biçmedin mi? Öyle oldu. *Yeni Dergi*'yi alıp alıp bir köşede bekletiyor, burda yayınlanan 'yeni'öykülere pek yüz vermiyordum. Yapabildiğim kadar onlara da baktım. Bu dergi edebiyat tartışmalarının da nerdeyse odak noktası. Bütün bunlar beni hep: "Peki öne sürülen anlayışın somut örnekleri yok mu? Tartışmalardan çıkan 'işte şu!', 'işte bu!'lar nerde?" gibi sorular peşine taktı. Geçmişin yaratılarına yaslanan örnekler de pek ortalıkta görünmüyor. Ya da dış dünyadaki yayınlar aracılığıyla adı sık geçen Lukacs adında bir incelemecinin bizim sosyalist aydınımızdaki yansımaları...

(...)

Dış koşulların insanın iç dünyasına katkısını görmezden gelmeyen Orhan Kemal benim baştanberi hayranlıkla bağlandığım yerinde duruyor. Öte yandan Mavi'cileri –bugünkü gözümle– anlatı sanatımızın dönüşüp değişme anlayışına örneklerle can katmış 'akıncılar' olarak değerlendirirken, *Yeni Ufuklar*'a geçişi '50-'60 arası birikiminin elenmesiyle üstte pek az 'örnek' kalmış bir dönem, diye tartıyorum. Peki geçen yılki bu mesainden kendi adına nasıl ve nekadar geçerli bir toplam çıkarabildiğini bilebiliyor musun?

Bilemiyorum. Fakat 'Tiyatro da tiyatro' derken atladığım ne varsa, arayı –aradaki boşluğu– epeyce doldurduğumu hissediyorum. O kadar değil. Bu arada 'toplumsal gerçek' anlayışını örneklerle deneyip zapta geçirmek sorumluluğuna yakalanıyorum. Kurama göre yazmak değil, haşaa! Salt sorgulayışıma yanıt arama sorumluluğu. Romanın değişimi üstüne habire konuşmak yerine, klasik ve romantik dönemlere fark attırma kavrayışımı GÖSTERMEK nasıl olduysa, öyle.

Her içeriğe bir biçim, her tür dış oluşumdan doğma bir iç dünya oluşumu için farklı bir kurgunun örneklerini tek tek romanla, oyunla verebilmeye ömür yetmeyeceğine göre, kısa yolu seçip (hayatımda tek öykü yayınlatmadığım halde) belki de kendimi denemek üzere öykü örnekleri yazmaya koyuldum. (Hikâye *faili* dururken bu öykü kelimesini bir türlü sevemedim.) 'Kendimi denemek üzere' diyorsun ya, buna 'işin kolayına kaçtım,' da diyebilirsin pekâlâ. Diyemem. Yazar kendi kendisiyle iddialaşırken işin kolayına kaçabilir mi?

(...)

Bugün geçen yıldan kalma öyküler(imi) gözden geçirdim. Zamana daha şimdiden, evet şimdiden dayanamamışları gözümü kırpmadan kâğıt sepetime attım. Birkaçını alakoydum.

Meselâ *Yüksek Gerilim* tamam. *Yol* da. Ama *Bileyici* ile *Duvar Öyküsü* yeniden elden geçirilmeli. Yedi hikâyelik bir kitap yapmak istemiştim, fakat bu arada 'Yasemin İşçiler'ini çöpe mi atsam, kitaba mı alsam kararsızlığı içine düştüm. *Adi Suçlu* usuldan usula *Kozalar*'a bir çağrışım yapıyor. Fakat hikâyemde politik tema öne çıkarken, oyunumda toplumun genel vurdumduymazlığı sivriliyor. İkisi birbirine ekleniyorsa, hikâyeyi neden çöpe atayım ki? Yazarın kendini bilinçaltında bütünlemesi gibi şeyler işte böyle şeyler. *Gün Üç Dakika*'nın en tuttuğum yanı, 'en kısa sürenin' anlatımı çabama uygun düşmesi yanısıra, bu sıkışık dar zamanı soluk soluğa bir anlatımla, kısa kısa cümleler, tek sözcüklerle kendine has sesini verebilmesi. *Yüksek Gerilim* kendi içinden bir hikâye daha doğuracakmış gibi geliyor bana.

Hikâyeye de bulaştın. Bakalım ne olacak. Ne olacak?

Artık roman falan bitti. Denedin, oldu, deyip duruyordun; "bir daha haşaaa!" sayıklamaları geçiriyordun ki, hiç yoktan ve en kısa yoldan kendini en yükseklerde varedebilmiş bir kadının hayatından fırlama roman reçeli kurmaya uzanmadın mı? Yazık ki uzandım, uzandım da, ilk sayfalar, orta sayfalar vb. derken bakmışım kadın figür yerini erkeğe bırakmış gitmiş. Mercedes marka bir arabayla tutkulu aşkını yaşayan, yurttaşlarımızdan Bayram. Bu rol değişimine ilk sebep: 'Kadın yazar' ünvanından dörtnala kaçmam. Üstelik her kadından hikâye, roman yazarının anakahramanı nerdeyse hep kendi cinsinden seçilme. Böylece, bu ünvana seve seve çanak tutulmasına karşı, hem de Aysel'i bir içboşaltış gibi kadın kahramanlar kadrosuna ilhak eyledikten sonra bu sefer 'erkek' cinsi üstünden genelin geneli 'insan' cinsi âleminde 'O'nu bu 'O' yapan etkenler pusulasıyla dolaşmak. Mademki sen, kapitalist ilişkilerin kendine yabancılaştırdığı insanoğlunu, onun bu parçalanışını kurcalamak istiyordun, kendini 'erkek yazar' türünde deneyebilirsin. Demek ki bu yolculuğa bir 'erkek gözü' uydurarak çıkacaksın(!) Ama hangi, nerde, nasıl bir erkek? (İpek ticareti yaptırdığım kadın çöp sepetini boyladı. Yerine sakal bıyık takınmış bir 'dublör' bulunamadı.) Bir şey lâzım. Aydınlatıcı bir dürtü. Bir ân.

Gerisi kolay. Derken: Buldum! Şimdiye kadar da o keşif ânının tekerlek izinden buralara kadar geldim.

Benim, aylardır mezarlıkta mı geçsin, düğünde mi, diye diye, düğünü geri ittirecek kerte öne fırlayan buluş ânı, şöyle, ufacık, minicik çok özel bir şey:

Halim'le Karadeniz'in Trabzon'unda tuttuğumuz bir taksiyle Borçka-Murgul iş gezisi yolculuğu. Yol çok bozuk. Üstelik; yağış, yağış, yağış. Her yan çamur. Fakat taksi pırıl. Bal dök yala.

İyi de biz bu taksiyle altı saatte gidip gelinebilecek yolu yirmidört saatte tamamlamış olduyduk. Sebep? Taksi şoförünün arabasına gösterdiği çılgın özen, titizlik. Bir kilometre gidiyor, gitmiyoruz; stop. Sürücü uzun bir "uyyy" çekerek, elinde temizin temizi özel beziyle yere atlıyor, ön cama sıçramış dört damla çamuru en ufak izi dahi kalmayacak kadar silip temizlemeden yola devam edemiyor. Lastikler, contalar, kapılar, tavan aynı işlem: "Canımun içi bu benum; başı ağrimesun" deyip durması da cabası. Hoş zaten ben, daha onun ilk damlalar temizlemeye atlayışını görür görmez, 'Fikrimin İnce Gülü' şarkısını, hem de taşplaktaki Vedia Rıza Hanım'ın sesinden tutturmuş bulunuyordum ya, neyse. Adamın arabasıyla ilişkisine bak; işte onun gözünün nuruyla yaz romanı. Üretken ân buna derim ben! 1974 yıllık defterinin hemen bütün sayfalarını elyazısıyla Roman kahramanlarım Bayram ile 'Balkız'ına hasretmiş bulunmaktayım. Tuhaf ama, bunları hep '74 tarihli defter dışında başka kâğıtlara notlamışım. Hâlâ öyle.

15 Mart

Halim İstanbul'da. Ben de yanında. Halim, Çukurova sulama projesindeki 'görevi' bittiğinden beri Mecidiyeköy viyadüğü yapımında görevlendirilmiş bulunmakta. Ankara-Adana gelgit'lerinin ardına eklenen Ankara-İstanbul gitgelleri... Köprünün çevresindeki yerleşim merkezlerinde yaşayanlar kimbilir neler çekiyorlar. Greyder'ler, vinç'ler, beton taşıyıcılar: garrrr-gırrrr-küüüt-pat! Şehir için üst geçit. Bu, çevrede yaşayanlar için nekadar güçse, yapan, içinde yaşayanlar için de güç.

Bu arada *Tanrı Adına* filmini gördüm. Anlatamıyorum.

15 Mayıs

Aradaki notlarıma göre, bu yıl da Mart'ın yarısına kadar Fikrimin İnce Gülü şarkısı çağırmış bulunuyorum. Bayram'lı Balkız Kapıkule'den girdi, Çorlu'yu falan geçti de İstanbul eteklerine vardı bile. Bu bir yol romanı. Bilebildiğim kadar, bizde bundan önce baştan sona karayolunda, tekerlekler üstünde geçen bir roman örneği yok. Yabancı edebiyatta *Gece Uçuşu*'nu saymazsak. Sayma çünkü, o da zaten karayolunda seyreden bir şey değil.

Bu yıla girmeden çok önce, sanki arkamdan atlı kovalıyormuş gibi, Edirne'ye kadar gitmiş, orda bir otelde gecelemiş, sabahın erken saatinde Kapıkule sınır kapısına varıp dikilmiştim. (Engeç saat 6'da orda ol, demişlerdi. Memlekete girişin en yoğun olduğu zaman o zamanlarmış.)

Kafama koydum bir kere. Bu romanın hazırlığını böyle yapacağım. İlk romanımda montaj halinde uygun yerlere yapıştırı yapıştırıverdiğim yazılı 'belgeler'in canlısını romanın kendi hayat coğrafyasının içinden çıkaracağım.

Bu kitap, Almanya'dan gelen, orada arabalı bey olma aşkına kavuşmuş bir Alman işçisi olarak köyüne, kendini göstermeye giden Bayram'ın gün atımında sınır kapısından giriş saatinde kendi hayatına da giriş yapsın, diye hayalliyordum; işte onun için kahramanımla aynı zamanda, aynı yerde buldum kendimi. Yazarın yarattığı roman kahramanıyla aynı yolu katetmesi kadar keyifli bir yolculuk yokmuş meğer? Aramızdaki tek fark, kahramanın medarı iftiharı 'gıcır Mersedes'in direksiyonunda, yaratıcısının ise Kapıkule-Sivrihisar arası döküntü bir yolcu otobüsünün ön sırasında, kucağında defteriyle oturuyor olması. (Aktarmalı seferim boyunca yol haritası çıkarıyordum. Tabii Bayram'ımın haritasını da. Arada dokunulmamış-bâkire Balkız'ın ırzına memleketin nerelerinde nasıl geçilirse 'iyi olur'u hesap ettim durdum.)

Yazarı yeniden ve en güçlü biçimde 'hayat hırsızı' diye görünce utandığım zaman da o zaman. (Hiç günyüzüne çıkarmadığım 'Açık Perde' adındaki en acemi oyunlarından birinin konusu bu değil mi? "Hayat hırsızlığı". Hani Muhsin Ertuğrul Hoca hep yeni bir oyun yazıp yazmadığını soruyordu da, elin ayağına dolanarak, perdesi açılıp kapanmayan bir yerde oynanmasını kurduğun bu oyunu vermiştin? Hemen de okumuşlar. Seni çağırdılar. "Evlâtçığım sen bu oyunu fazlaca Pirandello etkisinde kalarak yazmışsın" demişlerdi de, utancına utanç eklendiydi. Niye? Bilerek ona özendiğinden mi? Nerdeee! Pirandello'nun adını duymuşluğum olabilir de, neyi nasıl yazdığından tek satırlık haberim yok... Neyse, o sıralarda Devlet Tiyatrosu'nun Küçük Tiyatro'sunda yazarın *Altı Kişi Yazarını Arıyor* adlı oyunu sahnelenmişti de, kendileriyle en zenginleştirici biçimde tanışmış oldum (!)

Bu deney bana çok, ama çok iyi geldi. Hikâye okumakmış, roman okumakmış! Bunlara ayırdığım zamanı azaltabildiğim kadar azaltıp tam on yıl boyunca kendimi, yerli yabancı ne olursa, oyun okumaya vurdum. Paris'te yayınlanan iki tiyatro dergisine yıllarca aboneliğim üstüne üstlük. Brecht üstüne geniş biçimde bilgilendirici bir yazıya bu dergilerden birinde rastladım. Sayının yarısı ona ayrılmış; meğer Brecht ölmüş de, bu onun adına özel dosya. Yıl 1956 olmalı. Benim kendimi böyle oyun okurluğuna vurmamda, tiyatro oyununun okunmak için değil, seyredilmek için yazıldığı gibi yaygın bir düşünceye tepkim de rol oynamış olabilir, diye düşünüyorum şimdi. Batı'nın yeni oyun yazarlarının hemen hepsinden artık haberliyim. Fakat, ilk romanım yayınlandıktan sonra basından gözüme, şurdan burdan kulağıma çarpan değerlendirmelerden ötürü yine kızarıp bozarmaktayım: "Ölmeye Yatmak'mış! Ayol bu besbelli Faulkner'ın *Döşeğimde Ölürken*'ine heveslenerek yazılmış bir şey işte!" Yahu ben Faulkner'ı niye bilmiyorum? Biliyorsun, biliyorsun: *Ses ve Öfke*'sini biliyorsun ya? İyi de şu döşek meselesi neymiş? Koştur, git, ara bul; oku. Neymiş gör. (Nerdee? Bende tam tersi oluyor; hele yabancı bir terazide tartılarak lütfen iyi bir not bağışlanmışsa, tarttıkları teraziyi merak etmek şöyle dursun, elimin tersiyle itiveriyorum.) –Öfkeyle kalkan zararla oturur...– Neyse ki Virginia Woolf'da daha sakin davranabildim. Benim gibi yerlinin yerlisi bir *Ölmeye Yatmak* yazarının İngiliz'in Woolf'una 'benzediği' için bağra basılmasına çok şükür 'sevinemedim'se de, daha sakinim. İngilizcem, öyle roman falan sökecek gibi değil. Oyunlar 'diyalogdan' müteşekkil olduğu için çevirmeye kalkmak densizliğini gösterebildiğim oldu da, tâ II. Dünya Savaşı yazarının 'uslûpçu'luğunu nasıl söküp de okuyacaksın eyy Fatma İnayet?

Sahi, Virginia Woolf'un Türkçeye çevrilmiş bir kitabı var mı acaba? Olsa, bilmek için her şey yapılacağına göre, bilirdin canım! Hayret, bugüne kadar böyle bir şeye rastlamadım. Kızılay'a inip Remzi'ye sormalıyım.

Aynı gece: saat 24.00

Yol romanı sayfalarına sayfalar kattım. (Bunun bukadar hızlı yürümesinden korkuyorum. Bir yere çarpacak. Dur bakalım, dün '73, bugün '74. Roman az kişili, hattâ tek kişili. Bu yüzden rahat akıyor olmalı. Çeşitli sınıflardan çeşitli insanların, farklı kültürlerin bağ-bahçelerine dalıp çıkmıyorsun ki... Dur bakalım.)

Balkona çıktım. Hava serin. Burnumun dibindeki Polonya Elçiliği'nin gümrah yeşil bahçesiyle altındaki Kuğulu Park'tan burnuma mis gibi çayır çimen, çam ve iğde kokusu geliyor. Çatışma masamın önündeki geniş pencere de aynı yönde. Kurak Ankara'ya yeşillikler arasından ve tepeden bakıyorum. İş kulesi ve Ankara Oteli kulesi yeni 'tepelerimiz'. (Hani ilk romanına giriş coğrafyası otel odasının bulunduğu otel.) Dıştan bakınca, bu o mu? Gece ışığından mı ayıramıyorum? Bunları da hep birbirine karıştırırım yaa. Gündüzleri de aynı camın önündeyim, gün batana kadar yüzümü gözümü gün ışınlarının ısırgan öpüşlerine katlanmak zorundayım.

Mutfağa gittim; buzdolabında kalakalmış bir greyfurt soyup dilimledim. Evdeki en rafine(!) peynirden (kargıtulum) ince bir dilim kestim ve taa yılbaşı armağanlarından dolapta yatay vaziyette kalma şampanya (yerli köpüklü) şişesini 'patlatıp' ince uzun bardağımdaki köpüklüye bunları katık ettim. Kadeh elde, gülüyor gülüyorum.Bu sefer çalışma odama böyle sığındım.

Radyoyu açtım ki haberlerde Ecevit (CHP)+Erbakan (MSP) ortaklığında kurulan hükümetin perişan hallerinden dem vurulmakta. Ecevit, Erbakan ortaklığı demek, hepimizin zaten perişan hali büsbütün duman demek. Buna gülünmez mi?

Bir de af meselemiz var. Olsun mu, olmasın mı? Anayasa'mızın 141. 142. 146. maddelerinin kurbanları salıverilsin mi, 'sonsuza dek' alakonulsun mu? Hayır mı, evet mi?

Gençlerin asılışına okunan dua.

'Köpüklüm' beklemez ki. Hadi bir bardakçık daha... (Mutfağa gitmedim. Elim çenemde, son zamanlarda günlerimin en vefalı dostu olan Bayram'ı çıkış yolunu kaybettiği İstanbul'dan Yalova Vapuru'na sürmeye rehberlik etsem mi, etmesem mi? deyip durdum. Yorgunum. Çek gitsin Mersedes'i Yalova Vapuru'na! III. Bölüm başlığı bu oldu. İşte bu da, bugünkü gecenin uydurması oldu. Başlık altına ne diye 'Biraz da Aşk' diye kondurdun sanki? Sil şunu.

141.,142., 146., 159. maddeler...

16 Mayıs, gece

İncegül'ün arabalı vapur sahnesi hem uzun, hem de seviyesi düşük. Gerçi vapurda olup bitmesi gerekenler bunun böyle olmasını istemekte... Yine de durdum. Beklemeye aldım.

Başkent'imizin elektriği suyu yok ama, bir Drug Store'u var. Ben buraya Dürük-Tor diyorum, 'direktörlüklerin' uyumlu uyuşukluklarına bir gönderme olabilsin diye. Sanat Sevenler Derneği'mize de aynı densizlikle Sanat Seviciler Derneği deyip durmaktayım. Dilim alıştı. Drug'ın da sadece Dürük'üne.

Vecihi Timuroğlu telefon etti. Bu akşamüstü Dürük'te buluşmamızı istedi. Şu af meselesinde CHP'nin kararsızlığına karşı bir yazar-çizer sesi yükselecekmiş, bunu konuşacağız, diyor. Veysel Öngören'i de arayacakmış. Vecihi ile tâ DTCF'den tanışıkmışız. Tam hatırlayamadım; ama o yakın dostluğumuz üstüne öyle ısrarlı davrandı ki, mahcubiyetten ezile büzüle kabullendim. Ne var bunda? Bunda bir şey yok; lâkin geçen yılın sonunda Barış Gazetesi'nde arka arkaya Ölmeye Yatmak üstüne Sadık Munzuroğlu imzasıyla olumlu yazılar yazmasında, romanı göklere çıkarmasında hoşluklarla dolu çok şey var. Ben de Barış'ı sevip okşayarak "Bu bey kim ola acaba" deyip dururken, Zafer Çarşısı'ndaki kitapçımızdaki ilk karşılaşmamızdan şöyle bir ürünün çıkması da pek garibime gitmişti, Sadık Munzuroğlusu meğer Vecihi'nin kendisi imiş.

Herneyse, şekerden daha tatlı bu hadiseyi 'unutulmaya çalışılacaklar' çekmeceme kaldırıp, Halil Ergün'e çoktandır ihmal ettiğim mektubu yazdım. Emil'e de. *Kendini Yazan Şarkı* oyunumu, gelen istek üzre, tertemiz dosyalayarak İstanbul Belediyesi Şehir Tiyatrosu'na postaladıktan sonra kalkıp Timuroğlu tarafından beklendiğim yere gittim. (Bu arada üniversite yıllarında onun sol-sağ maçının sağ takımında oynadığının kulağıma fısıldanışını da yokmuşa getirdim. Gençlik halidir; her şey olur. Zamanı zamanla bilmek en iyisi. Zaten artık 'Gift Shope'larımız da var, fakat af kararı bugün yarın oylamada.Biz de oylamanın başını boş bırakmamak için toplanmışız; hep bundan konuşuyoruz. Veysel, sakalının bıyığının arasından son şiirini okuyor; pek anlayamıyorum. Şairlerle konuşmak demek, alkolle derinine buluşmak demek. Hele yanlarına bir gazeteci, bir tiyatro sanatçısı, bir ressam, bir de TRT kovulmuşu katılmışsa... Sahici demokratlardan, düşünce özgürlüğünü savunanlardan olarak, silahlarımızı TBMM'ye doğrulttuk. Fakat asla TİP'ten sonraki tek umut ışığımız Ecevit'imizin parti başkanlığına olamasa bile, tek başına Ecevit'e EVET, bütün CHP'ye HAYIR. AP defterini bizler zaten 'zımnen' çoktan kapamış bulunmaktayız. Demirel için tâ derinlerimizde saklanan yumuşak bir köşe olmalı, bir şefkat; onun kendine has telaffuzuyla oynamayı sevmekteyiz

Veysel'in Güneydoğu iklimine derin hasreti olmasa, Demirel'in 'Sülü' den çobanlığına ithaf, şiirlerinin en güzelini yazmasına yetip de artacak. (Aman duymasın, benimki yine sezgimin kuyruğuna tutunmaktan çıkma böyle bir yalan işte.)

Veysel, Vecihi, Gökhan, Metin, Nur Subaşı ve benden ibaret meclis toplantımız affa EVET doğrultusunda sürüp giderken Vecihi, "Bana bir dakka" deyip kalktı; hemen oracıkta, yanıbaşımızdaki duvara asılı telefonun başına geçti. Biriyle heyecanlı heyecanlı bir şeyler konuşmakta; arada kulağıma 'Evet' deyin, karşı taraf oylarını kazanın, af için Evet çıksın. Adalet de böyle diyor, Adalet işte, Ağaoğlu, evet o..." Yüzünde mutlu pırıltılarla dönüp geldi, yerine oturdu. "Tamam, 141, 142'den yatanlara af umudu var..." Allah allah! "Vecihi, kiminle konuştun sen?" "Canım işte Barış'la. Orası da CHP sekreterine bildirecek."

Hay allahım yarabbi; yazardan sayılmaya başlandıysak başlandık, nasıl olur da ben, hem de başkasının ağzından bir parti üyesiymişim gibi demeç verebilirmişim? Şunu şöyle yapın, böyle edin diyebilirmişim? Son seçimlerde oy bile kullanmamışken... Kavga gürültü. Lânet, kıyamet. Öfkemi aklıbaşı yerinde Gökalp'ın zerafeti bile dindiremedi.

Dürük'ü ölümden beter halde terkettim. Son zamanlarda yine ilk romanımdan olma yeni bir tanışım var.

Kardeşi de içerdekiler'denmiş. Aylâ. Bu tanışıklık ondan gelen bir mektupla başladı. Sonra çiçekler, telefonlar, davetler... Altından kalkılır gibi değil. Çok verici, fazla vefalı bir okur. Böyle gidiyor bu iş. Ona gittim; olmadı. İlgisi fazla bir okurun kucağına yangelmişim gibi hissettim kendimi. Bir koşu eve geldim. Oldu. Şimdi arabalı Bayram'ı araba vapurunda zengin koca peşindeki manikürcü kıza nasıl dövdürebilirim acaba'nın peşindeyim. Bu da ucuz bir motif. Çok ucuz. Başka türlü de olmuyor. Karşılıklı birbirlerine şiir şarkı okuyacak değiller ya! Bu bile olmaz.

İyi o zaman; bırak. Vapurun satıcı adamını, özellikle onun mal satma 'edebiyatını' yazarken, keyfin yerindeydi pekâla.

Takıldım işte; ne yapabilirim?

TV. Programı: 21.08 .....
İlk kurşun (belgesel): Şehit gazeteci Hasan Tahsin'in
hayatı, film, fotoğraflarla
anlatılacakmış.
21.57...... Avrupa şampiyon kulüpler
final karşılaşmasında:Bayern Münih
ile Atletico Madrid arasındaki
karşılaşma naklen veriliyor.

Zıır, kapı zili. Cırt cırt. Kilit açıldı: Adaleeet!

(...)

Halim'den bir sürpriz. Tam zamanında geldi; yoksa geceyarısı yürüyüşüme çıkacaktım.

Acele birşeyler atıştırdık. Duş, bir bardak bira, taze marul. Katı yumurta... (Bizim yemeksiz zamanlarımızda geleneksel bahar yemeğimiz. Milli Mönü.)

Halim şimdi maç naklini izliyor. (Bu da geleneksel,ama gayrı millî. Sivil. O maç izlerken ben çalışma odama vicdanım öyle rahat kapanırım kiiii!)

Gelgelelim, Dürük'lü günün yorgunluğu. Vecihi'ye yüklenmenin üzüntüsü. TBMM'ye karşı 'aydın sorumluluğu' motorunu habire duvara çarptırmanın yarattığı sersemlik. (Geleneksel evrensellik.) Bitkinlik. Yatağa. Uyursan unutursun.

Bayram da zaten, daha köyüne varamadan Balkız'ıyla bir tarlanın hendeğinde tepetaklak gelecek. Mercedes yıldızını çaldırmakla bitmez ki bu iş.........................

(...)

Alanya, Haziran '74

Ben buraya gelmeden önce İstanbul'dan 'yayınevim' Remzi Kitabevi beni kutlamıştı.

Romanın iyi gittiğine zarif bir işaret de şu: "Öykü kitabınızı Ağustos 15'ten önce bize teslim edebilirseniz bu yılın sonlarına doğru ilk basımını yapabiliriz" diyorlar.

Nejat Ebcioğlu Bey'le Erol Bey sahiden teşvik edici davranıyorlar. Ne diyebilirim? İçim rahat; yazarken telaşa falan hiç gelemem. İçimin akışının emrindeyim. İyi ki yedi hikâyenin yedisi de yazılmış durumda. Burada 'Bileyici' üstünde yeniden durdum. Büyük kentin yeni zenginine de birazcık insanî zaaf katmak istedim. 'Duvar Öyküsü'nün iç sesini denetledim. (Bunu müzikli bir oyun gibi görmeye başladım.) 'Sen de Sor' kendini kendi yazmış bir hikâye zaten, biçimine yakışıyor. Ancak Ankara'ya dönünce 'Gün Üç Dakika'yı aynı mekânı soluyarak bir kere daha elden geçireceğim. 'Adi Suçlu' tamam gibi.

'Özgürlükçü'yü hâlâ ne atabiliyor, ne satabiliyorum. 'Duvar Öyküsü', bu destan burda bitti, duygusu vermemeli. 'Yüksek Gerilim' kitabın ilk gözağrısı. 'Fikrimin İnce Gülü' romanı gibi bende olmayan, olmadığını sandığım yerden fışkırdı. 'Yüksek Gerilim' yüksek gerilim olarak kalsın. Adını kitaba verdi. Toplumsal gerçekçilik vitrini için çeşitli örnekler. Bakalım 'ille de bizden ötekiler; toplumun melâliyle yanan alevin ışığı' demeye getirişler dost mu olacak düşman mı bunlarla? Ben de kendi anlayışımla yaktığıma göre bu fenerleri, bakalım...

(....)

Temmuz-Ağustos

Günübirlik yazacak hiçbir şeyim yok. Olsa da, 'yokmuşa' getirebildim. Alanya,Yeşilköy'de biz uyurken camdan evin içine kadar girip başucumdaki çantayı kapıp gitmiş hırsız biryana, İncekum'un upuzun pırıl kumsalına iri iri TİT imzalı, 'savaş var - savaşa hazır ol!'ları dahi 'olmamış'a getirebildim. İstanbul'da yaşayan Güner'in bizi görmek üzere Ankara'ya uğramalarından birinde 'Anacığım önümde evlilik görünmekte' demesinin ciddi mi, şaka mı olduğunu anlama merakı da törpülenmiş olarak: *Yüksek Gerilim*'in sakin sakin gözden geçirilip üç karbon kâğıdı kopyalarından birinin Remzi'ye teslimi gerçekleşti.

Ankara yazları nekadar güzeldir. Geceleri serindir. Rahat çalışılır. Gündüzler senindir; yaratmak için birebirdir. "Fikrimin İnce Gülü"nü onaylayabileceğim bir hale yola koyabilmiş olma rahatlığını hissediyorum.

Af, mı? Off! Hırsıza huysuza var da, 141., 142.'dencilerin 'vatan haini' olup olmadığından haber yok. O'nlar sürekli başımızda: Demokles kılıçları bol!.. 'Demokrat(ik) Senato'ya rağmen...

Hikâyeci Olmak

Kasım

Hikâye kitabım *Yüksek Gerilim* çıktı. Umarım 'kadın öykü yazarları' mahallesinin kötü komşusu bana da düşman kesilmez. Son bir iki yıldır yeni yeni hikâyeciler. Dergilerde her zaman varlar, ama bu sıralar çoğu kitaplanmış durumda. Çoğu çok taze. Yeni yaklaşımlar.

Ben Sevgi Soysal'ın *Tutkulu Perçem*'inde bu yeni esintiyi alnımda hissetmişimdir. Yeni Dergi'de *Tank ve Çocuk* öyküsü çıktığı zaman sarılıp öptüm onu. Öyküde hayli verimli bir dönem. Özelikle son iki üç yıldan beri. Füruzan da iyi. Çok da övülüyor, ama Sevgi'nin muziplikleri, dramın altındaki 'fiyesta' onda yok. Daha iyi. Herkes kendine mahsus. Tekrar yok. Çoğaltmacılık yok. Yine 'öykü' deyip duruyorum. Artık bu böyle yerleşti. Benim dilimde *hikâye'nin* yeri hâlâ daha büyük ve sağlam.

Yüksek Gerilim yayınevinin umduğu tarihten biraz daha geç çıktı. Kapak nedeniyle olmuş bu gecikme. Remzi Kitabevi'nin roman, hikâye kitaplarının kapaklarını kimin yaptığı belli olmuyor. Benimkilerde bir naiflik var. Hani sanki genç bir resim öğretmeni öğrencilerine resim dersi verirken ortaya çıkan 'konulu' resimler gibi. Roman yazarlarına 'romancı' denmesine alışamadan, şimdi kendim de 'hikâyeci' oldum. Bu çarşı esnafının işledikleri işe göre ünvanlanması gibi bir şey. Mutlaka ordan galat.

Aralık

Yıl Ataol Behramoğlu ve kardeşi Nihat'la tanışarak bitiyor. Güzel bir başlangıç. Bana Metin Altıok'un arkadaşı olarak geldiler. Genç şair ve yazarlar. Yeni bir dergi çıkaracaklarmış,

Bu işte birlikte olup olamayacağımızı sordular. Kendileriyle hem düzen hem de edebiyat üstünde uzun uzun konuştuk. *Ölmeye Yatmak* onların da baştacı olmuş. Gençlerle buluşmak ne güzel. Anladığım kadarıyla Ataol Rus edebiyatını iyi tanıyor. Bitirdiğim fakültenin Rus dili ve edebiyatı bölümünde okumuş meğer.

Metin Altıok benim ilk hikâye kitabının kapağını yapmayı istemişti; fakat ben yayınevleriyle ressamlar, grafikçiler arasında ilişki nasıl olur; bu işler nasıl yürür, hiç bilmiyorum ki. Metin sürekli el resmi yapıyor. Sıkılmış parmaklar. Boğum yerleri...

Abidin Dino etkisinde sanki. Tiyatro kulisleriyle epey deneyimim var, yayın dünyasıyla hiç. Cağaloğlu'ndan korkuyorum.

Yılı genç yazarlarla tanışarak güzel bitirdim, fakat Bekir Yıldız'la kapışarak kötü başlıyorum. O, yazarlar sendikamızda epey faal. Dayanışarak yazar hakları korunacak. Ee: "Yayınevinden bir telif hakkı öneriyorlar; kabul edip etmeyeceğimi soruyorlar; telif hakkı olarak ne istemek gerekir Bekir?" diyecek oldum. "Ne verirlerse kabul et. Kitabını bastılar ya. Bu büyük kazanç."

"Sen öyle mi yapıyorsun?" "Sen bana bakma. Ben sürümden kazanıyorum." "Simit gibi yani, öyle mi?" Bu da benim hınzırlığım tabii. Güleceğine beni azarladı, gitti.

Cağaloğlu'na yabancıyım. Oralarda gurbete düşmüş gibi ürkek ve tedirginim.

Fakat yılların ayları günleri bundan ve burlardan ibaret değil ki.

Annem "Hikâyelerini çok sevdim, yine yaz" dedi. Ne güzel! "Öykülerini" demedi.

Kendime verdiğim sözü, anneme de verdim: Yeni yılda 'Yüksek Gerilim'in devamı olacak hikâyeyi yazacağım.

Çok istiyorum bunu.

İlk şiirlerimi yazdığım zamanlar nasılsam öyleyim. Ama zaman o zamanlar değil.

'76 Yaprakdökümü

30 Kasım

Bir köşeye Aşkım ve Başkaldırım Ankara, diye yazmışım. İstanbul edebiyat çevresinden kulağıma çarpanlar bıkkınlık verici. *Ankara'yı* seviyorum. Sanki burası dupduruymuş gibi.

Yine de burda sanatçı sanatçıyı, yazar yazarı kirletmeyi ayıp sayar. Vurulursa, orası burasıyla askerî darbenin geliş-gidişlerinin çizmeleri altında hep birlikte ezilir. Fesatı görmezden gelmelere yatkın değildir kanısındayım. Büyük şehir kalabalık sanat edebiyat ortamından esintiler nedeniyle şaşırmış; yanılıyor olabilirim.

(...)

Toplu çalışma isteyen tiyatro sanatında, oyun yazarı sıfatımla başıma gelenler DT'nin keyfi uygulamalarına karşı durmam, Kültür Müsteşarı'nın sansürüne boyun eğmemem sonucu, oyunum apar topar sahneden kaldırılmış, bir daha da yazdıklarıma dönülüp bakılmamış olması... Burda oyanan bir iki oyunun, İstanbul Şehir Tiyatroları'nda sahnelenip yankılanmalarından sonra; oradan aktarma. Öyle değil mi?

Ankara'nın aydın takımı, İstanbul yabancı kolejlerinden zorunlu akmalar hariç, desise-dümen bilmezler. Bürokratik makam hırslarını yüzlerine vurmak ise zor değildir. Demirel gibi fiziği, öfkesi, edisi büdüsü ortadadır; karikatüre gelecek kadar. Sülü'yü sırtında çoban kavalcısının 'diğerkâmlığı' ile taşıyabilecek kadar; mütebessim.

Ankara çok fazla ve çok değişik kültürlerden olma, burnu büyük, tepeden bakar 'yamama yorgan'lardan değil. Ecevit halkını DTCF damarına vefa ile zerafeten sevdi, Başkent'i idareten, kendinden olma şiiri ise temelinden. Başkent sanatını orası burası demeden birtek o ve partisi korur, korursa. CHP'nin mayasında hemşehrilik yok ki. Ama 'Batılılık' var. Göçerse Doğu-Batı ikileminin bugünkü sorunlarına ayak uyduramamaktan, değişimlere yanıt getirememekten göçer; bu da öyle Menderes DP'sinin 'göçertilmesi' gibi olmaz herhalde.

(...)

Bu yılın içinde güzel bir değerbilirlikle karşılaştım. DTC Fakültesi Tiyatro Araştırmaları Enstitüsü'nden, haftada birkaç kez orada ders vermem önerisi geldi. Önceki yıl Türk Dil Kurumu'ndan, üç kısa oyunumun, Yankı Yayınları'nda çıkan *Üç Oyun* kitabına Tiyatro Dil ödülü verilmesinden sonra oldu bu, ama oradaki öğrencilerin 'tez' çalışmalarından tartışmaya açık bir şeyler yaptığımı hissetmiştim. Öneriyi yazık ki kabul edemedim. TRT'ye verdiğim 17 yılın hesabını yazarlığıma henüz ödeyebilmiş değilim. Hayatım okumak ve yazmak olmalı. Çok istediğim bu olanağı yaratmak yetmiyor, korumak da gerek. Kısaları saymazsan, son yazdığın oyunlardan *Kendini Yazan Şarkı* geçen ayın başında yine İstanbul Şehir Tiyatroları Fatih sahnesinde oynandı. Sonuç iyi çıktı. Oraya gidip gelmeler sırasında tiyatro kadrosunun sol anlayışda birbirlerini yoksayacak kadar bölündüğünü hissettim. Oysa egemen sistem belediyesi, bu genç ve değişimden yana kadroları 'hizaya getirme' uğraşı içinde; kulaklar dikilmiş beklemekte... Oyundan sonra, yönetmenin isteği üstüne izleyiciyle yazar arasında bir söyleşi gerçekleştirildi. Oyuncular, izleyici, yazar.

Oyun üstüne sorular yanıtlanıyor.

Hepimiz için yararlı bu 'alış veriş' sırasında, üzülerek, hattâ kahrolarak aklımda kalan tek şey şu oldu: Seyircilerden biri parmak kaldırıyor, ayakta. "Sorum yazara olacak" diyor.

Yağız bir delikanlı. Saçları kısacık kesilmiş, yüzü traşsız. Elinde bir kâğıt. Besbelli sorusu bu kâğıtta yazılı. Ses hırçın, hesap sorucu: "Bu oyunda yaşlısı var, kızı var, anası oğlu var, neden bu oğlanı devrimci gence yenilmiş gibi gösterdiniz? Üstelik bir de, sözde üniversiteden arkadaşları bir kız. (Elindeki notu zor okuyor, kekeliyor.) Ne kız ama! Burjuva. Ne işi olabilirmiş bir burcuvanın hakîki devrimci bir oyunda? Peki, işçi nerde? (Kâğıttan tane tane): İşçi sınıfından tek işçi yok bu oyunda.(yumruk havaya kalkıverdi:) Kahrolsun burcuva!"

Seyircilerden gülüşmeler işittim. Üzgünüm. Çok üzgün. Elindeki kâğıt ona bu salonda okusun, 'bu yanın devrimciliği' gözden düşsün, 'öte yana' geçilsin diye 'bilirkişiler' tarafından verilmiş.

Çocuk sistem değişsin istiyor, güzel. Devrimci 'kahramanlardan olmak istiyor', kötü.

Çok ham daha. Boş alanlar kullanılıyor. Gülmek acı, yutmak daha acı. İçimi teröre uğramışlık dağlanması, yangını sarıyor.

"Oğlum, sanata sırtını dönmüşsün, sahneye kolay devrim gözlüğünle bakmışsın; sorunun şimdi şurda, kısa sürede bir cevabı yok. Gençlik namusun için dosdoğru söyle: Bu not sen bu oyunu burda görmeden önce yazılmış; önyargılı bir emirname gibi. Bana öyle geldi. Soru önceden hazır; doğru mu, değil mi?"

Keşke koşup terleyen alnından öpseydim. Yanıtı: "E tabii, n'olacak başka?"dan ibaret.

Genç yazarımız Selim İleri, bana yakınlık gösterdi. Özellikle ilk hikâye kitabı Ankara'da, Ahmet Küflü'nün Bilgi Yayınları arasında çıktıktan sonra arada sırada görüşebilmeye de başladık. *Türkiye Defteri* dergisinin genç kadrosuyla tanışmam taze bir nefes oldu benim için. Felsefe okuyormuş, meselâ Taylan Altuğ'un derinlikli yazısıyla da tanıştım.

İstanbul'dan, 'komşu dedikoduları' seviyesindeki 'kadın yazar'dan 'kadın yazar'a hedeflenmiş kirletme gayretleri dışında böyle edebiyat hayatını zenginleştiren güzel esintiler de var. Ama toplumsal ortam giderek gerginleşmekte. Hem de Başkent'in seviyeli bir muhalefet sesine 'silbaştan' kavuştuğu bir dönemde. Çağdaş Sahne'mizde, aydın bir karıkocanın yönetiminde kültür hareketleri bizleri sevindirip duruyor. Onat Kutlar emeği, bir sinematek'imiz var. Öğrenciliğinden beri tanıdığım Vecdi çekip çeviriyor. Aziz Nesin, Vedat Türkali Ankara'ya gelip tartışmalı oturumlara katılmışlar. Yılmazlıklarına büyük saygı, derin hayranlık duyduğum Aybars'tan sonra TİP'in yeniden canlanışına önderlik etmekte. Burada *Yürüyüş* adında bir dergi çıkıyor. Yazı işlerine Yalçın Küçük bakıyormuş; onunla tanıştım. Siyasal Bilgiler'den. Planlama'da görevliyken atılanlardan.

Genelgeçere uymayan bir zekâsı var. Onu tanıdıktan sonra 'Yaramaz Zekâ' diye bir şey dilime takıldı. Bir düğünde geçmesini tasarladığım, hattâ adım adım planını çıkardığım kitabım üstüne ilk defa onunla konuştum. (Romanın değişik kanalları arasında burnum daha farklı bir esinti arayışı içinde de...) Arada sırada *Yürüyüş*'e yazdım. Hepsi Londra dönüşümden sonra... Bu dergiye yazı yazmam önerisi Behice Hanım'dan gelmişti.

"İlginize teşekkür ederim, ama ben edebiyat yaratısı içinde olduğuma göre günübirlik siyasal bir tonla yazamam efendim" demiştim. DTCF felsefesinden ustam: "Kaleminiz ne emrederse onu yazın" demekle yetinmişti. Buyruk, kalemimin beyninden kalemimin ucuna.

Dergiye yeni bir yazı götürdüğüm gün Yalçın elime bir mektup uzattı. Behice Boran'a yazılmış, kendileri de bana gösterilmesi için ona vermiş: "Yazılarınızın etkisi artıyor, çünkü kötüleniyorsunuz" demişti tebessümle. Hemen okudum. İmzasız. Fakat bu elyazısını çok iyi tanıyorum. O zamana kadar bana yazdığı 'arkadaş' mektupları benimle. Yanılmış. TİP başkanına giden mektubun bana gösterileceğinin bir dürüstlük anlayışı demeye geldiği fikrinden yoksunluk işte. Mektupta kimliğimle, yazarlığımla oynanmakta, örgüte 'en üstün solcu' dürbününden gammazlanmaktayım.

Bir kişi o ruhun böyle tarttığı gibiyse, on yıllık bir arkadaşlık boyunca, o kişiyle nasıl kolkola gelinebilmiş olunuyor ki?

Dökülen tek yaprak değil. Ağacın bütün yaprakları. Yalçın'a mektubu geri uzattım: "Kim olduğunu biliyorum; sizde kalsın."

Şimdi bu dökümü yaparken biraz pişmanım. Keşke o gammaz-nâmeyi öteki elyazılarının yanına ekleseydim. İyi ama kendime bir de önemsizler torbası açmam gerekmişti.

(...)

Ankara'da DGM'ye karşı sesler güçlü, fakat egemenlerin kulakları tıkalı. Demirel'in yeğeni Yahya'nın 'hayali ihracat' denen ihracat oyunları sürekli manşette. Darbe Anayasa'sı dediğimiz dedik, yaptığımız yaptık sedalarıyla bestelenmiştir, yankılanmaları da bu bestenin yankısı...

Bunlar ve yakınlarımızın hastalıkları, ölümler. Bütün bunlar, yeni bir hikâye kitabı çalışması yapmamı engelleyemedi; büsbütün körükledi.

Militan sonrası Halkın Dostları. Genç şairlerimiz Behramoğlu'larla güzel buluşmalarımız da olmakta. Fakat asıl *Şapkam Dolu Çiçekle*'deki hemen hemen toplu şiirlerini okuduktan sonra, şiir damarımı canlandıran Cemal Süreya ile buluşup tanışmamız da var.

Aradan epey zaman geçmiş. Metin Altıok telefon etmişti: "Cemal Süreya ile beraberiz. Size gelmek, tanışmak istiyor" dediydi. "Gelebilir miyiz?" "Tabii. Hay hay."

Füsun yanlarında, üçü birlikte geldiler. Zaten içmişler; içkiler içildi. Ne içmiştik sahi?

O akşamüstünü bol bol şiir içmişiz gibi hatırlıyorum. Haddimi bildim; hani şifa arayan hastalar gibi, bir doktorla tanışır tanışmaz tedavi edilmesini isteyen kimseler vardır; onlar hep aklımda. Cemal Süreya'ya "Bana bir şiirinizi siz kendiniz okuyun" falan demedim. Tenor'u, bariton'u yemeğe çağıranlar arya söyletirler; tanınmış bir piyanist bir arkadaşının yanısıra çıkıp gelmişse, hemen ondan öteki dâvetliler huzurunda bir piyano resitali istenir; o ân boğazlanıyormuş gibi olurum. Metin kendiliğinden, bu huzursuz durumu ortadan kaldırdı; bize yeni yeni yazdığı *Gezgin* şiirlerini okudu.

Peki nasıl oldu da, şapkam çiçekle dolmaktaymış sanırken çiçek petalleri sararıp soldu?

Cemal Süreya, yeni yayınlanan roman ve hikâye kitapları üstünde hasbıhal sırasında:

"Size bir sır açıklayacağım. Vecihi sakın duymasın, Timuroğlu. Sakın bunu yüzüne karşı söylemeyin. *Ölmeye Yatmak* üstüne Barış'ta onun imzasıyla çıkan yazıları aslında ben yazdım" demesin mi?

Şaaarrrr! Başımdan aşağı kaynar sular. Şairliği bana temiz, bakımlı gelmiş, kendisinin deyişiyle *Aşklar da bakım ister/öğrenemedin gitti* incisini dizmiş bu adam nasıl bir şey acaba? Böyle bir şey mi, muzip mi, deli mi, hain mi?

Cevap aramaktayım. Derken:

Sen de kendi kendine ve kendi içine, Adam gider, şair kalır, incisi döktürdün ya... Fakat sahiden; benim bir romanım üstüne yazdığı yazılara neden kendi imzasını atma tenezzülünü göstermedi ki? Tenezzülsüzlük mü, yoksa Vecihi Timuroğlu arkadaşıyla ense-tokatlık hali mi?

(...)

Bir yıl sonra,yazılacak o kadar çok şey varken oturup bunları yazdım. Aydınlık umudunu örten karanlıklar. Yeşerti derken dökülüp duran yapraklar...

Bütün bir öğleden sonram böyle mi bitti. Nasıl?

Yaşıyorsun.
İyi misin?
Buyrun oturun.
Kiminle konuşuyorsun?
Söyle gitmesin.
Söyle kalksın.
Kime söylüyorsun?
Gülsene.

Bütan gaz bitmiş. Kapıcıya söylemeyi unutma. Süt de söyle.

26 Aralık '76, Pazar

Babam Kasım ayından beri hasta. Bayram ziyaretinde bizi dimdik karşılamıştı.Beyaz saçları pırıl pırıl, takım giysileri içinde konukları karşılamaya hazır; bizlere hemen naneli likör ikram edişiyle de her zamankinden yakışıklı. Ancak, konuşmasında bir tuhaflık var. Dili dönmüyor gibi. İçimden şiddetle öyle geliyor; ikide bir kalkıp kucaklıyorum onu. Baba iyi misin? Nasıl? Babacığım, bugün her zamankinden yakışıklısın. Gelsinler tabii. Buyursunlar kızım, otursunlar.

Oysa yeni gelen kimse yok.

(...) Günlerdir zaman bizi güdüyor. Babamla anılar sökün etmekte...

O güzelim adam ansızın yatağa düştü. Dili tutuk. Bu tutulma durduğu yerde duramaz babamı fena etkiliyor olmalıydı. Uzandığı yerden fırlayıp kendini dışarıya, bir yerlere atmak istemekte.

Böyle hastaları hastane almazmış, zaten annem de vermek istemiyor. Günlerce uyumadı; hep başında. Annemi bir odaya kitleyip nöbeti devraldım. Babamla tanıştım.

(...) Ve Güner. Düşünmekten mi kaçıyordun, yoksa sahiden atlattınız mı bu kanser böceğini sanmaktasın. Atlatıldığına bir inanabilsen!

Babamı bundan üç gün önce toprağa verdik. 21 Aralık salı sabahı, saat 11.45'de öldü.

Annem, bir genç kadın çocuğuna nasıl bakarsa, 52 yıllık kocasına öyle baktı.

Güner İstanbul'dan geldi. (Cenazenin morgdaki tanıklığı ona düşmüş nedense. Yoksa kendisi mi istedi bunu?)

Çarşamba günü Cebeci Mezarlığı'nda babamın üstüne karla karışık buzlu toprak atılırken buzlu toprak benim üstüme atılıyormuşcasına üşüdüm. Çok üşüdüm.

Derken annem, cenaze dönüşünde evde, bir köşe koltuğuna oturdu. Başsağlığı ziyaretlerini kabul ediyor. Helvalar pişiyor, hatimler indiriliyor. Ayhan'ın yapılması gerekenler bilgisi olmasa, yandık. Babamın onuruna saygıda bol kusur işlenecek.

Kim artık son aylarda üniversite kapılarında vurulup vurulup düşen gençlerden, kim Van depreminde ayazda kalan, bütün bir ailesini toptan ve ânında kaybediverenler ardından un helvası yapılmadığından söz açabilir? Mezarları neresi? Dualarını kim etti?

Teyzemlerden her seferinde biri annemde yatıyordu. Bu gece onlardan biri yok. Annemle kalıyorum... Yine bir pazar gecesi. İki hafta önceki pazar gecesi de burdaydım. Babamla...

Annem, çocuklarından birinin, en başta tabii kızının evinde kalmayı kesin bir biçimde reddetmiş bulunuyor: "Ben evimde olmayı severim."

(...)

Daha tâ Kasım ayı başlarında Vecdı Sayaı'ın düzenlediği bir turla, bir grup arkadaş Moskova'ya gitme programı yapılmıştı. Halim tura katılmaya benden hevesli. Buna sevinmiştim tabii. Sovyetler'in Balkanlar'daki 'emperyal istilâsı' beni onların 'sol Cumhuriyet'lerinden soğutmuştur; zaten yeni yazarları hemen hiç ilgimi çekemedi. Hem Kırgızca, hem Rusça yazan Kırgız yazar Cengiz Aytmatov, omuzlarımızda taşınmakta.

Şükür tâ gerilerden elimizde kala kala Çehov, Dostoyevski, Tolstoy'lar kaldı. Ehrenburg'un ortaya çıkıverişinde ise, nasılsa soğuk savaş planları görmekteyim. Lenin ödülü sahibi Kazak-Sovyet şairi Olcas Süleymonov'un kendilerinin Türkçe kökenli dillerinin Rusça altında kasten yokedildiği üstüne bir inceleme kitabı yazdı, diye ödülünün elinden alındığını bir yerlerde okumuştum. Çok irkiltici geldiydi bana. Gidersem Alma-Ata'ya gidemem ama, kendisiyle görüşebilmeyi istemekteyim. Çünkü ne olsa biz, siyasa adına göre göre siyasal baskılar, kitap toplanmalar, yasaklar falan görmüş bulunurken, yukarda, Sosyalist Rejim Cumhuriyeti'nde öyle değildir sanıyorduk.

Havayı yerinde ve derinine koklamak gerek. Gençlik ciklet ve blucin peşindeymiş! Öyle mi acaba? Gözlerinle görmelisin. Gitmelisin. (...)

İyi de babamın kaybından sonra, sıcağı sıcağına annemi nasıl bırakacağım?

Program yapılmış. Arada yazarlar sendikası, yazışmalar, ödemeler falan olmuş bitmiş.

Mantıklı ol. Annen için Serpil'e kendinden çok güvenebilirsin. Ayhan'ın karısı, annemi babamı nerdeyse kendi öz anne babası bilmiştir hep. Serpil'e güven.

1977

Moskova Ve....

1 Ocak '77

Dün Aeroflot'un İlyüşin'iyle İstanbul'dan kalkıp Mokova'ya (Moscka) inildi. ASA'nın –Ankara Sanat Akademi– ya da Ajans grubu 20 kişi. Aslan Başer Kafaoğlu çifti, Erkman'lar, Mühendis çift Evren'ler... Mis gibi aydın insanlarımız. Genelde pek yabanîsindir, fakat onlarla hemen hiç mırın kırınsız buluşuverildi; her şey yolunda.

İnturist Otel'e yerleştirildik. Vecdi Sayar her zamanki dinamizminin en uç noktasında.

Herkes şaka yollu, odalarında dinleme var mı, yok mu, diye okulculuk oynamakta.

Akşam, değişik ülkelerden grupların buluştuğu yemekle alabildiğine turistik bir yılbaşı gecesi yaşandı. Yeni topluca karşılaştığımız bu kalabalıkta insanların tavırları, giyinişleri dansları, kahkahaları köyden kente göçüp yeni palazlanmış bir sınıfın üyelerine 'hasmış' gibi geldi bana. Belki de votka, şarap ve şampanyayla havyar, mersin füme, yumurtalar üstünde pırıldayan kırmızı havyarın da bol bol atıştırılmasından, durmadan yenilip içilmesinden. Bir de kadınlar çok gösterişli giyinmişler. Biz de kendimize göre onlar arasındaki yerimizi aldık.

Batan Restoran. Burda da yumurta üstü kırmızı havyar, jöle et ve... Flor şov. Büyük Noel ağacı. Arka masamızda Polonyalılar. Karşı masamızda Filistinliler. Fas'tan gelen de var: Genç bir erkek doktor.

1 Ocak 1977, Moscka, 4.00

İnturist Otel:

Fas'dan gelme doktorda gözün mü kaldı nedir? Votkadan bozgun kafanla, sabahın köründe onun da üstüne not düşmeyi ihmal etmemektesin. Olsa olsa, 1953'te kimsiz kimsesiz Paris'e ilk ayak bastığın gece, kalacak bir oda aranırken ertesi sabah Fas'a döneceği için, odasını bana devreden öğrencinin bu doktor olup olmadığını düşünmekte bulunmaktasın. Sorbonne, dolayısıyla Pantheon burnu dibinde, Cluny sokak...

Otel yönlendirme bilgileri:

Long –Distance Call

To order a call to any place in the world,

please dial this number:....271-91-03

Paris, Hotel Cluny'yi mi çevirsem Fas'ın Dr. X'ini mi?

Halim, soyunmuş dökünmüş, duşunu almış: "Ne yazıyorsun bu saatte. Yorgun değil misin?" Silkin bakalım. "Bak bak bu otelde Beauty Salon da varmış." Tıpkı New York'un Hilton'u.

Üç saat uykudan sonra. Aynı gün, saat 2.00

Programa göre, kahvaltıdan sonra troykaya binmek. Buzlar arasından geçerek kürk pavyonuna gitmek. Erkekler başına kürk kalpak, kadınlar Michele Morgan'a yakışacak cinsten kürk şapka ve bonelere bakacaklar. Troykada büsbütün üşünmüştür.

Burdan bir kahve-lokanta: Café-Restaurant. Kırmızılar giyinmiş çok şişman bir kadın herhalde Rus halk müziğinden şarkılar-türküler söylemekte. Kendisi de piyanoda. Kocaman bir salonda kocaman bir salata yendi. Yine votka yuvarladık, çay içtik. Kaçacak deliğimiz: Çünkü hava çok soğuk. Isınmak lâzım.

Bu arada 15 adet Rus Cumhuriyeti'nin pavyonları dolaşıldı. Tabii Kardeşlik Çeşmesi de: 15 halkın birer kadın heykeliyle çerçevelendiği bir çeşme bu. 15 Rus Cumhuriyet halklarından birinin votka-çay içilen bir salonda bir ağızdan şarkı söyleyişleri. Kışkırtıcı bir simge!..

Burada en düşük ücret.....	70 ruble
Ortalama kazanç...............	1400 ruble
Ev kirası............................	Kazancın 1/6'sı–230 ruble civarı.
1 Ekmek............................	13 kapika.

Diğer Özet Bilgiler

Moskova'yı kateden Moskova ırmağı buz tutmuş. Merkeze yakın bir bölgesi, buz pateni bölgesi. Yeni yılın ilk günü, tatillik buz paten dansları. Seyrine doyamadım.

Burda metro 1933'te 8 km.'lik tek hat olarak yapılmış. Şimdi şöyle, her yöne ışın huzmeleri gönderen güneş biçiminde. Metro şimdi 240 km.'ye çıkmış; yakında bunun bir misline çıkacakmış.

Rehberimiz Vera ay biçiminde pembe beyaz yüzüyle şirinin şirini. Türkçesi çok iyi.

Metro'nun merkez istasyonu Bolşoy'un altındaymış. Bu istasyonun tavanı porselenden sanatçı figürleriyle süslenmiş.

Çehov'un burda oturduğu evi: Küçük, kırmızı, –aşı boyalı– iki katlı bir ev. Geniş bir cadde üstünde.

Herkes bir kışlık, bir yazlık iki ev sahibi olabiliyormuş. Kişi başına 35 metre karelik evler.

Buna banyo, mutfak, helâ, koridor ve balkon dahil değilmiş. (Yanlış mı anladın acaba?)

Artık herkes araba almakta da özgürmüş. Fakat devlet araba alımını denetlemekte. Planlı satış. 20 milyonluk Moskova'da çıt çıkmıyor.

Bugün hava –20. Temiz, berrak. Egzost dumanı, baca isi hakgetire. Merkezi ısıtma sistemi varmış. Her yer böyle midir? Peki ilk sabah biz otelden dışarı adımımızı atar atmaz el uzatıp ciklet ciklet, blucin blucin... diye tutturan yeni yetmeler neyin nesi? Kapitalizmin kurbanları değilse?.. (Bu ilk gözlem, bizdeki söylentilerle örtüşmekte.)

Yazar sendikalarıyla, yazarlar, ressamlarla henüz tanışamadık. Vecdi bu tanışmayı gerçekleştirmek üzere Vera ile Babayev'in peşini bırakmamakta. Bakalım.

(Dün gece 'long distance call' notumu düşerken içimi birden 'Hanlar-Hamamlar' diye bir oteller kitabı yazma hevesi kapladı. Aklıma Edip Cansever düştü.)

Rus halkı çok sakin, sessiz görünüyor. Bizim, yalancı pehlivanlar gibi, sinirlerimizi, kafamızı gözümüzü tüketircesine koşuşturmalarımız onlara yabancı sanki. Yorgunluk mu, teslimiyet mi, doygunluk mu? Hangisi? Kürkçüye girilip çıkıldı ya, satıcı kadınların hepsi kalkık burun, açık renk göz ve tenle çok güzeller, sakinler. Satış için yırtınma, olmayanı varmış gibi davranma halleri hiç yok onlarda. Evlerinde, eviçlerinde nasıllar? Çocuklar da çok sessiz.

Bağrış çığrış değiller. Oysa bu soğukta parklarda, ekonomik kalkınma sergisinde, kış festivalinde, sıcak buharlar saçan bir yüzme havuzu kıyılarında, uzay sergi pavyonunda hep varlar. Kendilerine açık, yığınla olanak içindeler. Kızaklarıyla, yayan ya da oyuncak troykalara da biniyorlar ve hiç çığlık atmıyorlar. Avaz avaz "Anne şuuu! Baba buuu" diye bağrışmıyorlar. Çocuklardaki bu durgun güzellik dikkatimi çekiyor: Birer çocuk tablosu gibiler. Daha büyükleri metrolarda yanyana oturmuş, kafa kafaya vermiş, seslerini hiç duyurmadan konuşuyor, tartışıyorlar. Hepsinin sırtı pek, karınları tok görünüyor. Kahvaltıda gösterdikleri 16 buutlu filmde Rus halkını plajlarda da gördük. (Ya da gösterildiler.) Yerinde alınmış doğal seslendirmeyle. Doğal güzellik. Geniş caddeler falan yok, tek kibrit çöpü bile.

İnsana biraz yapaymış gibi geliyor. Bana sürekli TRT zamanlarımda Hong Kong'dan geçerken kaldığım otel yakınındaki bir sinemada gördüğüm filmi hatırlattı. Mao'nun Kültür Devrimi üstüne bir film. Mao'nun Kültür Devrimi söylevi. Alanda küçük büyük, kadın erkek binlerce Çinli, bağırlarında Kur'an-ı Kerim gibi tuttukları kırmızı kitapla ona tapınıyor. Yanımda benden bir kuşak öncesinin, Cumhuriyet'in ilk okumuş kadınlarından elektronik mühendisi Seniha Hanım da var. Baktım, hıçkıra hıçkıra ağlamakta. "Neyiniz var Seniha Hanım?" "Atatürk'ün nâşını Dolmabahçe'den uğurlarken hislerim neyse, öyleyim. Atatürk'e bağlılığımızın ifadesi de böyleydi. Onun yokluğunu duyuyorum yine. Halkı Mao'yu bukadar seviyorsa, ben de seviyorum."

İnsanların duygularıyla bukadar da oynanmamalı demek ki..................................

Peki plaj kentindeki görünümler buysa, burada Vecdi'nin sırtındaki yelekli takım elbiseyi çıkarttırıp iki paket Amerikan sigarası için satmaya kalkışan ruh hangi ruh? Bir paket ciklete Lenin madalyası satan çocuklar da var.

(Gel de 'Sen Ey Kutsal Işık'ı yazma! Moskova öncesi, durduk yerde böyle bir hikâye kurmuş bulunmaktayım da...)

Her şeye karşın, her metro istasyonunun iç duvarları, dehlizler, mağaza giriş çıkışları Sibirya'nın kırmızı, yeşil, sarı damarlı güzel mermerleriyle kaplı. Tavanlarda kâh Ukrayna halkının yaşamlarını dile getiren desenler, üretimi simgeleyen mozaikler... Tüneller birer sanat galerisi. Boydan boya sıralanmış heykeller. Devrim sonrasının 'moral eğitimi' bu besbelli.

Ismarlama sanat sarkar. Burda da sarkıyor. Ama ısmarlanmamış 'sandığımız' sanatlardan da fazla değil.

Moskova, 2 Ocak

Şehir turu: Kızıl Meydan. Kremlin Müzesi. Kış Festivali. Ormanlık bir köşkte çalgılı öğle yemeği. Karlar buzlar üstünde oyunlar, danslar.

Gece

Bolşoy'da *Anna Karenina* balesi. İşte bunu görebilmiş olmak hayatın boyunca böbürlenmeye yeter, değil mi? Halim zaten balerinleri insan üstü insanlar diye görmekte.

Programdan memnun.

3 Ocak

Leningrad'a hareket. Eski başkent St Petersbourg. Evropa Oteli. Otelde öğle yemeği. Saat 16.00'da St. Paul Kalesi. Neva nehrinin kolları, akşam ışığının sularda harelenmesi. Kalede hapishane bölümü kapalıydı. Yakın tarihin tanığıymış, görülmeye değermiş.

Baltık'a dökülen Neva nehri kollarından birinde Aurora gemisi. Devrimin başladığını sinyalleriyle haber veren tarihi gemi: Şimdi müze. Dürbünler, yarısı yıkık küpeşte, maun bir masa. Otele dönüş. Bu gece, serbest gecemizdi. Tur arkadaşlarıyla üçer beşer gruplar halinde Nievski anacaddesinde yürüdük, vitrinlere baktık. Bazı dükkânlara girip çıktık. Varuşka almamaya gayret ettim. Fakat tüy gibi hafif altı adet çay fincanı aldım.

Kelebek gibi uçtu uçacak porselenden. Karşıma dizdim, şimdi onlara bakıyorum. Halim TV'ye baktı, uyudu. Yorulmuşum. Ayrıntıları yazamadım.

4 Ocak, Salı

Leningrad. Hermitage Sarayı (kışlık saray) Müze. Müzeyi gezme. Dünya resim koleksiyonundan en önemli tablolar. Gezmekle, görmekle bitmez. Resim galerisinde Rönesans dönemi ile empresyonistlerden seçmeleri bir günün içinde göz merceğimden belleğime akması, silinmez bir etki altındasın demeye gelmekte. Biz kadınlar, çarlık Rusyası üst tabaka kadınlarının kılık kıyafetleri, tuvaletleri, manşonlu mantoları, baş süsleri, çanta ve takıları çevresinde dönüp durmadan edemezdik. Öyle oldu. Daha sonra bir otobüs turu yapıldı. Sadko lokantasında yine bol bol yenilip içildi. Fazla soslu et vardı; geyik etiymiş. Yiyemedim. Sebze diye bir şey görünmüyor. Sebze yemek için Azerbaycan'a gidenler olurmuş. En iyisi Danimarka'dan isli balık. Helsinki'yi elimizi uzatsak tutabilirmişiz. Ben de Can Yücel çevirisinden *Lenin Petersburg*'da kitabını bol bol hatırlamakla yetindim. Otel odamızdayız. Saat yine geceyarısını geçti.

Yarın Lenin Kültür Merkezi'ndeyiz.

Leningrad, 5 Ocak,

Berioska, dolarla alışveriş edilen dükkân demeye geliyormuş. (Kara para, demeye de gelmekte mi, bilmiyorum...)

Bütün gün Berioska'lar dolaşıldı. Aslan Bey'in eşi güzel bir kadın, kürk kalpak ona çok yakışıyor; onlardan aldı. Ben de tabii işlemeli Rus şalı. Rus oyunlarında kadınlar hep şallara sarınırlar; filmlerde elbette. Acaba şal, ellerini nereye koyacağını kestiremeyen oyunculara bir kurtuluş yolu mudur, diye düşündüğüm çok olmuştur. Oysa, bu bir yaşama biçimi. Gelenek. Yine de böyle saçma saçma bir şeyler geliyor aklıma. Dayanamadım,varuşkaların bir küçük bir de orta boyundan iki adet de ben aldım. Serpil'e armağan. Gerçi irili ufaklı Eyfel kulesi maketleri gibi her yana yayılmakta bunlar, ama olsun. İçinden içiçe kaç bebek çıkacak merakı bir ân için olsa da, yeter. Anneme bir masaörtüsü. Kıyılarına püskül takayım derken oyalanır belki.

Az önce Lenin Kültür Merkezi'nde 'Don Kazakları' halk oyunlarını izledik. Ruslar dansetmek, bale yapmak için yaratılmışlar. Don kazakları oyunlarını nekadar kıvrak, nasıl da en küçük yorgunluk belirtisi olmadan müthiş bir dinamizmle oynadılar. Balet Nureyev'in Paris'i arkasına takması da hiç boşuna değil. Biliniyor. Ama anlamak başka.

Moskova, 6 Ocak

Sabah saat 5'te kalkış. 8.30'da Moskova'ya dönüş. Metropol Oteli. Sevgili rehber Ekber Babayev'e telefon. Öğle yemeği, Ekber'le birlikte otelde. Vera ile Nazım Hikmet mezarını ziyaret.

Hepimiz memleketten getirdiğimiz birer avuç toprağı mezarına serptik. Defter var, birer cümle yazdık. Saat 17.00'de Ekber'le buluştuk. Kitapçıları gezdik. Ekber Babayev Nâzım Hikmet'in ölümüne kadar son yıllarda hep yanında, yakınında olmuş. Bize anılarını nakletti.

Bir ara kulağıma eğilip: "Nâzım tam zamanında öldü" dedi. Şaşkın bakışımdan anlamış olmalı, ekledi: "Yönetim kendisiyle uğraşmaya başlamıştı. Gözden düşmüştü." Ne denir? Dilim tutuldu diyebilirsin. Gıkım çıkmadı.

19.30'da tekrar Metropol'deyiz. 20.00'de radyodan Victor Yudin röportaja geldi. Röportaj biter bitmez Ekber Babayev geri geldi. Beni, Halim, Vecdi ve Tunca'nın kızı Nisan'ı Nâzım Hikmet'in evine, karısı Vera'ya götürdü. Blok apartmanlar. Devrimin ilk yıllarından kalma 'toplumsal' konutlar; dümdüz suratlı bloklar. Nâzım Hikmet'imizin dairesinin bulunduğu yapının duvarında bir levha. Üstünde: Dünya Barış Ödülü sahibi büyük yazar Nâzım Hikmet 1952-1962 arasında bu evde yaşadı, diye yazılı. Işıklı pencerelerden birine de Karagöz-Hacivat figürleri asılmış. Gölge oyunu. Yapının avlusuna girdik. Arkadaki bir kapıdan asansöre bindik. 3. kata çıktık. Sağdaki kapının zilini çaldık; kapı açılır açılmaz üstüme iri beyaz bir köpek atladı. Bir cins Japon köpeği imiş. Nezaketen çıkardığım yün eldivenlerden birini kapıp ağzına attı. "Köpek eldivenimi yuttu! Köpek eldivenimi yuttu!" telâşımdan ötürü Vera'yla tanışmam gargaraya gitti.

Nâzım'ın Sovyet aşkı Vera, fotoğraflarında gördüğüm gibi, yine güzel. Uzun boylu, sarışın ama epey şişmanlamış. Sarı uzun saçlarını arkasına büyük topuz yapmış. Su yeşili gözleri iri iri; tamam da aklım fikrim köpeğin ağzındaki eldivende. Ya benim eldiven tarihe geçmiş büyük şairimizin köpeğini öldürürse?.. Vera'nın kulaklarında aynı gözlerinin renginde taşlarla küpeler sallanmakta. Ekber ayrıntı veriyor: Nâzım Hikmet, kulakları delik kadınları severmiş. Bu deliklere küpeler takanları... Anneleri, büyükanneleri hep öyle olduğu için. Memleketimin kadınları küpelerini hep delik kulaklara takarlardı deyince, Vera da deldirmiş. Ekber sonradan oturma odasına geçip kırmızı fincanlarda çay içerken anlatmakta bunları. Köpek iri pençeleriyle bana saldırmakta devam ediyor. Köpeğin adı Stapeno. Staphane'ın kısaltılmışı. Antrede, yerde Küba hasırına benzeyen bir hasır. Hemen orda, Nâzım'ın odasında duvara asılmış bir kilim. Kilime çeşitli bebekler, birtakım objeler iliştirilmiş. Anısına mı, kendisine verilmiş objeler mi? Küçük bir dolabın üstünde kırmızı taşa (tuğla rengi) oyulmuş büstü. Camın önünde Vera ile Paris'te yanyana çekilmiş büyük bir fotoğraf. İki âşık. Bu odada çok az kalıyoruz; yine, duvarları gravürler tablolarla dolu oturma odasına alınıyoruz. Kilimler, danteller, küçük bir noel ağacı, Abidin Dino'lar –eller parmaklar, işçi yüzleri dönemi–, Avni Arbaş'lar; at figürü, altında *Atlar Atlar...* ve devamı. Bir Fransız ressamdan güzel horoz. (Muallâ'dan olabilir.)

Karşımızdaki büfede benim Berioska'da gördüğüm çay fincanları. Üstü güzel bir dantel örtüyle örtülü büyük yemek masası. Vera anlatıyor, Ekber çeviriyor: "Nâzım sinemaya çok düşkündü. Bir günde üstüste üç film seyredebilir, gece de TV'nin başından ayrılmaz. Her şeyi seyrediyorsun; ne var her şeyi seyredecek? dediğimde, hiçbir şey bir buçuk saat bukadar budalalıkla sürdürülemez, mutlak iyi bir şey olacaktır, derdi. Her şeyde mutlak iyi bir yan olacağına inanırdı. Bir seferinde Lenin Tiyatrosu Gençlik kolunun oynadığı bir oyuna dâvet ettiler telefonla. O bir tiyatroya gidince büyük olay olurdu. Ünü yüzünden değil, seyrettiğine karşı gösterdiği büyük ilgi ve heyecan yüzünden. Ben bu oyunun iyi olmadığını biliyordum. Gitmeye değmezdi. Bir kere o yazarı kötü buluyordum. Nâzım, gel gitmeyelim dedim. Fakat o çok iyi bir şey göreceğine inanıyordu; çağrılmıştı: Gittik. Tahammülü güç bir oyun; ama o nasıl heyecanlı, nasıl coşkuyla, beğeniyle izlemekte, görmenizi isterdim. Ne olduğunu bilmiyorum doğrusu; çok övdü gençleri. Benim oyunda bir türlü görmediğim, anlamadığım bir yığın ayrıntı, yenilik, anlatım gücü sayıp döküyordu bana; kendimden kuşkulandım. Ben hiçbir şey anlamamışım demek ki... Nâzım çok sevdiği bir şeyi herkesin, bütün dostlarının görmesini de isterdi. Telefonda çok uzun konuşur, gördüklerini ballandıra ballandıra anlatırdı da anlatırdı. Onunla yaşadıkça ülkesi nasıl bir ülke olmalı acaba, diye sık sık düşünmüşümdür." Yasaklanmış, okunmaz şiirlerini okunur kılan insanların da yaşadığı bir ülke, diyecektim; kendimize pay çıkarır gibi olurum diye sustum. Vera:

"Bu ev bugün çok kalabalıktı. 70. doğum yıldönümü için televizyoncular çekime, radyocular ses almaya geldiler. Röportajlar falan..." diyordu. Yorgunluk, evet. Nâzım'ın ölümünden beri kimbilir kaçıncı kez, dünyanın çeşitli yerlerinden bu ziyaretler.

Kalktık, ama ya eldiven? Çıkıyoruz. Vera elime ıslak bir şey uzattı. Köpeğin, güle güle anlamında ağzından Vera'nın eline 'tükürdüğü' eldiven. Ben hayvanseviciler sınıfına girmem; ezilmelerini, açlıktan ölmelerini, itilip kakılmalarını istemem ama, dokunmayı istemem. Korkarım, ayrıca iğrenme huyum var. Köpeğin ağzından çıkmış eldiveni nereye koyacağımı şaşırmış durumdayım, ama tam 'canım Nâzım'ın köpeğinin salyası, olsun varsın' diye bir teselli bulmuştum ki, Vera bu köpeği iki yıl önce aldığını söyledi. Hay aptal kafam! 1962'de Nâzım öldüğünde köpeği zaten çok ihtiyarmış; gidiciymiş, gitmiş...

Taptığımız bir sanatçının hayatından etkilenme falan değil, büyülenme buna denir işte!

Ankara, 11 Ocak

Yüksek ateş. Grip. Yatak.

12 Ocak 1977

Üstüme giydiğim banyo havlusu beyaz üstüne mavi çizgili. Başıma sardığım havlu mavi üstüne beyaz desenli. Hiç süt içmeyen sen, lâcivert-beyaz-altın yaldız karışımı bir fincandan durup dururken süt içmektesin. Bunların bir araya gelişinden gizli bir tad alıyorsun. Bornoz annemin Bursa'dan armağanı. Başımdaki ilk evlilik yılından kalma. Fincan Moskova'dan ve ekstradan satınalınma. Gribe iyi gelir mazeretiyle toparlak konyak kadehindeki Calvados Londra dönüşünde Güner'den Halim'e gelme. Güner Ankara'da. Hacettepe'de sık kontrol. Karaciğerinde geçen sefer 'sezilen' büyüme, habisin sıçraması değildir, umudu içindeyiz.

Londra'dan gelen rapor burda da görüldü. Yeni bir durum görülmedi. Oğlu Sinan sık sık annemde. Hepimizin arasında...

23 Ocak

Kardeşimizin son kontrol durumu çok iyi çıktı, derken..............................

14 Mart 1977

Ocak sonunda İstanbul'dan Güner'in sanatçı arkadaşlarından hem bana, hem Ayhan'a gelen telefonlarla temelden yıkıldık. Ayhan hemen İstanbul'a koşup onu trene koyup buraya getirdi. Her yan buz. Uçak çalışmıyor. Kardeşimizin bukadar çabuk çöküşü..............

Hastalık beyinde metastas yapmış. Hacettepe'ye yatırıldı. Ayhan'ın özel gayretiyle emin ellerde. Yazarlığımızı, oyunlarımızı tanıyan Prof. Dr. Hüsnü Göksel, açık davrandı: On beş günlük ömrü varmış. Bugün ilk haftasının sonu....

İğneler, kobalt tedavi...

Başındayım. Büyük sınav.

27 Nisan

Bukadar. Öngörülenden fazla direnebildi. Bitti.

DAMLA DAMLA Günler
I. Cildin Sonu

Edebiyat Dizisi

- *Kül ve Yel* / Müge İplikçi (roman)
- *Oyun* / Antonia S. Byatt (roman)
- *Rüzgârdan ve Ateşten* / Giorgio Pressburger (roman)
- *Ateş ve Kuğu* / Burhan Günel (roman)
- *Birinin Ölümü* / Jules Romains (roman)
- *Vampir Tangosu* / Yasemin Yazıcı (roman)
- *ROMANTİK - Bir Viyana Yazı* / Adalet Ağaoğlu (roman)
- *Yazsonu* / Adalet Ağaoğlu (roman)
- *Ruh Üşümesi* / Adalet Ağaoğlu (roman)
- *Geyikler, Annem ve Almanya* / Nursel Duruel (öykü)
- *Kopya Kadınlar* / Deniz Spatar (öykü)
- *Üsküdar'a Gidelim* / Necati Güngör (öykü)
- *Mesut İnsanlar Fotoğrafhanesi* / Z. Osman Saba (öykü)
- *İpek Pijamalı Katiller* / Muzaffer Buyrukçu (öykü)
- *Defter ve Çikolata* / Seyit Göktepe (öykü)
- *Gümüş Gece* / Nalan Barbarosoğlu (öykü)
- *Kehribar Kadınlar* / Kevser Ruhi (öykü)
- *Sessizlik ve Sırdır Ötesi* / Işıl Özgentürk (anlatı)
- *İçimizde Bir Yer* / Ahmet Altan (anlatı)
- *Kurutulmuş Felsefe Bahçesi* / Salâh Birsel (deneme)
- *Atım Kaçtı Ben Vuruldum* / Tarık Dursun K. (deneme)
- *Yazar Bir Tanıktır* / Oktay Akbal (deneme)
- *Zıvanasız Denemeler* / Yusuf Eradam (deneme)
- *Konuşanlar, Bir Hüzünle Sesinde* / Z.O. Saba (deneme)
- *Paf ve Puf* / Salâh Birsel (deneme)
- *İmkânsız Poetika* / Ahmet Oktay (deneme)
- *Söylemlerin İçinden* / Tahsin Yücel (deneme)
- *Rimbaud'ya Akıl Notları* / küçük İskender (deneme)
- *Okuma Lambası* / Enis Batur (deneme)
- *Anılarda Görmek* / Oktay Akbal (günce)
- *Geçmişin Kuşları* / Oktay Akbal (günce)
- *Damla Damla* Günler / Adalet Ağaoğlu (günce)